勁草テキスト・セレクション
Keiso Text Selection

新版 マクロ経済学

Macroeconomics,
New edition

中谷　武
菊本義治
佐藤真人 [著]
佐藤良一
塩田尚樹

勁草書房

序　文

　本書の初版出版から10年が経過した．この間に多くの重要な経済問題が生じている．最大の出来事は2008年に始まった世界的な金融経済危機であろう．危機はさらに広がり生産や雇用に波及し，「物が売れない」，「雇用がない」という深刻な状況が続いている．資本主義経済にとって失業問題は今なお最大の未解決問題である．

　環境問題の深刻さは一層深まっている．地球温暖化によると思われる悪影響はすでにさまざまな形で現れ始めており，地球的規模での合意を早急に形成して，各国が協力して対応しなければならない．

　先進国では人口減少と高齢化が急速に進んでいる．若者や高齢者の世代間，そして世代内に広がる格差への対応，生活保護・年金，医療・介護，就労支援・子育て支援といった制度設計が国民的な関心事になっている．

　このような問題を市場経済に依拠することによって解決しようとする動きがある．しかし，市場メカニズムは経済運営にとって不可欠であるが，過度な市場依存は国民生活を不安定にするのではないかという不安がある．特に，金融市場や労働市場に極端な市場原理を持ち込むことは，混乱や格差をもたらすので望ましくないと考える人が増えている．今回の経済危機はこのような考えを強めた．では，旧来型の有効需要を管理するケインズ政策に単に復帰するだけでよいのだろうか．累積する財政赤字や労働力人口の減少，環境問題といった現代の諸問題を考えると，単なる市場原理でも，単なるケインズ理論でも不十分ではないかとわれわれは考えている．

　これらはすべてマクロ経済学の課題であるが，いま世界各国が日々解決を模索している国民的な課題でもある．その意味で学生諸君が大学でしっかりと経済学を学ぶことの重要性と意義は大きい．

　このような考えに立って，本書はマクロ経済学の基本的な考え方や理論をできるだけわかりやすく，しかも最低限必要な内容に絞ってまとめている．通常，マクロ経済学のテキストはケインズ経済学と新古典派経済学の2つを対照させ

ながら展開されるが，本書もその方針に従っている．その理由は，ケインズと新古典派の経済理論の基本的な違いは，市場機能についての見解の相違にある．そして現在の経済問題をめぐる意見の違いは市場メカニズムの役割に関する見解の違いから発していることが多いからである．

本書はケインズの経済学，新古典派の経済学だけでなく，マルクス経済学を学んだ人，あるいは学ぼうとする人にも有益であろう．現代の諸問題を広い観点から理解し，その解決策を考えるために，マルクス経済学と現代の主流派経済学（マクロ経済学やミクロ経済学）の両者からその合理的な部分を吸収しようと考えている読者に，本書は必ず役立つはずである．

本書は初版から多くの変更が加えられている．まず初学者がマクロ経済学を学ぶとき，専門的な経済用語に戸惑うことが多い．基本的な用語についてその概念を知り，実際の経済から具体的にデータをつかんでおくことは大切である．そこで，マクロ経済のデータを説明する章を追加した（第2章）．80年代以降のわが国経済を見ると，実質賃金率の停滞，失業率の上昇，そして雇用の非正規化が進んでいる．マクロ経済学の教科書では労働市場は簡単にしか触れられないが，今回の改訂では新たに労働市場の章を設けた（第12章）．経済成長も現代の重要な問題である．成長重視か分配重視かという政策問題は別としても，経済成長理論は内生的成長など近年多くの研究が重ねられてきた．景気循環の理論と切り離して新たに経済成長を説明する章を設けることにした（第16章）．これらの諸章は現代の経済問題を念頭に置いたマクロ経済学のテキストとして必要な追加であると考えている．

本書は，グローバル化を意識しながらケインズ理論を軸においたマクロ経済学のテキストでもある．その意味では多くのテキストで触れられている主要内容は本書でも論じている．また1，2年生も使用できるように工夫しながら，主に専門課程の学部生向けの内容とした．10年前の旧版『マクロ経済学』を引き継ぎながら，内容はほぼ全体にわたって書き改めており，名実共に『新版マクロ経済学』として出版することになった．旧版に比べて各章の内容は絞られており説明もわかりやすくなったと考えている．当然のことながら，データ，コラム，練習問題，文献解題等は新しく，全面的に見直した．また，学生諸君の勉学に役立つように各章のはじめに「この章で学ぶこと」，おわりに「まとめ」を置くことにした．

本書の作成には，旧版の4人の執筆者に追加して新たに塩田尚樹氏（獨協大学）が加わった．全体の執筆の分担は菊本が第1章，第14章，第17章，佐藤真人が第4章，第7章，第8章，第13章，中谷が第9章，第10章，第11章，第12章，佐藤良一が第5章，第6章，第15章，第16章，塩田が第2章，第3章を担当した．今回の改訂にあたり東京と神戸で何度か5人が原稿を持ち寄り，長時間にわたって議論を重ねた．旧版のときと同様に，より良いテキストを作るために議論を深める作業はわれわれにとっても学ぶところが多く楽しかった．すべての章にわたって全員が原稿を検討し，書き直しを繰り返して完成したので，本書は5人の共同執筆である．

　本書は旧版以来多くの方々に目を通してもらった．特に富山大学の新里泰孝教授からは全体にわたって貴重な意見をいただいた．また本書を実際にテキストとして授業で使った際に感じた意見を参考にして，今回の改訂に生かすようにした．その結果，新しい章の追加だけでなく，各章の内容もほぼ全面的に書き直されおり，多くの点で改善できたと思う．今回ご意見を寄せていただいた方々，また旧版の作成時にお世話になった神戸大学，兵庫県立大学，関西大学，一橋大学等の学部生，大学院生（当時）の諸氏には心からお礼申し上げる．

　最後に，今回のわれわれの教科書作りの延々とした議論に毎回根気よく付き合っていただき，全面改訂を後押ししていただいた勁草書房の宮本詳三氏のご尽力に心から感謝申し上げる．

2009年9月4日

執筆者一同

目　次

はしがき
記号表

第1章　資本主義経済の基礎 …………………………………………… 1
　この章で学ぶこと　1
　1.1　人間と自然　2
　1.2　市場経済　4
　1.3　資本と労働　8
　この章のまとめ　12
　練習問題　13

第2章　マクロ経済のデータ …………………………………………… 15
　この章で学ぶこと　15
　2.1　経済成長率　16
　2.2　インフレ率　18
　2.3　高齢化　19
　2.4　就業状況　21
　2.5　政府債務残高　23
　2.6　対外直接投資　25
　この章のまとめ　26
　補論　対前年増加率　27
　練習問題　28
　　コラム　経済成長率の「ゲタ」（29）

第3章　経済循環と国民所得 …………………………………………… 31
　この章で学ぶこと　31

3.1 身近な経済活動と総生産　32

3.2 産業連関表と国民経済計算の三面等価　34

3.3 GDP と NDP, GNI　38

3.4 名目値と実質値　40

この章のまとめ　42

練習問題　43

コラム 豊かさの指標としての GDP　(44)

第4章 財・サービスの生産と雇用　45

この章で学ぶこと　45

4.1 資本主義と失業　46

4.2 労働需要と労働供給　48

4.3 労働市場と財・サービス市場　51

4.4 市場メカニズムと失業の持続　53

4.5 セー法則　55

4.6 交換方程式　56

この章のまとめ　58

練習問題　58

コラム 貨幣賃金率・実質賃金率・分配率　(59)

第5章 消費需要の決定　61

この章で学ぶこと　61

5.1 ケインズ型消費関数　63

5.2 過去の経験と消費　65

5.3 生涯にわたる消費計画　66

5.4 消費主体の最適選択行動　68

5.5 所得分配と消費　71

5.6 なぜ貯蓄するのか　71

この章のまとめ　72

練習問題　72

コラム 日本の消費率　(74)

第6章　投資需要の決定 … 75

この章で学ぶこと　75
6.1　投資の種類とその動き　76
6.2　長期期待と投資決定　78
6.3　加速度原理型の投資関数　81
6.4　利潤最大化行動と投資　83
6.5　利潤と投資　85
6.6　実現利潤の大きさと投資　87
この章のまとめ　88
練習問題　88
> **コラム**　倒産　(89)

第7章　貨幣の供給 … 91

この章で学ぶこと　91
7.1　現代日本の貨幣　92
7.2　貨幣の機能　93
7.3　貨幣制度　95
7.4　決済の仕組み　96
7.5　貨幣（信用）創造　98
7.6　銀行の行動　100
7.7　金融政策　103
この章のまとめ　105
練習問題　105
> **コラム**　電子マネーの普及　(107)

第8章　金融市場と利子率 … 109

この章で学ぶこと　109
8.1　貨幣経済化の進展　110
8.2　制度部門別資金過不足　112
8.3　資金循環表　116

8.4 利子率の連動 118
8.5 債券価格と利子率 120
8.6 貨幣需要 121
この章のまとめ 124
練習問題 125
コラム ヘッジファンドと証券化 (126)

第9章 IS・LM分析 … 127

この章で学ぶこと 127
9.1 財市場の均衡と投資乗数 128
9.2 財市場の需給均衡：IS曲線 130
9.3 貨幣市場の需給均衡：LM曲線 131
9.4 均衡国民所得の決定 133
9.5 基礎消費，独立投資の変化 135
9.6 キャッシュレス経済への移行 137
この章のまとめ 139
補論　均衡の安定性 139
練習問題 141
コラム 政策金利 (142)

第10章 物価と総需要，総供給 … 143

この章で学ぶこと 143
10.1 総需要と物価 145
10.2 総供給と物価 146
10.3 均衡国民所得の決定 149
10.4 貨幣賃金率の変化 150
10.5 マークアップ率の変化 152
10.6 需要ショックと供給ショック 153
10.7 総需要曲線と総供給曲線の傾き 155
この章のまとめ 156
練習問題 156

> コラム　新自由主義の政策　(158)

第11章　金融政策と財政政策　161

この章で学ぶこと　161

11.1　金融政策の効果　163

11.2　流動性の罠　165

11.3　投資の利子弾力性　167

11.4　財政政策の効果　168

11.5　財政政策と財源　169

11.6　政策と物価　172

11.7　貨幣数量説とフィリップス曲線　174

11.8　財政政策の限界　176

11.9　財政政策と利潤率　178

この章のまとめ　179

練習問題　180

> コラム　年金制度の持続性　(181)

第12章　労働市場　183

この章で学ぶこと　183

12.1　労働供給　184

12.2　労働需要　189

12.3　貨幣賃金率の決定と失業　191

12.4　労働組合の存在と効率賃金仮説　194

12.5　非正規雇用　197

この章のまとめ　199

練習問題　200

> コラム　非正規労働者の満足度　(201)

第13章　国際収支と為替レート　203

この章で学ぶこと　203

13.1　貿易依存度　204

13.2　国内生産物の需給一致と実現利潤率　205

13.3　交易条件　206

13.4　マーシャル＝ラーナーの条件とJカーブ効果　209

13.5　国際収支　210

13.6　国際通貨制度　212

13.7　金利裁定と購買力平価　215

この章のまとめ　218

補論　マーシャル＝ラーナー条件　219

練習問題　219

コラム　アメリカの地位　（221）

第14章　国際マクロ経済政策　223

この章で学ぶこと　223

14.1　マンデル＝フレミングモデル　224

14.2　開放経済のもとでの所得決定　225

14.3　国際マクロ経済政策　227

14.4　マンデル＝フレミングモデルの修正　229

この章のまとめ　236

練習問題　237

コラム　円キャリートレード　（238）

第15章　景気循環　239

この章で学ぶこと　239

15.1　景気循環の実際　240

15.2　成長経路の不安定性　242

15.3　循環を生み出す1つのメカニズム　249

この章のまとめ　252

練習問題　252

コラム　サブプライム危機と大恐慌　（253）

第16章　経済成長 …………………………………………………………… 255

この章で学ぶこと　255

16.1　経済成長の実際　256

16.2　成長の源泉　257

16.3　ソロー型の新古典派成長モデル　258

16.4　技術進歩の重要性　262

16.5　内生的成長　263

16.6　成長の限界と経済システム　267

この章のまとめ　268

練習問題　268

コラム　南北格差　(269)

第17章　マクロ経済学の課題 …………………………………………… 271

この章で学ぶこと　271

17.1　マクロ経済学の展開　272

17.2　経済のグローバル化　273

17.3　グローバル化経済に関する課題　277

17.4　日本経済に関する課題　283

この章のまとめ　286

練習問題　287

文献解題 ………………………………………………………………………… 289
練習問題の解答・ヒント ……………………………………………………… 293
索　　引 ………………………………………………………………………… 301

記　号　表

a	加速度係数		Q	期待収益
B	ベースマネー		q	資本財価格
C	消費		R	実質賃金率
	現金通貨			日銀預け金，支払い準備
c	消費性向		r	利潤率
D	総需要		S	貯蓄
	預金			総供給
e	為替レート		s	貯蓄率
EX	輸出		T	税
E_X	財市場の超過需要			取引量
E_M	貨幣市場の超過需要		TB	貿易収支
E_B	証券市場の超過需要		U	効用
G	政府支出		u	失業率
g	成長率		V	貨幣の流通速度
	資本蓄積率		W	貨幣賃金率
I	投資量		Y	生産量，国民所得
i	利子率		z	労働・資本比率
IM	輸入		Π（パイ）	利潤
K	資本ストック		α（アルファ）	マークアップ率
L	人口		β（ベータ）	支払準備率
	貸出		γ（ガンマ）	現金・預金比率
	貨幣需要		δ（デルタ）	設備稼働率
M	貨幣供給量，名目貨幣残高		ε（イプシロン）	投資の利子弾力性
m	投資の限界効率		λ（ラムダ）	交易条件
N	雇用量		σ（シグマ）	産出係数
N_S	労働供給		ξ_{EX}（クシー）	輸出の交易条件に関する弾力性
N_D	労働需要			
P	価格，物価		ξ_{IM}（クシー）	輸入の交易条件に関する弾力性
P_F	外国品価格			

第1章
資本主義経済の基礎

この章で学ぶこと

　何気なく私たちはくらしている．冷暖房・情報機器・電化製品完備の高層住宅に暮らし，自動車を乗りまわしている．欲しいものの多くは市場やスーパーや百貨店で手に入れることができる．私たちは貨幣をこよなく愛しているが，働き口を見つけなければ大好きなカネを手に入れることができない．

　私たちの生活スタイルは，時代や国によって異なっている．不況，失業，インフレーション，財政赤字，貿易摩擦，環境破壊など私たちの周りにある深刻な問題は，いつの時代にも共通することでは必ずしもない．私たちが暮らしている経済や社会の仕組みを知らなければ問題を解決できない．

　私たちは資本主義経済のもとで暮らしている．資本主義経済の基本的な仕組みをこの章で学ぼう．その仕組みのうえに私たちは生活し，行動し，その合成結果が諸々の現象を生み出しているのである．

キーワード

　生産（力），協働，商品，貨幣，所有，決定，利潤，賃金

1.1 人間と自然

深刻化する環境問題

　環境問題の記事が新聞にのらない日はないといってもよいほど，環境問題は深刻になっている．産業廃棄物の処理の失敗からダイオキシンや環境ホルモンが排出され，土壌や河川を汚染している．また，大気も汚染されている．

　工場や自動車などから排出されるCO_2，冷暖房用エネルギー需要の増大によるCO_2などは地球温暖化をもたらしている．その結果，植生の変化，それにともなって草食動物・肉食動物の生態系の変化が生じる．亜熱帯地帯に多いマラリアなどの病原菌が温暖化のために北上し，北半球諸国に対しても大きな影響を与えかねないのである．温度上昇による水位の上昇と土地の水没，気候不順とそれによる諸産業への影響なども重大事である．

　人間は自然とのかかわりなしに生存できない．自然に働きかけることによって，必要で有用なものを手に入れる．しかしそれだけではない．自然を破壊し汚染物質を排出しているのである．排出された汚染物質が一定の範囲内であれば，自然が処理し再び利用可能な資源に変えてくれるが，それを超えて排出されるならば環境破壊が生じるのである．

　環境問題が深刻になった原因が，自然の摂理を無視した人間の活動にあることは否定できない．人間の持つ技術力と生産活動，とくに工業活動が今日の文明と人口増大を生み出すとともに，環境破壊をもたらしたのである．

　それでは，環境問題を解決するためには，生産活動を抑制し，現在の「豊かな」生活をあきらめなければならないのだろうか．自然環境に対して受動的に暮らさなければならないのだろうか．人間と自然との共生関係について理解するためには，人間の生活・生産活動の特徴を知る必要がある．

生産活動の特徴

　人間が生きていくためには，衣料，食料，住宅などが不可欠である．これらを手に入れるためには，外的な自然に存在するものを採取したり，それを加工したりして，人間が使いやすいように自然を変えていかねばならない．人間以

外の生物は基本的には自然が与えてくれる環境を受容し適応することによって存在してきた．しかし，人間は自然に働きかけ（これを労働と呼ぶ），自然を人間にとって都合の良いように変えていく．これが生産活動である．無から有を作るのが生産なのではなく，自然の素材やすでに人間の労働が加えられた原材料などを人間の目的に合致するように変えていくことが生産なのである．その人間の能力が自然制御能力であり，生産力なのである．

　人間が自然に働きかける際に次の3つの特徴を持っている．第1に，ひとりで働きかけるのではなく多数の人と協働することである．離れ小島に漂流したロビンソン・クルーソの生活はあくまでも小説の話である．人間はひとりでは生きていけない．お互いに協働することによって大きな力を持ちえたのである．

　協働するためには，組織をつくり運営し，いろいろな問題を解決していかなければならない．お互いの意思を疎通しあうためには，コミュニケーションが不可欠であり，言語や文字が生まれたのである．

　協働は同じ世代間だけで行われるのではない．文字や書籍を通して異なった世代間の協働が行われてきた．また，現存している文化遺跡や建物や機械や設備などによって，過去に作り出された人間の英知と労働の結晶を学ぶことができる．先代から受け継いだ財産（ストック）を活用することができる．現世代は無から出発しているのではなく，先代の遺産の上にスタートしているのである．

　第2に，意識的・計画的に行動する点である．生産活動を行うにあたって，人間は自らの行動がどのような結果をもたらすかを前もって予測する．そして，最適と思われる行動をとるのである．協働の中で高められた人間の知的能力が事前の計画を可能にしたのである．

　人間はあらかじめ結果を予測して行動するけれども，予測どおりに実現するとは限らない．予測を誤ることもあれば，予測が不十分な場合もある．そのとき，誤りの原因を明らかにし，解決方法を探し出す．これが人間の能力を高めるのである．しかし，誤りが生じても，それに気づかなかったり，気づいても原因を理解できなかったり，誤りの究明が責任問題を引き起こすことを恐れて無視するようになると，人間の能力の発展は止まってしまう．それどころか，後戻りさえする．その典型が環境問題であり，無駄な公共事業や無責任な政治・企業経営である．失敗の責任を恐れて誤った事業でも継続することは，最

悪の結果をもたらすことになる．

　第3に，自然に対する働きかけの力を大きくするために，労働手段，すなわち，道具や機械や設備などを活用することである．人間の肉体的能力は他の動物に比べて弱い．いくら速く走れても100メートルを10秒前後で走るぐらいである．ライオンやチータどころか犬や猫にも負ける．人間の持っているエネルギーも小さい．しかし，労働手段を用いることによって，人間は生まれつきもっている肉体的能力以上の力を発揮して自然に向かっていったのである．

　技術は労働手段を効率化させ，生産力を高めてくれる．技術は労働現場から高まってきた．必要こそが発明の母であった．また，個々人が獲得した技術や熟練は協働の中で後継者に受け継がれていく．労働現場での学習こそ技術進歩の大きな源泉であった．

　また，人間は自然に働きかける中で自然の法則を知り，科学技術を発展させ，生産力を高めていったのである．科学知識が意識的に応用されるようになって，生産力は飛躍的に高まった．そして，生産力が高まるにつれて，科学技術の知識，技術開発のための知識がますます重要になり，研究開発に専門的に携わる人々の役割が大きくなった．研究開発は技術進歩の原動力といえる．

人間と自然の共生

　人間は自然を変革することなく生存できない．少なくとも現在の人口と生活水準を維持することはできない．しかし，自然の法則に反し，自然の持つ自浄能力を超えて汚染物質が排出されれば，人間の健康と生命が脅かされる．このジレンマを解決できなければ人間社会は成立できない．人間と自然との共生は人類存続にとって最も大事なことである．

1.2 市場経済

社会的分業

　2007年の日本の労働人口は約6,700万人，男性3,900万人，女性2,800万人であり，就業者数は製造業1,165万人，卸・小売業1,113万人，サービス業933万人であり，完全失業者は257万人である．

資本主義経済においては，人々は生活に必要なものを自給自足するのではなく，社会全体にとって必要な仕事の一部分を分担している．これを分業という．社会が高度になれば，ひとりで生活に必要なものをすべて生産することはできないし，ある特定の仕事に従事した方が労働効率（労働生産性）を上げることができるから，広範な分業が行われているのである．

　生産活動を行うためには，意思決定が不可欠である．何を，どれだけ，いつ，どこで，どのような技術を用いて生産するのかを決めなければならない．単一の意思決定のもとでの分業は協業と呼ばれている．個別企業内の分業は協業である．そして，単一の意思決定のもとで社会全体のことを決める社会は一元的決定社会である．完全に中央集権的な社会主義は一元的決定社会である．

　生産力が高度になり人々の欲求水準が多様になっている社会において，社会全体の生産活動を一元的に決定しようとすれば，意思決定能力が格段に高くなければならない．また，多様な要求を組み入れて計画を作るためには高度の意思決定能力が必要である．人間の意思決定能力は学習によって高められるが，現在の意思決定能力では，まだ一元的決定はできない．

　社会全体のことを単一に決めるのではなく，その一部をある特定の人ないしは集団・組織に決めさせるのが多元的決定社会である．資本主義経済においては，生産に関する決定は生産手段の私的所有者にゆだねられている．生産手段とは，人間の労働対象（自然資源や原材料など）と労働手段のことである．資本主義経済は，多数の私的所有者が存在している多元的決定社会であり，これまでの歴史上，最も発展した私的所有社会なのである．

　多元的決定社会における分業は社会的分業と呼ばれる．すなわち，複数の意思決定権を持った人あるいは組織のもとで，分業が行われているのである．

商品生産社会

　私的所有制度と社会的分業のもとでは，財やサービスは異なった所有者間の売買の対象になる．売買の対象になるものは商品であり，取引される場が市場である．商品取引は自由な自立した所有者同士の交換であり，ギブ（与える）・アンド・テイク（受け取る）の関係が成立している．

　ギブとテイクという2つの関係が成立し，商品市場が現在のように発展し整理され，法的・制度的整備がなされるには，かなりの歴史的変遷が必要であっ

た．この点をもう少し見てみよう．

　テイクだけの取引形態は略奪である．これは一方的・暴力的に相手の意思を無視して奪ってしまうことである．対価の支払いなく奪う場合もあれば，一方的に不当に低い値段を押し付けて否応なく奪う場合もある．見知らぬ者同士の商品取引は，いつ略奪に転じるかわからない危険なものであった．市場取引の初期においては危険がつきものであった．安心して取引できるようになるには，国家の保護・法的整備が必要だったのである．

　ギブだけの形態が贈与である．これは略奪経済よりも平和的だが，与える人の一方的意思に依存しており，恒常的に成立する保障はない．

　このような略奪や贈与の関係が発展整理されて，ギブとテイクの関係が双方向に成立するようになった．自由で自立した者同士の交換が成立するようになったのである．

貨幣経済

　生産力が低く，売買の対象になる品目が少なく，取引の範囲が狭い社会では，物々交換（直接交換）も可能であろうが，生産力が高くなり，売買の品目が多く，取引範囲が広くなると，物々交換は不可能になる．たとえば，鈴木さんが田中さんの持っているワインとの交換を望んでも，田中さんが鈴木さんの持っている衣服との交換を望むとは限らない．交換相手を見つけだすのは大変難しいのである．

　したがって，売買取引を円滑に行うためには貨幣，すなわち，すべての商品と交換可能なもの（一般的購買力）を仲立ちとした間接交換が不可避である．まず，所有している商品を一般的購買力を持つ貨幣と交換し（売り），その貨幣でもって必要なものを手に入れる（買い）のが，間接交換である．

　貨幣は当初，実体を持つものであった．多くの人が有益なものと認め，かつ交換取引の手段として便利なものが貨幣に用いられた．たとえば，貝殻，たばこ，金（きん）などである．しかし，商品取引が発展するにつれて，一般的な購買力が保証されているならば，実体がなくてもよいとされ，紙片（銀行券）が貨幣になった．さらに，現在では貨幣の圧倒的部分が銀行の信用創造による預金通貨なのである．

市場経済の特徴

商品取引に基礎をおく市場経済は次のような特徴を持っている.

第1に,自己のものは自己がどのように使ってもよい,他人は文句をいう権利はないという点である.あるもの(たとえば,自動車)を所有しているということは,その自動車をどのように使用するか,処分するかといった決定権を持っていることであり,自己の所有物に対する他者の介入を排除しているのである.この自由な自立したもの同士の交換こそが市場取引の原則である.

ただし,自由交換には制限がある.社会的に見て,許されない行為は禁止される.有害物(麻薬など)の販売,社会的モラルに反する行為(売春など),環境基準を満たさない行為などである.

第2に,商品の生産に対してどれだけの費用をかけても,それをそのまま評価してくれないことである.評価は市場によって事後的に行われる.すなわち,市場価格で評価されるのである.売れなければ無価値である.売れるかどうか,どれだけの価格で売れるかが商品所有者の運命を決めるのである.

価格は,基本的には市場の需要と供給の関係によって決まる.消費者や需要者の意向は市場に反映される.需要が多ければ価格は上がるし,少なければ下がるのである.この価格の動きを見て生産者は生産調整を行う.これを消費者主権と呼んでいる.

第3に,自己責任制である.決定は私的に行われたのであるから,その決定を下した人は責任をとらなければならない.利益があれば,それを自己のものにすればよい.損失をだせば失敗の責任をとらなければならないのである.

この自己責任性は失敗者に対して苛酷であるが,市場競争による淘汰過程を通じて経済の「効率」が達成されてきた.また,責任があるからこそ,事前決定において,できる限り綿密な計画をねり,慎重に行動するのである.

しかし,この自己責任制は資本主義経済の発展とともに変わっていく.生産力の発展にともなって,生産に必要な資金が大きくなり,個人の資金だけでは新しい生産技術や新産業を導入できなくなってきた.個人の資金だけでなく他人の資金を集めて株式会社を作るようになった.この際,失敗に対する責任は出資した分だけでよくなったのである(有限責任という).個人会社の場合には,負債の責任は全部とらされるのである(無限責任).

市場と計画

「資本主義は市場経済，社会主義は計画経済」という見解がかつてあった．それは間違いである．資本主義経済は既に述べたように多数の私的所有者によって構成されている多元的決定社会であるから市場システムがもちいられている．それでは，社会主義経済はどうか．社会主義経済は原理的には生産手段の共有，つまり共同決定を旨とする．生産力が極めて低い段階での社会主義経済では一元的むしろ独裁的決定が可能かもしれないが，生産能力がある程度，発展し国民の要求が多様になると，一元的に決定することはできない．すなわち，一元的決定のためには極めて高度な情報処理能力が必要であるが，現在，そのような能力を持っていないのである．

したがって，決定権はいろいろな経済主体者，たとえば企業や地方組織などに委譲されるのである．これは多元的決定社会であり，市場システムを活用しなければ経済運営は不可能である．すなわち，社会主義経済においても市場システムは不可欠なのである．

1.3
資本と労働

所有と階級

就業している人々を大別すれば，①ひとりないしは家族で働き生計をなしている人々，②雇用している人々，③雇用されている人々になる．

この①は自営業者であり，商店主や農家などである．生産手段を所有しているが他人を雇用していない人々である．②が資本家と呼ばれている．生産手段の所有者で他人を雇用している人々である．③が労働者である．生産手段を所有せずに他人に雇用されている人々である．このように，生産手段の所有・非所有によって人々を3つの階級に分けることができる．

なぜ労働者は生まれたのだろうか．商品生産社会においては，人々は所有するものを売って必要な商品を手に入れなければならない．生産手段を所有していない労働者は，労働力（肉体的，精神的な労働能力）を売らなければ生活できない．労働力を売って，その代価（賃金）を受け取るのである．労働力が売買の対象になっているということは，売れない場合もあるということであり，そ

れが失業である．

株式会社の場合

　資本主義経済がまだ十分に発展していないかった頃（19世紀頃），資本規模が小さく個人企業が主であったから，資本を出資している人，会社の決定を下している人，支配している人は明白であり，誰が資本家であるかは明らかであった．しかし，20世紀になって，資本規模が大きくなり，株式会社制度が採用されるようになると，ひとりないしは家族ですべての資金を出資するオーナ社長は少なくなった．多数の株主によって資金が提供されるようになった．また，株式自体が売買の対象になり，株主も固定しなくなる．

　株式会社においては誰が資本家であろうか．株主であろうか．株式会社においては，法律上の所有者は株主であるが，すべての株主が資本家ではない．企業の支配者ではない．大多数の株主は企業経営に携わっていない．彼らは，配当や株の売買による利益（キャピタルゲイン）に関心を持っているのである．法的な所有関係だけでは資本家を見つけることは難しい．

　あるものを所有しているとは，それをどのように使うか（処分を含めて）を自らが決めることである．他を排除できる権限である．だから，誰が資本家であるかを知るためには，誰が実質的な決定権を持っているのかを知る必要がある．実質的な決定権を持っている人が実質的な所有者，つまり資本家なのである．

　それでは，企業の実質決定者は誰だろうか．それを知るためには，具体的な決定の仕方を知らなければならないが，一般的には，その企業の経営者，大株主，資金を提供する銀行，大口取引者などである．

　実質決定権を持っている人が資本家であるということは，資本家は必ずしも固定していないことを意味している．決定権を持つ地位についているときのみ資本家である．その地位から離れたとき，資本家ではなくなる．

　生産手段の所有から排除され，決定から排除されている人が労働者であるが，決定権を少しも持っていない人はいるだろうか．いない．機械労働者は機械の操作を行う決定権を持っている．営業マンはある程度の交渉権を持っている．労働者は企業経営に関する提案権を持っている．このように，労働者もなにがしかの決定権を持っているのである．それでは，現在において労働者は存在し

ないのであろうか．

　企業組織が大きくなり，複雑になり，専門知識が必要になると，すべてを資本家が決定することはできない．その決定権を労働者に委譲する．そして労働者は決定に参加する．その場合でも，重要な決定，たとえば人事，巨額の投資決定など企業の運営と存続にかかわる重要な決定については労働者に委譲されない．それらの決定権を持っている人が資本家なのである．

　決定を下すにあたって意見が違った場合，どちらの意見が優先されるかによって識別できる．意見が通る方が資本家である．労働者の意見が通る場合でも，それは資本家が合意したからであり，資本家が合意しない限り労働者の意見は通らないのである．

剰余と利潤

　資本家は利潤を目的にして企業活動を行っている．それでは，利潤はどのようにして生まれるのだろうか．利潤の源泉は何か．

　結論を先取りすれば，利潤が存在するのは，剰余生産物，それを労働時間で表した剰余労働が存在するからである．すなわち，経済全体から考えると，生産過程で作り出された総生産物（total product）から，原材料や機械などの減耗部分を引いたものが純生産物（net product）である．さらに，労働者に支払った賃金部分を差し引いた残余が剰余生産物（surplus product）なのである．この剰余生産物が販売されて貨幣回収されたものが利潤なのである．

　別の角度から考えてみよう．利潤とは売り上げから生産費用を引いたものである．経済全体から考えると，売り上げは総生産額，つまり価格×総生産である．費用は，①原価償却費や原材料費用，②賃金の合計である．売上額から費用①を引いたものは純生産額であり，これは付加価値である．

　賃金は1単位あたり（たとえば1時間あたり，一人あたり）の貨幣賃金率（貨幣で表した賃金率）と，雇用量をかけたものである．したがって，利潤が生まれるためには，

$$純生産額 - 賃金費用 > 0 \tag{1.1}$$

でなければならない．すなわち，

$$\text{価格} \times \text{純生産} - \text{貨幣賃金率} \times \text{雇用量} > 0 \qquad (1.2)$$

である．(1.2) 式から，

$$\text{純生産}/\text{雇用量} > \text{貨幣賃金率}/\text{価格} \qquad (1.3)$$

が求められる．(1.3) 式の左辺は労働生産性であり，右辺は実質賃金率（貨幣賃金率でどれだけの生活資料が買えるかを示したもの）である．つまり，労働生産性が実質賃金率よりも大きくなければ利潤は生まれないのである．

　個々の労働者からするとどうなるか．彼は労働を支出して一定の生活資料を賃金（実質）として手に入れる．この生活資料を生産するのに必要な労働を必要労働という．剰余労働は，労働支出から必要労働を引いた残余である．この剰余がなければ利潤は生まれないのである．

利潤決定の要因

　剰余がなければ利潤は生まれない．それでは，利潤の大きさを決める主要な要因は何だろうか．剰余の大きさを決めるものは何だろうか．

　税引き利潤はすでに述べたように，付加価値から賃金費用と利潤に課せられる税を引いたものである．

$$\text{税引き利潤} = \text{付加価値} - \text{賃金} - \text{対利潤課税} \qquad (1.4)$$

　第3章でくわしく述べるように，財・サービス市場において，供給は付加価値と外国からの輸入を足したものであり，需要は投資，消費，政府支出，輸出の合計である．したがって，需給が一致するためには，

$$\text{付加価値} + \text{輸入} = \text{消費} + \text{投資} + \text{政府支出} + \text{輸出} \qquad (1.5)$$

が成立していなければならない．

　消費は労働者消費（賃金からの消費）と資本家消費（利潤からの消費）の合計であり，賃金は労働者消費，労働者貯蓄，対賃金課税の合計である．また，租税は対利潤課税と対賃金課税の合計である．これらを考慮すれば，(1.4) 式は，

$$\text{税引き利潤} = \text{資本家消費} + \text{投資} + (\text{政府支出} - \text{租税}) + (\text{輸出} - \text{輸入}) - \text{労働者貯蓄} \tag{1.6}$$

となる．政府支出マイナス租税は財政赤字であり，輸出マイナス輸入は貿易黒字である．

ここから，利潤を決める主要な要因は①投資，②財政赤字，③貿易黒字，④資本家消費，⑤労働者貯蓄であることがわかる．投資，財政赤字，貿易黒字，資本家消費が大きいほど，労働者貯蓄が少ないほど税引き利潤は大きくなるのである．

この章のまとめ

この章では資本主義経済の基礎的枠組みを述べたが，その内容と次章以下の章との関係を述べることにしよう．

1. 人間が自然に働きかけ，自然を人間生活に都合の良いものに変えていく行動が生産活動であり，その生産活動をどのように評価・測定するかを論じたものが第3章「経済循環と国民所得」である．そして，生産活動の大きさを決めるものは何か，それをどのように分配するかは第4章「国民所得と雇用決定」で述べられている．

2. 生産手段の所有関係から人々を分類したものが資本家，労働者，自営業であるが，それを生活つまり人間の生命と健康を維持する活動主体と見たのが「家計」で，生産活動の主体が「企業」である．家計の行動は消費活動として第5章で，企業の投資行動は第6章で述べられている．

3. 資本主義経済は市場経済・貨幣経済である．貨幣は重要な役割を果たしている．それは第7章，第8章で述べられている．

4. 第4章で述べられた生産活動の成果は実体経済に関するものである．資本主義経済においては，実体経済は貨幣経済と深く結びついている．所得，雇用，利子率の決定について物価を所与として論じたのが第9章であり，物価の決定を明らかにして分析したのが第10章である．第12章では，貨幣賃金率の決定を含む労働市場が分析されている．

5. 現代経済においては純粋な市場経済はない．政府が経済に介入し，雇用や物価などの政策目標を達成しようとしている．それは第11章で述べられている．

6. 経済活動は国境を越えて行われている．国家間で貿易と資本の取引が行われている．また，所得や雇用の水準は一国だけでは決定できない．相互に影響しあいながら決まるのである．その問題を第13章，第14章が取り扱っている．

7. 経済規模は変化する．経済は循環しつつ成長する．資本主義経済は利潤と成長を目的にしている．景気循環については第15章で，経済成長については第16章で述べられている．

練習問題

1. 環境問題を市場システムで解決できるだろうか．
2. 中華人民共和国が市場システムを利用しているのはなぜだろうか．
3. 剰余は資本主義経済だけに存在するのだろうか．

第2章

マクロ経済のデータ

この章で学ぶこと

マクロ経済学は，一国の経済活動を総合的・平均的にとらえ，それが何によって決定されるのか考える学問である．したがって，まずはじめに経済を大づかみにとらえるための手がかりが必要である．この章では，手がかりとなるいくつかのマクロ的なデータをもちいて，日本とOECDの代表国であるアメリカ，ドイツとの比較を行う．

具体的なデータとしては，一国全体の生産量の伸びを表す経済成長率，財・サービスの価格の動きを平均的に表すインフレ率，社会の高齢化の程度を表す高齢化率，就業状況の厳しさを表す失業率，政府の「借金」がもたらす負担の大きさを表す政府債務残高対GDP比，それから，グローバル化の進展を表す対外直接投資流出額を取り上げる．

キーワード

経済成長率，インフレ率，高齢化，失業率，政府債務残高，対外直接投資

2.1
経済成長率

　私たちは毎年さまざまな財・サービスを生産している．パンやジーンズ，車などの財，および，大学教育，映画，旅行などのサービスが，経済全体で1年間にどれだけ産み出されたかを表す数値を，GDPという．そしてGDP[1]の対前年増加率[2]のことを，経済成長率という．

　図2-1は1956年から2007年までの経済成長率の動きを描いたものであり，表2-1は1956～1973年，1974～1991年，1992～2007年の平均成長率を計算したものである．

　まず，日本，アメリカ，ドイツに共通する点をいくつか挙げることができる．1つめは，52年間のうちの大部分で成長率がプラスであるという点である[3]．2つめは，成長率の上昇および下落は永続せず比較的短期間で反転するという

図 2-1　経済成長率

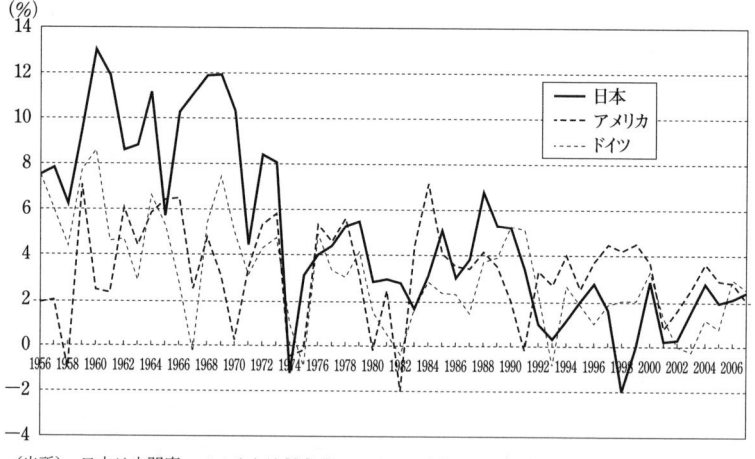

（出所）日本は内閣府，アメリカは U.S. Department of Commerce, Bureau of Economic Analysis，ドイツは Deutsche Bundesbank の公表資料．

---

1) GDP の詳細については，第3章で解説する．
2) 対前年増加率の定義については，補論を参照せよ．
3) たとえば日本の場合，1974年，1998年，1999年の3年を除くすべての年において成長率がプラスである．

点である[4]. 3つめは,1970年代半ばに一時的に成長率がマイナスになっているという点である.

表 2-1　平均成長率（%）

	日本	アメリカ	ドイツ
1956～1973年	9.22	3.81	5.04
1974～1991年	3.69	2.77	2.51
1992～2007年	1.25	3.08	1.52

（出所）図2-1と同じ．

　他方で,各国ごとの特徴も興味深いものがある．日本の経済成長率を見ると1973年以前の平均9%を超える成長率がまず目を引く．年率9%の成長とは,10年後に2.4倍になるペースである．いうまでもなく高度成長期にあたり,3国すべての中で全期間を通じて圧倒的である．第1次石油危機[5]による打撃を受けた1974年から,いわゆるバブル景気が終わる1991年にかけての18年間の経済成長率の平均は4%弱である．高度成長期の半分にも満たないとはいえ,毎年4%成長すると10年で1.5倍になる．対照的に1992年から2007年にかけての16年間の経済成長率は,平均1%強まで低下している．このペースの成長では,10年後になっても1.1倍にしかならない．この時期には,マイナス成長した1998年,1999年をはじめとして,経済成長率が0.3%以下の年が6年もあることからも深刻さがわかる．

　アメリカの経済成長率で特徴的なのは,1992年以降の高さである．1992年から2007年にかけて日本やドイツが低迷する一方で,アメリカの成長率は平均3%である．これは,同国の1974年から1991年にかけての平均成長率も超えている．さらに,IT不況といわれる2001-02年を除くと1992年以降2006年まで成長率が常に2.5%以上であることからも,経済の堅調さをうかがい知ることができる．ただし直近では,サブプライムローン危機のため成長率が低下している．

　ドイツの経済成長率は,1969年以前の例外的な年を除くと,全期間を通し

---

[4] 例えば日本の場合,1975年から1979年にかけての継続的上昇,および,1989年から1993年にかけての継続的下落がそれぞれ最長である．

[5] 1973年10月の第4次中東戦争をきっかけとした産油国の石油戦略により,世界経済が停滞した．一連の経済の混乱を,第1次石油危機という．次節のインフレ率も参照せよ．

て低めである．1974年から1991年にかけての平均成長率は2.5%であり，3国のなかで最も低い．1992年から2007年にかけての平均成長率も，日本よりは高いがそれでも1.5%に過ぎない．成長率の平均的な低さに加えて，1967, 1975, 1982, 1993, 2003年と10年前後の周期で成長率がマイナスに落ち込んでいることも特徴的である．

2.2 インフレ率

　経済全体で無数ともいえる財・サービスが取引され，そのひとつひとつに価格がつけられている．多くの財・サービスの価格は絶えず変動しており，長期にわたって価格が一定であるものはまれである．財・サービスの価格は全体としてどのように動いているだろうか．

　図2-2は，1956年から2007年までの消費者物価指数（CPI）のインフレ率の動きを描いたものであり，表2-2は1956〜1973年，1974〜1991年，1992〜2007年の平均インフレ率を計算したものである．

　消費者物価指数とは，家計がそのモノ自体の使用を目的として購入するさまざまな財・サービスの価格を，大まかにとらえたものである[6]．そしてインフ

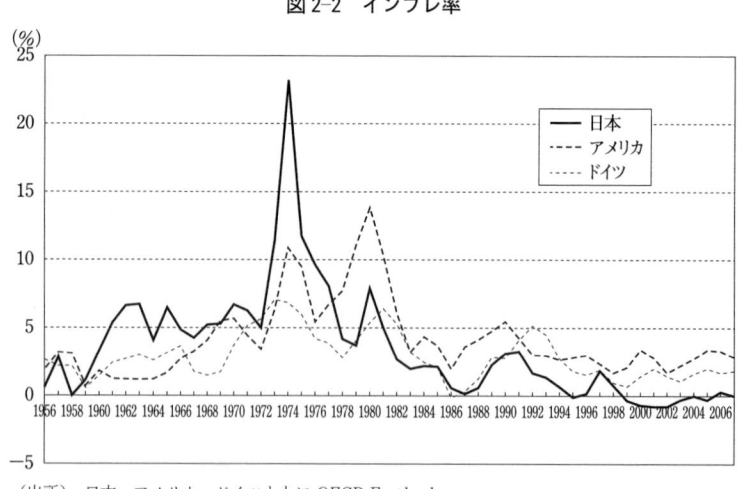

図2-2　インフレ率

（出所）　日本，アメリカ，ドイツともに *OECD Factbook*.

表 2–2 平均インフレ率（％）

	日本	アメリカ	ドイツ
1956～1973 年	4.78	2.87	2.94
1974～1991 年	4.99	6.42	3.50
1992～2007 年	0.19	2.66	1.98

（出所）図 2–2 と同じ．

レ率とは，物価指数の対前年増加率のことを意味している．

日本の CPI のインフレ率の動きで最も目立つのは，1973 年から 1976 年にかけての異常な上昇である．なかでも 1974 年は 23.2％ と群を抜いている．これらはいうまでもなく，第 1 次石油危機とその後遺症によるものである．この異常な時期を除くと，1961 年から 1981 年の間は 5％ 前後で推移している．1982 年以降については，1990 年前後の 5 年間と 1997 年に 3％ 程度の盛り上がりがある一方で，1999 年から 2003 年にかけて 5 年間のマイナスを経験している．このようにマイナスのインフレ率が数年間続くことは，緩やかなインフレ基調の OECD 諸国の中では極めてめずらしい．

アメリカのインフレ率を見ると，第 1 次石油危機のときは 11％ で日本ほどではないが，1980 年の第 2 次石油危機 [7] のときには 14％ と日本より大きな影響を受けている．1992 年以降は 3％ 弱で安定している．

ドイツのインフレ率は，全期間を通して 3 国の中で最も安定している．第 1 次石油危機，および，第 2 次石油危機の影響も多少は見られるが，せいぜい 7％ 程度である．1994 年以降はほぼ，1～2％ の範囲に収まっている．

2.3
高齢化

日本の 2008 年現在の総人口は，1 億 2,771 万人である [8]．依然として世界第 10 位の人口大国ではあるが，2004 年の 1 億 2,784 万人をピークとして，す

---

[6] たとえば日本の消費者物価指数は，家計にとって重要度が高い 584 品目を取り上げ，第 3 章で解説するラスパイレス価格指数という概念を用いて算出したものである．

[7] 同年勃発したイラン・イラク戦争を機に，産油国が原油価格を引き上げたことに起因する．

[8] 総務省統計局『人口推計月報』による，2008 年 8 月 1 日現在の確定値である．

2.3 高齢化

図 2-3 高齢化率

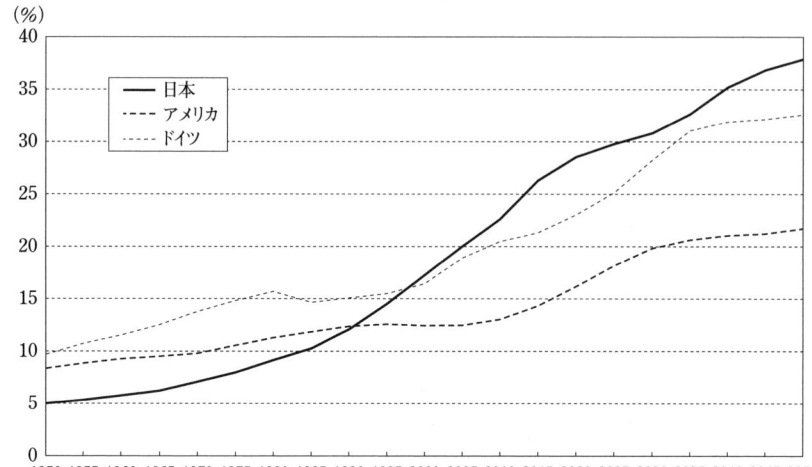

(出所) 日本，アメリカ，ドイツともに UN, *World Population Prospects: The 2008 Revision*.

でに人口減少が始まっている．もっとも人口総数の減少自体がただちに問題となるわけではない．日本より人口の少ない国は世界中にいくらでも存在する．日本社会が抱える人口問題は，高齢化[9]である．

65歳以上の高齢者，すなわち，老年人口[10]が総人口に占める割合を，高齢化率という．高齢化率が7％を超えた社会を高齢化社会といい，14％を超えた社会を高齢社会という．図 2-3 は，1950年から2050年にかけての5年ごとの高齢化率の動きを描いたものである[11]．

日本の高齢化率は，1950年の5％から上昇し1970年には7％を超え，その後次第に上昇速度が増し2000年には17％を超えた[12]．さらに，2025年には30％，2050年には38％にまで上昇すると予測されている．

アメリカは1950年から高齢化率8％強の高齢化社会であったが，その後は高齢化がそれほど加速せず1990年過ぎから日本を下回っている．2010年の予

---

[9] 高齢化は，長寿化と少子化により生じる．長寿化は，栄養改善と医療技術の発達による．少子化は，晩婚化・非婚化が主因と考えられている．
[10] 14歳以下を年少人口，15歳以上64歳以下を生産年齢人口，65歳以上を老年人口という．
[11] 2010年以降は予測値である．
[12] 実際年次データでは，1994年に14％を超え高齢社会となり，2007年には21.5％となっている．

測値でもまだ日本の半分程度の13%であり,高齢社会にはならない.

　1950年からすでに高齢化率が10%近くあったドイツは,その後も高齢化が進み1970年にはほぼ高齢社会になった.1980年から高齢化率の上昇が一時的に鈍化し2000年以降日本を下回っているが,近年再び上昇速度が増している.

　図2-3の比較から,日本の高齢化がいかに急速であるかがうかがい知れる.さらに予測値で見る限り,アメリカやドイツと違って2035年以降も高齢化の進行速度が低下する気配はない.高齢化が進むにつれ,生産活動の担い手が相対的に少なくなり現役世代一人あたりの社会保障費の負担が増加し,医療・年金・介護の各公共サービスの財源確保が難しくなる.よって,労働力の確保,労働生産性の向上や社会保障における受益と負担のバランスが,大きな課題となる.

2.4
就業状況

　企業などで雇われて働く人,人を雇って事業を展開する人,あるいは,自分だけで事業を営む人など仕事の仕方はさまざまであるが,多数の人が収入を目的としてなんらかの仕事に就いている.その一方で,仕事を休んでいる人や仕事を見つけられない人も少なからずいる.ここでは,一国全体の就業状況を表わす諸指標の1つである失業率について見てみよう.

　各国の居住者のうちの15歳以上で働く意志と能力がある人の中で,仕事がない人が占める割合を,失業率という.図2-4は1955年から2007年までの失業率の動きを描いたものである[13].

　日本の失業率は,1960年から1970年代半ばにかけて1%強という非常に低い水準で推移していた.その後も1993年までは安定しており,2〜3%弱の比較的低い水準に保たれていた.しかしながら1994年以降上昇し,1998年には4%を突破した.その後も上昇が続いたが,2002年の5.4%をピークとして下降に転じ,2007年にはふたたび4%を割った.

　アメリカの失業率は,1970年以前は5%前後であったがその後上昇し,

---

[13] ただしドイツについては,比較可能なデータの制約により1978年以降のみである.

図2-4 失業率

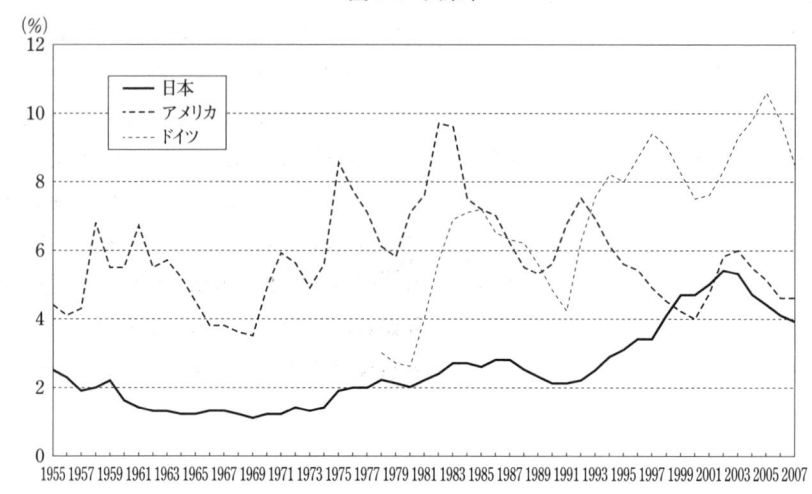

(出所) 日本,アメリカ,ドイツともに *OECD Factbook*.

1980年代初頭には10%近くになった．1980年代半ば以降は，一時的な上昇は見られるものの，長期的に低下傾向にある．とくに1990年代後半以降は日本の失業率の水準と大差なく5%前後で推移している．

ドイツの失業率は，アメリカと対照的に長期的に上昇傾向にある．1980年までは3%弱であり日本とそれほど変わらなかったが，その後急上昇した．1994年には8%を超え2002年以降は10%前後で推移している．

失業率だけで単純にとらえると，日本の雇用はまだまだ安定しているように見える．けれども雇用の質を考えると，とくに1990年代後半以降明らかな変化が見られる．1つは，長期的に失業している人が増えていることである．12カ月以上失業状態にある人が失業者全体に占める割合を見ると，1990年代前半の15%から一貫して上昇し近年は33%となっている．すなわち，今日の失業者のうちの3分の1は1年以上失業の状態にある．

もう1つは，非正規雇用の増加である．企業に雇われて仕事をしている人の中で，正規の職員・従業員以外を非正規雇用者という[14]．非正規雇用者が役

---

[14] もっとも非正規雇用者の厳密な定義はなく，勤め先での呼称がアルバイト・派遣社員など，正規の職員・従業員と異なる雇用者を指す．非正規雇用者は概して，正規雇用者より労働時間が短く，時間あたりの給与が安い．

員を除く雇用者に占める割合を見ると，1980年代半ばには15%に過ぎなかったが，その後継続的に上昇し近年は30%を優に超えている．つまり，1990年代後半から失業率に現れないところで正規から非正規への置き換えが急速にすすんでいるのである．以上の2点より，近年の日本の雇用状況は，失業率で見る以上にきびしくなっていると考えられる．

2.5
政府債務残高

　日本・アメリカ・ドイツなど私有財産制にもとづく市場経済では，「いつ，どこで，誰が，何を，どれだけ，どのように，生産し消費するか」についての決定は，基本的には各家計および企業の私的便益追求を動機とする行動に委ねられている．けれどもすべてを私的動機にもとづく行動に任せておくと，道路・外交・警察・教育などの公共財と呼ばれる財・サービスの供給量が不足したり供給内容が不適切となったりすることがある．そこで政府が，租税や国債で民間から財源を集め，公共財を供給している．たとえば日本では，政府の経済活動がGDPに占める割合は，近年低下傾向にあるとはいえ20%強となっている．

　政府の経済活動のこと，あるいは，それにかかわる収支のことを財政といい，政府支出が租税収入を超える額を財政赤字という．財政赤字の存在は，国が国債の新規発行などにより「借金」を増やしながら活動していることを意味している．

　日本の国債には，公共施設建設の資金源となる建設国債[15]と施設建設と関係なく単に税収不足を補うための赤字国債[16]がある．建設国債は，景気対策として公共事業が積極的に実施された年にはとくに大量に発行されている．また赤字国債は，慢性的な税収の落ち込みに加え高齢化による年金・医療・介護などの社会保障費の増大のため，1990年代末からとくに大量に発行され続けている．

　近年は，既発国債の償還と利子払いのため毎年多額の国債費が必要となり，

---

[15] 財政法第四条に記された例外規定を根拠とするため，四条国債と呼ばれることもある．
[16] 発行に関して毎年特別立法を作る必要があるため，特例国債ともいう．

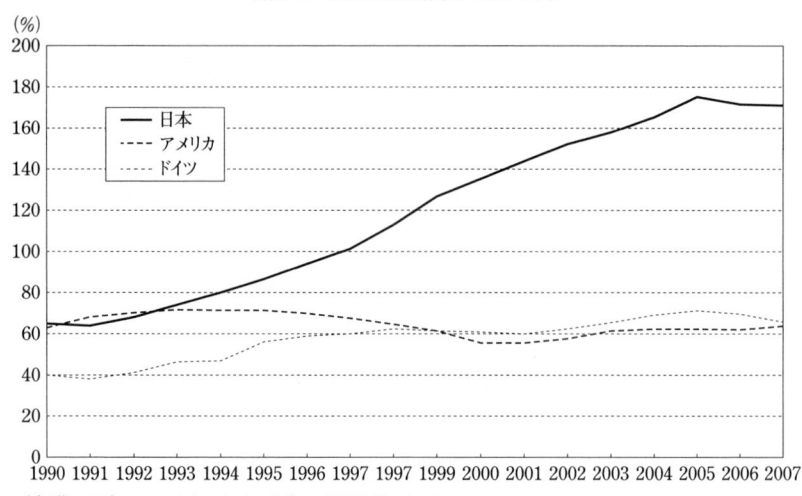

2.5 政府債務残高

図 2-5 政府債務残高対 GDP 比率

(出所) 日本, アメリカ, ドイツともに *OECD Factbook*.

財政の柔軟性が阻害され問題となっている．既発国債をはじめ政府債務が経済にとってどれだけの負担になるかは，政府債務残高の当該経済の規模に対する相対的な大きさに依存する．よって，残高の GDP に対する比率が負担の大きさの目安となる[17]．図 2-5 は，1990 年から 2007 年までの政府債務残高の対 GDP 比率の動きを描いたものである．

日本の政府債務残高対 GDP 比率は，1990 年代初頭には 70% 程度でありアメリカと変わらなかったが，その後異例の速度で上昇している．1997 年には 100% を，2002 年には 150% をそれぞれ超えた．2005 年以降は横ばいとなっているが 170% を超過したままである．

アメリカの政府債務残高対 GDP 比率は，1990 年の 60% 強からわずかに上昇し，1990 年代半ば過ぎまで 70% 程度で横ばいしていた．その後低下し 2000 年代初頭には 60% を割り込んでいたが，近年は 60% 程度で推移している．

ドイツの政府債務残高対 GDP 比率は，1990 年代初頭は 40% 程度であり低かった．1990 年代中盤に上昇した後，1990 年代後半から 2000 年代初頭にかけて 60% 程度で横ばいしたが，近年再び上昇して 70% 程度となっている．

---

17) ほかには，たとえば国民一人あたりの債務残高などが目安として考えられる．

図 2-5 の比較から，日本の政府債務の負担がいかに大きいか，そして，いかに急激に増加してきたかを確認することができる．

2.6
対外直接投資

グローバル化が進んでいる今日，安価で豊富な労働力を得るため，新たな市場を開拓するため，あるいは，より有利な投資機会を得るために，各国の企業や投資家は国境を越えて生産・投資活動を展開している．日本の企業が海外に新たに法人を設立したり，日本の投資家が長期的な経営参加を目的として外国企業の株式を取得[18]したりすることを，日本の対外直接投資という．

図 2-6 は，1993 年から 2007 年までの対外直接投資の流出額の動きを描いたものである．日本の対外直接投資流出額は，1993 年においては 140 億ドル程度であったが，1998-99 年と 2002-03 年を除いて増加し続け，2007 年には 700 億ドルを超えている．同期間の増加率の平均は 12.6% である．

アメリカの対外直接投資流出額は，日本を圧倒する大きさである．1993 年にすでに日本の 6 倍の 840 億ドルあったが，その後 1990 年代後半に急増し 1999 年には 2,250 億ドルとなった．2000-03 年にかけては減少し 1,500 億ドル程度となるが，近年再び増加し 3,000 億ドル前後となっている．

ドイツの対外直接投資流出額は，平均すると日本の 1.5 倍程度であるが変動が大きい．1993-94 年は日本とさほど変わらなかったが，以後急増し 1999 年には 1,000 億ドルを超えた．その後減少し続けて日本より少額となり 2003 年には 60 億ドルを割り込んだが，近年は再び急増している．

図 2-6 を見ると，アメリカやドイツほどではないにしても，日本の企業や投資家の活動のグローバル化が着実に進んでいることがわかる．実際，対外直接投資累積額の増大に対応して海外からの配当金の受け取りが増加し，2005 年からは所得収支の黒字が貿易・サービス収支の黒字を上回っている．

---

[18] 実際には，単に収益を目的とする証券投資との区別が容易でないため，対象となる企業の発効済み株式総数の 10% 以上を取得した場合を直接投資として取り扱っている．

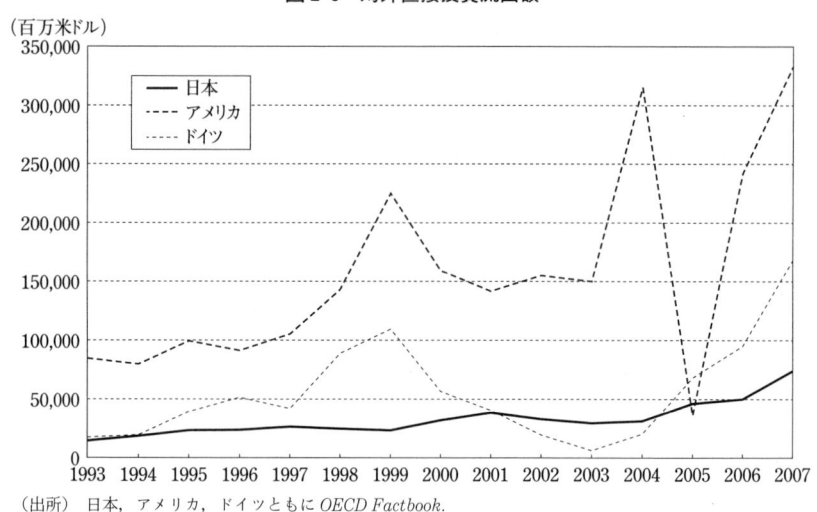

図 2-6 対外直接投資流出額

(出所) 日本, アメリカ, ドイツともに *OECD Factbook*.

この章のまとめ

　この章では，一国全体の経済活動の動きを大づかみにとらえるための指標として，経済成長率，インフレ率，高齢化率，失業率，政府債務残高対GDP比率，対外直接投資流出額の時系列データを取り上げ，日本とOECDの代表国であるアメリカ・ドイツとの比較を行った．

　経済成長率については，日本の長期的な低下傾向を確認できる．また，1992年以降の日本の落ち込みとアメリカの好調さが対照的である．

　インフレ率については，長期的に見ると3国の中ではドイツが最も安定している．日本のインフレ率も安定していないわけではないが，1990年代末以降デフレ傾向が続いていることが懸念される．

　高齢化率については，とくに日本の上昇速度の異常さを確認できる．アメリカは日本やドイツと違って高齢化の進行が緩やかである．

　失業率については，日本は長期的に低めであるが1990年代後半以降はアメリカと変わらない．1990年半ば以降，ドイツの失業率は3国の中で群を抜い

て高い．

　政府債務残高対 GDP 比率については，高齢化率と同様に，日本の上昇速度の異常さを確認できる．2000 年以降アメリカとドイツが 60〜70% でほぼ横ばいであるのに対し，日本は 2003 年に 160% を超えさらに上昇中である．

　対外直接投資流出額については，アメリカが 3 国の中で圧倒的であるが，ドイツとともに日本も近年は上昇傾向にある．

補論
対前年増加率

　表 2-3 は，2006 年から 2008 年にかけての K 市の年間新生児数を表したものである．このように，ある特性を示す変数の値が時間の経過とともにどのように変化したかを表すデータを時系列データという．そして時系列データにおいて，ある変数の値が前年に比べて相対的にどれだけ伸びているかを表したものを，その変数の対前年増加率という．

表 2-3

年	新生児数（人）
2006	450
2007	500
2008	600

たとえば K 市の新生児数は 2007 年には 500 人であり 2008 年には 600 人であるため，K 市の 2008 年の新生児数の対前年増加率は，

$$\frac{600-500}{500} \times 100 = 20$$

より 20% である．

　いうまでもなく，K 市の新生児数のほかに，S 県の自動車販売台数や N 国の GDP などさまざまな時系列データを考えることができる．一般に，ある時系列データの t 年の値を $X(t)$，$t-1$ 年の値を $X(t-1)$ とすると，t 年の対前年増加率は，

$$\frac{X(t)-X(t-1)}{X(t-1)} \times 100$$

により与えられる．

練習問題

1. （1） インターネットを利用して，内閣府ホーム＞統計情報・調査結果＞SNAの統計表一覧の時系列表にアクセスし，実質四半期GDP実額原系列のデータをダウンロードせよ．
   （2） 表計算のソフトを利用し，ダウンロードしたデータからGDPの折れ線グラフを作成せよ．
   （3） 作成したグラフの特徴とその理由について考えてみよ．
2. Aさんは自動車部品製造工場で働いていたが，2008年12月に解雇された．2009年1月から3カ月間求職活動をしたがどこにも採用されなかった．その後も仕事が見つかればすぐに働く気でいたが，採用の見通しが厳しそうであったため，2009年4月以降は求職活動をしなかった．Aさんは2009年4月以降，失業者に含まれるか？
3. アメリカ，イタリア，スイス，スウェーデン，ドイツ，日本について，1990年，1995年，2000年，2005年の一人あたりGDP，高齢化率，政府債務残高対GDP比のデータを集めて，それぞれの国の特徴をまとめよ．

Column 経済成長率の「ゲタ」

2.1節で，一国全体の経済活動の規模の変化を表す経済成長率の推移を見た．経済成長率とは，GDPの対前年増加率にほかならなかった．よって，たとえば2006年の経済成長率は，2006年のGDPが2005年とくらべてどれだけ伸びているかを表すはずである．ところが各年のGDPをより細かくとらえてみると，経済成長率が私たちの日常感覚と合わない値となる場合があることに気がつく．

いま仮に，2005年および2006年の四半期GDP（年率）と暦年GDPが，表1のようであったとしよう．

表1

2005年1-3月	464	2006年1-3月	528
2005年4-6月	464	2006年4-6月	528
2005年7-9月	464	2006年7-9月	528
2005年10-12月	528	2006年10-12月	528
2005年暦年	480	2006年暦年	528

この設定では2006年の各四半期のGDPは，2005年の10-12月期にすでに到達していたGDPの水準からまったく伸びていない．よって日常感覚としては，2006年の経済成長率はゼロであると考えるのが妥当であろう．しかしながら計算上2006年の経済成長率は，

$$\frac{528-480}{480} \times 100 = 10$$

より10%となる．

このようなズレが生じるのは，2005年の10-12月期のGDPが2005年の暦年GDPから離れているからである．

$$\frac{2005年10\text{-}12月期GDP(年率) - 2005年暦年GDP}{2005年暦年GDP} \times 100$$

を，2006年の経済成長率の「ゲタ」という．ゲタをはいて身長を測るとゲタの分だけ高く測定されるのと同様に，経済成長率もこの「ゲタ」の分だけ高く算出される．

したがって上記の例のように，GDPが前年の最終四半期からまったく伸びていなかったとしても，「ゲタ」がプラスであれば経済成長率はプラスになるのである．

第 3 章

経済循環と国民所得

この章で学ぶこと
この章では,マクロ経済学で最も重要な概念である GDP について学ぶ.一国全体の経済規模を表す指標が GDP であるが,まず単純な二部門の例で GDP の概念を理解する.その後,日本の実際の産業連関表を利用しながら,生産・分配・支出の三方面における GDP の各項目を検討し,GDP 算出に関する三面等価の原理を確認する.

続いて,固定資本減耗および「国内」概念と「国民」概念の差に注目しながら,GDP の関連指標である NDP と GNI について概観する.最後に,価格変動の影響を除いた GDP 概念である実質 GDP,および,経済全体の価格の動きを表す GDP デフレータなどについて学習する.

キーワード
国内総生産 (GDP),三面等価,産業連関表,国内純生産 (NDP),国民総所得 (GNI),名目値と実質値,GDP デフレータ

3.1
身近な経済活動と総生産

　第2章で，日本全体の1年間の経済活動の規模を表す指標として国内総生産 (GDP)[1] という概念が使用されると書いたが，総生産という尺度自体は決して日本国あるいは1年間の経済活動に限定されるものではない．対象となる時間的範囲と人的もしくは地理的範囲が特定されれば，その範囲内における経済活動の規模を表す数値として総生産を計算することができる[2]．

　総生産という概念に慣れるため，日本のGDPの詳細に立ち入る前にまず身近な経済活動の総生産について考えてみよう．たとえば近隣で図3-1に表されるような経済活動があるとしよう．

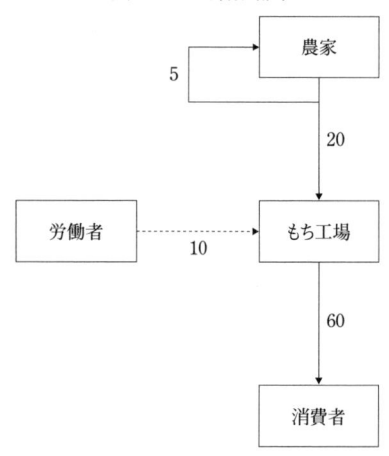

図3-1　経済循環図

　自営農家のAさんは，自ら作った5万円の種もみを使ってもち米を作り，もち工場を経営するBさんに20万円で販売した．Bさんは，労働者のCさんを雇ってもちを作ってもらい，消費者[3] に60万円で販売した．Cさんは，給

---
[1] Gross Domestic Product.
[2] 実際，1年間のGDPだけでなく四半期（3カ月）ごとのGDPも計算されている．また，国内に限らず都道府県内総生産や世界総生産も計算されている．
[3] ここでの消費者とは，Aさん，Bさん，Cさんにほかならない．

与として10万円を受け取った．以上の経済活動による農家の売上は5＋20で25万円[4]であり，原材料として種もみを5万円投入しているため，Aさんの手元には20万円が残った．また，もち工場の売上は60万円であり，原材料としてもち米を20万円投入し，Cさんに給与を10万円支払ったため，Bさんのもうけは30万円であった．

さて，この簡単な経済活動における総生産を算出することにしよう．1つの山の頂上にたどり着くルートがいくつもあるように，経済活動の規模を表す総生産の値を3つの方法によって同様に算出することができる．

1つめの方法は，財・サービスを生産する側からのアプローチである．基本的には各企業の生産活動の結果を足し合わせるわけであるが，二重計算を避けるため，同一期間内に同一地域内で他の財・サービスを生産するための原材料・エネルギーとなる部分を取り除くことが重要となる．農家については，売り上げがもち米25万円であり，その生産のために原材料・エネルギーとして種もみ5万円を投入している．よって，農家が新たに産み出した財・サービスの価値，すなわち，付加価値は20万円である．もち工場については，売り上げがもち60万円であり，その生産のために原材料・エネルギーとしてもち米20万円を投入している．よって，もち工場の付加価値は40万円である．以上より付加価値の合計は60万円となるが，この金額を総生産とするのである．

2つめの方法は，生産要素を提供して所得を得る側からのアプローチである．Aさんは，農地を提供し自ら農作業も行った結果20万円の所得を手に入れた．Bさんは，もち工場を提供し，もちの製造・販売を企画・管理した結果，30万円の利潤を得た．またCさんは，もち製造のための労働力を提供した結果，10万円の賃金を受け取った．以上を足し合わせると60万円となり，前出の総生産と一致する．

3つめの方法は，財・サービスに支出する側からのアプローチである．ただし，ここでは同一期間内に同一地域内で他の財・サービスを生産するための購入分は除かなくてはならない[5]．農家は5万円の種もみを購入し，もち工場は

---

[4]「自分が作ったものを自分自身に売る」という行為は一見奇異に思えるかもしれないが，国民経済計算では，しばしば，このような経済活動の見方・とらえ方が必要である．他者に売ろうとすれば5万円で売ることができた種もみを自分で使用したという意味で，「自分自身に売った」として計算すると考えればよい．

20万円のもち米を購入し,消費者は60万円のもちを購入している.しかしながら,種もみはもち米の原材料として,もち米はもちの原材料としてそれぞれ使用されている.よって考慮するべきは最終需要である消費者によるもちの購入60万円だけである.この値は前述の総生産と一致している.

1つめは生産面からのアプローチ,2つめは分配面からのアプローチ,3つめは支出面からのアプローチと呼ばれているものにそれぞれ対応している.以下,2005年における日本全体の経済活動を実例として,より詳細に見ていこう.

3.2
産業連関表と国民経済計算の三面等価

生産・分配・支出の各アプローチによって計上されたGDPの値は,ある特定の年の取引においてたまたま一致しているわけではない.経済活動の内容に関わらず三者が常に一致することを産業連関表と呼ばれる統計表を利用して確認しておこう.

表3-1は,2005年の産業連関表である.日本の生産者全体が13部門に統合され,各部門の需要構成と費用構成が記されている.需要構成とは,当該部門で産出された生産物の販売先別内訳のことである.費用構成とは,当該部門の生産活動に投入された原材料・エネルギーの購入元別内訳と生産活動に貢献した各生産要素の報酬のことである.部門を1つ固定して産業連関表をヨコに見ていくと,その部門の需要構成について知ることができる.また同様にタテに見ていくと,費用構成について知ることができる.

ヨコの並びの項目で,家計外消費支出とは,出張費・企業交際費・福利厚生費などであり,企業消費とも呼ばれる.民間消費支出とは,コンビニでパンを買うように,使用後比較的短期間で消失する財・サービスを購入することである.一般政府消費支出は,都道府県庁などの行政サービスや初等教育・消防活動などである.国内総固定資本形成とは,国内で将来生産活動を維持・拡大するために生産設備を補修・増強することである.家電メーカーの新工場建設の

---

5) 理由は1つめの方法と同じである.

ような民間の資本形成と，国道の整備のような公的な資本形成とで構成される．在庫品純増とは，半製品や販売前の完成品の純増加分であり，民間のものと公的なものとで構成される．ただしこの在庫品純増には，将来販売量を増やすために意図的に増やされた在庫品も，販売予定であったが売れ残り不本意ながら増えた在庫品も区別せずに計上されることに注意が必要である．

　タテの並びの項目で，雇用者所得とは，給与やアルバイト料のような労働力の提供に対する報酬のことである．資本減耗引当[6]とは，工場・機械など生産設備の提供に対する報酬のうち，使用された設備などの劣化分の評価額に相当する部分を指す．間接税は消費税や揮発油税などによる政府の収入であり，経常補助金を控除して純間接税とも呼ばれる．そして，生産活動から生じた付加価値から雇用者所得，資本減耗引当，純間接税を除いたものが営業余剰である．営業余剰の一部は生産設備や土地の提供に対する報酬として分配されるが，残りは内部留保として企業の手元におかれ将来の活動のもとでとなる．

　なお経済学では，民間消費支出を消費，民間総固定資本形成と民間在庫品純増をあわせて（民間）投資，一般政府消費支出と公的総固定資本形成と公的在庫品純増をあわせて政府支出，雇用者所得を賃金，営業余剰を利潤と略称することが多い．

　さて左端の農林水産業から右側を見ていくと，農林水産業の生産物を原材料・エネルギーとして購入しているのは，農林水産業自体が1兆6,616億円，鉱業が5億円，……，分類不明が0億円である．よって内生部門[7]計は10兆8,650億円である．また最終需要として購入しているのは，家計外消費支出が800億円，民間最終消費支出が3兆4,813億円，……，輸出が632億円である．よって最終需要計は4兆5,383億円である．

　内生部門計と最終需要計の和である需要合計の15兆4,033億円より海外の生産物への需要である輸入の2兆2,420億円を控除すると，農林水産業の国内生産額は13兆1,613億円となる．他部門についても同様に，内生部門，最終需要，輸入，国内生産額について確認することができる．

　他方で上端の鉱業から下側を見ていくと，鉱業の原材料の購入元内訳は，農

---

6) 固定資本減耗とも呼ばれる．
7) 同一期間内に国内で他の財・サービスを生産するための原材料・エネルギーとしての取引を，内生部門の取引という．

表 3-1　2005 年

生産者価格評価表(13 部門)

	農林水産業	鉱業	製造業	建設	電力・ガス・水道	商業	金融・保険	不動産	運輸	情報通信	公務	サービス
農林水産業	1661615	504	7799128	87905	0	9311	0	81	1939	0	2136	1302406
鉱業	626	2920	12635365	496583	3302484	0	0	0	4575	0	429	10748
製造業	2561866	65185	131701191	17954185	2003182	3485940	1323916	141551	6764158	2731257	2877205	26273139
建設	65697	6518	1197953	143850	1277933	651679	164048	3047681	505823	233419	588219	1236893
電力・ガス・水道	111961	30467	5668045	262936	1891200	2049907	216323	219818	959521	440558	1265319	4817329
商業	521777	25063	17618541	4121479	544652	1839903	264900	63231	1635185	710848	585323	9113709
金融・保険	226281	70008	3843999	937841	710066	5707629	4478944	3798522	2220168	636153	126344	4406496
不動産	4520	7829	620668	160378	179962	2879732	569767	378002	749394	897579	36347	1745163
運輸	632392	261458	8417470	3345270	787042	5460080	820643	148973	5923018	1102304	1196040	4287425
情報通信	37206	11267	2488207	762075	549087	4223835	2340068	137929	604955	4807870	1340661	9299246
公務	0	0	0	0	0	0	0	0	0	0	0	0
サービス	204206	57478	21172550	5169788	2452297	6522368	4809489	1457644	6780965	6757982	2119529	15404914
分類不明	181675	12053	973048	494201	107783	629077	107801	236313	252638	488185	11325	1028912
内生部門計	6209822	550750	214136165	33936491	13805688	33459461	15095899	9629745	26402339	18806155	10148877	78926400
家計外消費支出	70423	53605	4508749	990172	480068	2469516	1126578	187620	884857	2302482	544888	3756607
雇用者所得	1170904	186157	47194983	22266776	4713230	42068805	11577132	2129177	14741551	12367442	16181351	84216961
営業余剰	3945518	70129	13758313	588368	2346411	19876539	8501416	29009510	2737010	4727276	0	15919804
資本減耗引当	1330050	83140	14018412	3450822	4281833	6295756	4495718	21648821	3974886	6137019	11556133	19585727
間接税(除関税)	573381	66460	13709622	2191474	1616082	3806231	1901461	3677205	2182496	1603291	106628	6049454
(控除)経常補助金	−138726	−1959	−287449	−301865	−258770	−73449	−1111419	−76143	−178729	−7708	0	−1069832
粗付加価値部門計	6951550	457532	92902630	29185747	13178854	74443398	26490886	56576190	24342071	27129802	28389000	128458721
国内生産額	13161372	1008282	307038795	63122238	26984542	107902859	41586785	66205935	50744410	45935957	38537877	207385121
国内総生産	6881127	403927	88393881	28195575	12698786	71973882	25364308	56388570	23457214	24827320	27844112	124702114

（出所）　総務省統計局公表資料.

　林水産業が 5 億円，鉱業自体が 29 億円，製造業が 652 億円，……，分類不明が 121 億円である．よって内生部門計は 5,508 億円である．鉱業の国内生産額 1 兆 83 億円から内生部門計 5,508 億円を差し引いた 4,575 億円が同部門の粗付加価値であり，生産活動の報酬として貢献した生産要素に分配される．分配の内訳は，家計外消費支出が 536 億円，雇用者所得が 1,862 億円，……，経常補助金（控除項目）が 20 億円である．他部門についても同様に，内生部門，国内生産額，粗付加価値について確認することができる．

　すべての部門を集計すると，国内生産額は 974 兆円，内生部門計は 466 兆円，民間消費支出は 282 兆円，一般政府消費支出は 91 兆円，国内総固定資本形成は 114 兆，在庫純増は 2 兆円，輸出は 74 兆円，輸入は 73 兆円，家計外消費支出は 17 兆円，雇用者所得は 259 兆円，営業余剰は 100 兆円，資本減耗引当は 97 兆円，間接税は 38 兆円，経常補助金は 4 兆円である．そして，これらの集計量ついて，

産業連関表

(単位：100万円)

分類不明	内生部門計	家計外消費支出	民間消費支出	一般政府消費支出	国内総固定資本形成	在庫純増	輸出計	最終需要計	需要合計	(控除)輸入計	国内生産額	国内総支出
0	10865025	79972	3481335	0	198070	715727	63233	4538337	15403362	−2241990	13161372	2216375
1335	16455065	−7052	−8064	0	0	−8432	−97764	34759	16368512	−15360230	1008282	−15439731
464655	198347430	2953235	56975238	335076	34991281	1146936	56710373	153112139	351459569	−44420774	307038795	105738130
0	9119713	0	0	0	54002525	0	0	54002525	63122238	0	63122238	54002525
77318	18010702	6376	8308221	634473	0	0	41016	8990086	27000788	−16246	26984542	8967464
82082	37126693	2767662	47542256	6201	12402525	202051	8560071	71480766	108607459	−704600	107902859	68008504
2326986	29489437	250	11941693	0	0	654576	12596519	25192988	42085956	−499171	41586785	12097098
13540	8242901	0	57923631	37145	0	0	3721	57964497	66207398	−1463	66205935	57963034
198756	32580871	470470	14882056	−74772	802866	74874	5675342	21830836	54411707	−3667297	50744410	17693069
128369	26730775	174754	10957683	35886	8408553	−11466	283659	19849069	46579844	−643887	45935957	19030428
1109667	1109667	0	786643	36641567	0	0	0	37428210	38537877	0	38537877	37428210
342960	73252170	10968410	69348112	53426045	2810000	0	2011482	138564049	211816219	−4431098	207385121	123164541
0	4523011	0	17751	0	0	0	281106	298857	4821868	−629499	4192369	−330642
4745668	465853460	17414077	282156555	91041621	113607388	2030358	74319338	580569337	1046422797	−72616255	973806542	490539005

38512	17414077
106763	258921232
−1178211	100302083
435566	97293883
44690	37528475
−619	−3506668
−553299	507953082
4192369	973806542
−591811	490539005

$$\text{国内生産額} - \text{内生部門計} - \text{家計外消費支出} \tag{3.1}$$
$$= \text{雇用者所得} + \text{営業余剰} + \text{資本減耗引当} + \text{間接税} - \text{経常補助金} \tag{3.2}$$
$$= \text{民間消費支出} + \text{一般政府消費支出} + \text{国内総固定資本形成} + \text{在庫純増}$$
$$\quad + \text{輸出} - \text{輸入} \tag{3.3}$$
$$= 490 \text{兆円}$$

という関係が成立している[8]．(3.1) 式は生産面から見た GDP，(3.2) 式は分配面から見た GDP，(3.3) 式は支出面から見た GDP にほかならない[9]．

産業連関表における部門別の国内生産額，内生部門計，最終需要計，輸入，家計外消費支出，および，粗付加価値と，それらの集計量との関係から明らか

---

[8] (3.1) 式の値が厳密に一致しないのは，1 兆円未満を四捨五入していることによる．
[9] 家計外消費支出は，原材料・エネルギーではないが，各産業の生産活動に必要な経費と考えられるため，GDP には含まれない．

なように，(3.1)〜(3.3) 式は経済活動の内容いかんにかかわらず常に等しい．この恒等関係を国民経済計算の三面等価という．なお三面等価が成立するのは，財貨需要と供給の不一致が意図しない在庫品の増減で処理されているからである．

3.3
GDP と NDP，GNI

本節では，一国全体の経済活動の規模に関する GDP 以外の指標のうち，NDP と GNI について概観する．表 3-2 は三者の関係を簡潔にまとめたものである．

GDP から固定資本減耗を差し引いたものを国内純生産（NDP）[10]と呼ぶ．

表 3-2 GDP，NDP，GNI の差異

GDP	NDP	GNI
国内発生の賃金・利潤	国内発生の賃金・利潤	国内発生の賃金・利潤
固定資本減耗	×	固定資本減耗
間接税	間接税	間接税
（−）補助金	（−）補助金	（−）補助金
×	×	海外からの賃金・利潤
×	×	（−）海外への賃金・利潤

すなわち，

$$\text{NDP} = \text{GDP} - \text{固定資本減耗} \tag{3.4}$$

である．GDP は国内生産額から生産に必要な原材料・エネルギーをすべて差し引いた残りであるため，たとえそのすべてを消費に回したとしても一見長期的に維持できそうであるが，実はそうではない．生産活動に使用された建物・設備・機械などの資本は磨耗・故障するため，メインテナンス・補修をしなければ継続的に使用することができない．そして，メインテナンス・補修を実施するためには，付加価値の一部を費やす必要がある．これが，固定資本減耗で

---

[10] Net Domestic Product.

ある．NDP は，理論上，当該経済で永続できる最大の消費量と考えられる．2007 年暦年では，GDP[11] が 506 兆円であり固定資本減耗が 107 兆円であるため，NDP は 399 兆円である．

国全体にわたって所得を集計する際に，GDP のように日本「国内」という範囲でなく，日本「国民」という範囲で集計する対象を特定した所得概念として，国民総所得 (GNI)[12] がある[13]．

国民が受け取る賃金・利潤の総計は，国内における生産活動に貢献して得られた賃金と利潤全体に，海外での生産活動に国民が貢献して得られた賃金と利潤を付け加え，国内における生産活動に国民以外が貢献したことに対して分配された賃金と利潤を差し引いたものにほかならない．すなわち，

$$国民が受け取る賃金・利潤 = 国内で発生した賃金・利潤 \\ + 海外からの賃金・利潤の受け取り \\ - 海外に対する賃金・利潤の支払い \tag{3.5}$$

の関係にある．国民が受け取る賃金・利潤に，固定資本減耗と間接税を加えて経常補助金を差し引いたものが，GNI である．(3.5) 式より，

$$GNI = GDP + 海外からの賃金・利潤の受け取り \\ - 海外に対する賃金・利潤の支払い \tag{3.6}$$

が成立することがわかる．一般に海外就労者が多い国や対外純資産が大きい国は，GNI の方が GDP よりも大になる．2007 年暦年では，GDP が 516 兆円であり，海外からの賃金・利潤の受け取りが 26 兆円，海外に対する賃金・利潤の支払いが 9 兆円であるため，日本の GNI は 533 兆円である[14]．

---

[11] ただし，「統計上の不突合」を含まない値であり，これを含む値は 516 兆円である．
[12] Gross National Income. GNI は，もともと国民総生産 (GNP) と呼ばれていたものにほかならない．
[13] この場合の日本国民とは，国籍に関係なく，日本国内に居住している人すべてを指している．ただし，居住の継続性が問題であり，国内に 6 カ月以上居住しているすべての人が居住者となり，海外に 2 年以上居住する人は非居住者とみなされる．
[14] クウェート，フィリピン，イギリスなどは GNI が GDP より相対的に大であり，ルクセンブルク，アイルランド，ペルーなどは相対的に小である．

3.4
名目値と実質値

実質 GDP

　一国全体の一定期間内の経済活動の規模を示す指標が GDP であった．それでは，たとえば日本の 2000 年の GDP が 503 兆円であり 2007 年の GDP が 516 兆円であるのを見て，2000 年から 2007 年にかけての日本の経済活動の伸びは 2.6% であったとただちに判断してよいだろうか．

　GDP は，経済的取引の規模を取引金額の大きさで表す．

$$\text{取引金額} = \text{取引価格} \times \text{取引量} \qquad (3.7)$$

であるから，取引金額の伸びには取引量の変化のほかに価格変化の影響も含まれている．このままでは，生産活動が活発になり取引量が増えたのか，それとも，単に価格が上昇したのかが明らかでない．価格変化の影響を排除して実質的な変化を求めるためには，どうすればよいだろうか．

　現在使われているのは，各財・サービスの取引価格をある基準とする年に固定して，それらと実際の取引量とをかけ合わせて仮想的な取引金額を算出し，比較対照のために利用するという方法である．

　たとえば 2000 年を基準とすると

2007 年の仮想的取引金額＝2000 年の取引価格×2007 年の取引量　　(3.8)
2000 年の（仮想的）取引金額＝2000 年の取引価格×2000 年の取引量　(3.9)

であるから，(3.8) 式と (3.9) 式を比較することになる．これらのように 2000 年の取引価格を使って算出された GDP のことを，2000 年基準実質 GDP という[15]．なお，各年の実際の取引価格を使って算出された GDP は，実質 GDP と区別する場合，名目 GDP と呼ばれる．

　日本の 2000 年基準実質 GDP は，2000 年が 503 兆円であり 2007 年が 561 兆

[15) ただし，このような価格を基準年に固定して算出された実質 GDP は，基準年から離れるにつれて現状を反映しなくなる可能性がある．そのため 2004 年末以降は，連鎖方式と呼ばれるより複雑な実質化が採用されている．詳細については，内閣府 (2004)「実質 GDP（支出系列）におけ

円である．よって，同期間における日本経済の伸びは 11.5% である．名目GDP でみると前述のように 2.6% であったが，これらの差は同期間の各財・サービスの価格低下の影響によるものである．

GDP デフレータと価格指数

名目 GDP の実質 GDP に対する比率は，GDP デフレータと呼ばれる[16]．すなわち，

$$\text{GDP デフレータ} = \frac{\text{名目 GDP}}{\text{実質 GDP}} \quad (3.10)$$

である．GDP デフレータは，取引される財・サービスの価格の平均的な動きを表すが，その意味を数値例で確認しよう．

簡単化のため財・サービスが経済全体でおにぎりと DVD-R の 2 種類しかないと想定しよう．加えて，2000 年および 2007 年の価格と取引量が，表 3-3 のとおりであるとする．

原材料・エネルギーの投入を無視すると GDP は財・サービスの取引金額の合計であるから，2007 年の名目 GDP は

$$120 \times 40 + 80 \times 20 = 6400$$

である．

表 3-3　価格と取引量の数値例

	おにぎり		DVD-R	
	価格	取引量	価格	取引量
2007 年	120（円／個）	40（個）	80（円／枚）	20（枚）
2000 年	100（円／個）	20（個）	100（円／枚）	30（枚）

また，価格を 2000 年に固定して 2007 年の取引量を集計した

$$100 \times 40 + 100 \times 20 = 6000$$

が，2007 年の 2000 年基準実質 GDP である．よって (3.10) 式の定義より，2007 年の 2000 年基準 GDP デフレータは，

る連鎖方式の導入について」を参照せよ．
16）　簡単化のため，計算結果を 100 倍することは省略している．

$$\frac{120\times 40+80\times 20}{100\times 40+100\times 20}=1.06\cdots \quad (3.11)$$

となる．これは，2007年の実際の取引金額が，2000年の価格の下で2007年と同じ量を取引すると想定した場合の仮想的取引金額の何倍になるかを示しており，2000年基準のパーシェ価格指数と一致している[17]．この例では，平均的にみると2007年の取引価格は2000年に比べて6%上昇したと考えられる．

価格の動きを集計する際，(3.11) 式とは別のアプローチをすることもできる．価格を2007年に固定して2000年の取引量を集計すると，

$$120\times 20+80\times 30 = 4800 \quad (3.12)$$

となる．(3.12) 式を2000年の実際の取引金額で割った

$$\frac{120\times 20+80\times 30}{100\times 20+100\times 30}=0.96 \quad (3.13)$$

は，2000年基準のラスパイレス価格指数と呼ばれる．これは，2007年の価格の下で2000年と同じ量を取引すると想定した場合の仮想的取引金額が，2000年の実際の取引金額の何倍になるかを表している[18]．ラスパイレス価格指数は，第2章で概観した消費者物価指数（CPI）などで使用されている．

個々の価格の変化が同じものを集計する場合でも，価格指数の概念としてパーシェ価格指数を使用するかラスパイレス価格指数を使用するかにより集計結果は変わる．(3.11) 式と (3.13) 式の比較から明らかなように，変化量だけでなく変化方向さえ一致しない場合さえあるうる．

この章のまとめ

この章では，はじめに一国全体の経済活動を把握する際の最重要指標である国内総生産（GDP）について学んだ．まず，もち米ともちを生産する簡単な数

---

[17] (3.11) 式を変形すると，比較対象年の取引金額の比率をウェイトとする各財の価格の対基準年比の調和平均となる．

[18] (3.13) 式を変形すると，基準年の取引金額の比率をウェイトとする各財の価格の対基準年比の算術平均となる．

値例を使って，GDP 算出の際に三方面からのアプローチが可能であることと二重計算を避けることが重要であることを理解した．

その後，日本の産業連関表を用いて GDP の各項目について確認した．生産面は，農林水産業，鉱業などの各産業の粗付加価値で構成されていた．分配面は，賃金や利潤など生産要素の所得で構成されていた．支出面は，消費，投資，政府支出などの最終需要で構成されていた．以上の三方面から算出した GDP の数値が常に一致するという三面等価の原理も確かめた．

続いて，GDP の関連指標である国内純生産（NDP）と国民総所得（GNI）について検討した．NDP は，GDP から固定資本減耗を控除したものであった．GNI は，国民が受け取る賃金・利潤を集計したものに固定資本減耗と間接税を加えて補助金を差し引いたものであり，GDP に海外からの賃金・利潤の純受け取り分を加えたものにほかならなかった．

最後に，一国経済全体の物理的な取引量を集計的に表す実質 GDP と，価格の変動を集計的に表す GDP デフレータについて学習した．GDP デフレータは，名目 GDP を実質 GDP で除したものであり，パーシェ価格指数にほかならなかった．また，消費者物価指数として利用されるラスパイレス価格指数についても確認した．

練習問題

1. 生産要素は労働のみ，最終需要は消費と輸出のみを取り上げて，2 産業の生産活動の数値例を作り，GDP を生産・分配・支出の各面から算出せよ．
2. あらかじめ予定している在庫増と予定していない在庫増の違い，および，GDP にあらわれるそれら違いについて説明せよ．
3. ウーロン茶とコーヒーの 2 種類の缶飲料のみが生産される経済を想定する．2000 年および 2008 年のそれぞれの価格と販売量が表 3-4 のとおりであったとして，以下の設問に答えよ．ただし，原材料・エネルギーは無視すること．

表 3-4

	ウーロン茶		コーヒー	
	価格	取引量	価格	取引量
2008 年	90（円／缶）	6（缶）	110（円／缶）	4（缶）
2000 年	120（円／缶）	4（缶）	100（円／缶）	5（缶）

(1) 2000年と2008年の名目GDPの値を比較せよ．
(2) 2000年と2008年の2000年基準実質GDPの値を，それぞれ求め比較せよ．
(3) 2008年の2000年基準GDPデフレータの値を求めよ．

> *Column* **豊かさの指標としてのGDP**
>
> 　この章で学んだGDPは，国民生活の豊かさを表す指標としてどの程度有効だろうか．GDPが等しい社会の豊かさは，すべて同じだろうか．また，GDPの増加は必ず社会をより豊かにするだろうか．
>
> 　ここで注意しなければならないことは，GDPが主として金銭の受け渡しをともなう経済的取引だけを取り上げていて，しかもその取り上げ方が無差別的ということである．
>
> 　例として，自動車の増加にともなうGDPの変化について考えてみよう．まず自動車産業の生産増加は，それ自体GDPにプラスである．ところで，自動車の利用機会が増えると自動車事故も増加するだろう．事故でけがをして病院にかかる人が増えると医療サービスの生産が増えGDPが大きくなる．また，自動車の交通量が増加すると，幹線道路を中心として大気汚染や騒音がひどくなるだろう．沿線の各家計が空気清浄機，乾燥機，防音サッシなどを購入すると家電メーカーや住宅メーカーの生産が増えGDPが大きくなる．以上のように，自動車の増加はさまざまなルートでGDPを増加させると考えられる．
>
> 　さて，上記の自動車の増加にともなうGDPの増加はすべて社会をより豊かにしているといえるだろうか．おそらく大多数の人が事故による入院はない方がよいと考えるだろう．また，窓を開けられる生活と天日干しで衣類の乾燥ができる生活を好む人も少なくないだろう．これらを考慮するとGDPの中には，できれば避けたかった経済的取引や，やむをえず実施した経済的取引などが少なからず含まれていると考えられる．その一方で，交通事故の危険にさらされながら街を歩く人々や大気汚染に耐えながら幹線道路の沿線で暮らしている人々の精神的・肉体的苦痛は，GDPの値には反映されていない．
>
> 　以上より，同じGDPの値を誇る社会でもその内容により豊かさが大いに違うと容易に想像できるだろう．GDPの増加分ほど社会が豊かになっていなかったり，GDPの増加によって反対に社会の豊かさが損なわれたりすることがありうるのである．いずれにせよ，GDPは国民生活の豊かさの1つの目安に過ぎないと心に留めておくべきである．

第4章

財・サービスの生産と雇用

この章で学ぶこと

　資本主義においてGDP（国内総生産）は，市場（価格）メカニズムによって決まる．この章では，それを最も単純な形で説明し，本論の準備をする．

　GDPの決定要因として，生産物（財・サービス）に対する「有効需要」を強調するJ. M.ケインズの主張を，この説明の中に位置づける．

　GDPと雇用は連動している．GDPが労働の完全雇用と対応する水準に決まるかどうか，この設問に対する経済学の答えは，肯定的な新古典派と否定的なケインズ派に大きく二分される．結論が分かれる最終的な原因は，労働の完全雇用を実現するのに十分な財・サービスに対する需要が，市場メカニズムの調整によって生じるかどうかの判断が異なるからである．

キーワード

　市場（価格）メカニズム，新古典派，ケインズ，セー法則，貨幣賃金率，実質賃金率

4.1
資本主義と失業

1929 年に始まった大恐慌（The Great Depression）以来ともいわれる世界同時不況によって（コラム「サブプライム危機と大恐慌」253 ページ），近年また失業がクローズアップされている．年々の失業，生産や雇用の変動を追う前に，あらためて資本主義にとって失業が持つ意義を考えよう．

戦後日本の失業率と経済成長率の推移を対照すると，図 4-1 のように長期的，傾向的には反対方向に変動していることが一見して明らかである．すなわち景気が好い（経済成長率が高い）とき失業率は低く，景気が悪い（経済成長率が低い）とき失業率は高い．何の不思議もないと思う読者が多いだろう．しかし，ここに考えるべき問題が潜んでいる．

失業率が高いとき，なぜ遊休している多くの労働を社会的に有用な活動に生かせないのか．あるいは仮に総労働量（延べ労働者数×一人あたり労働時間）を増やす社会的必要がないとすれば，なぜ失業者を雇用することによって雇用

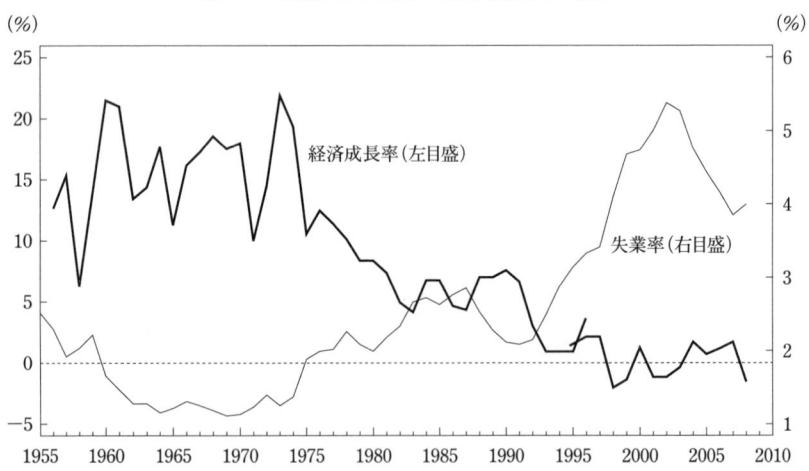

図 4-1　戦後日本の失業率と経済成長率の推移

（出所）　失業率：完全失業率（月次データ）の暦年平均．『労働力調査　長期時系列データ』http://www.stat.go.jp/roudou/longtime/03roudou.htm より．経済成長率：名目国内総生産（暦年）の対前年変化率（％）．内閣府ホーム＞統計情報・調査結果＞SNA（国民経済計算）＞統計表一覧＞国民経済計算確報 1-2.時系列表（GDP・雇用者報酬）より．

された労働者数を増やし，代わりに労働者一人あたり労働時間を短縮することによって，労働者の生活を豊かにできないのか．

このような根源的な設問には，資本主義という経済の仕組みが絡んでいる．ある経済現象は，資本主義という特定の経済制度のもとでだけ起こるのか，資本主義に限らず他の経済制度でも起こるのか．この識別は，どの経済現象を理解し，問題を解決するときにも大切である．それは病気の場合と同様，経済，社会の問題も，何を所与の条件として解決を図るかで，治療方法も違ってくるからである．

そもそも資本主義の要件の1つは，第1章で見たように，社会構成員が雇用する者とされる者（労働を買う者と売る者）に分裂していることである．どの経済でもうまく機能するには，労働者が外的強制なしでも，いわば「その気になって」働くことが必要である．資本主義において，その役目を果たすのが多過ぎず，少な過ぎない「適量の」失業である．

たとえば失業が非常に多いと，何が起こるか．この場合，労働を売って生計を立てようとする者にとっては，現在の条件のもとで働こうとしても生活の見込みが立たないのであるから，その気になって働こうとする意欲が萎える．大量の失業は，有用資源を有効に活用できない現行経済制度の存在意義に疑問符を付け，社会不安，不満を増大させる．このような体制危機を，資本主義は1930年代に経験し第二次世界大戦，あるいはむしろ20世紀に経験し2度の世界大戦という犠牲をともなったが乗り切った．

では反対に，失業が少な過ぎるとどうか．この場合，仕事の種類，給料の額等，労働販売の条件はともかく，どこかに仕事の口はあるのだから，生活はなんとかなる．労働の販売に生活がかかっている者の，最大の懸念である「失業の心配」はない．いわば労働売買における売り手側の最大の弱点がなくなるのだから，売買交渉だけでなく生産過程においても労働者側の立場は著しく強くなる．完全雇用を維持し，かつ労働者のやる気を持続させる課題は，資本主義にとって未達成，今後の課題である[1]．

---

1) 労働を買う方にとっては，必要な労働を必要なときに調達するのが困難になるという問題が起こる．また「完全雇用に接近すれば，賃金が暴騰し，したがって利潤が減少し，……」と考える人もいるだろう．しかし，それはより進んだ，別の次元の問題である．労働需給調整を含み，経済全体で市場メカニズムが機能する過程を本格的に分析するには，これから本書が説明しようとする基本的なマクロ経済理論を必要とする．

このように資本主義がうまく機能するには，労働者が，まじめに働けば，かつそのときだけ，それなりの生活ができる見込みを持っていることが必要なのである．「適量の」失業は，それを保証するうえで非常に重要な役割を果たす．図 4-1 のような現実の失業率の変動は，資本主義が「適量の」失業を確保している形態なのである．

4.2
労働需要と労働供給

資本主義にとっての失業の大切さは，これくらいにしよう．では資本主義で，年々の失業はどのように決まるのか．生産規模は労働の完全雇用水準に対応する，と楽観的に主張するのは，現在主流の新古典派である．反対に，悲観的な代表はケインズ派である．両派の論争は大恐慌，および社会主義が現実に存在したことを歴史的背景としたケインズ『雇用，利子および貨幣の一般理論』による当時主流の「古典派」批判以来長く続いている．したがって論点は多岐にわたるが，最終的な理論的相違点を端的に示そう[2]．

財・サービスを生産する企業の目的は，儲け（利潤）である．企業は利潤，

$$\text{利潤} = \text{売上額} - \text{費用}$$
$$= PY - WN \tag{4.1}$$

が最大になるように労働を需要し，財・サービスを生産すると仮定する．ここで，P：財・サービスの価格，Y：財・サービスの生産量，W：貨幣賃金率（労働の価格；時間あたり賃金），N：雇用量（延べ労働時間）である[3]．

また，①生産に必要な労働と生産量について限界生産性逓減（図 4-2），さら

今は，その前により基礎的な，市場メカニズムの前提，限界とでもいうべき問題を考えている．K. マルクス『資本論』（邦訳多数）とくに第一巻第 23 章資本主義的蓄積の一般的傾向，第 25 章近代植民理論，および M. カレツキー／浅田統一郎・間宮陽介共訳『資本主義経済の変動理論』（日本経済評論社，1984 年）とくに第 12 章完全雇用の政治的側面を参照．
2) 労働の需要と供給，および労働市場の運行について，理論および現実の詳しい説明は，後に第 13 章労働市場で行う．
3) ミクロ経済学の知識を持つ読者は，費用に原材料費，金利等，労働以外の費用が算入されていないこと，あるいは費用最小化の過程がないことに疑問を持たれるだろう．本書では，機械・設備と労働だけで生産が行われると仮定し，労働以外の費用を捨象している．

図 4-2　限界生産性逓減

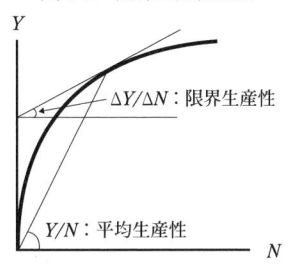

$\Delta Y/\Delta N$：限界生産性

Y/N：平均生産性

（注）　限界生産性＜平均生産性.

図 4-3　最適生産の決定と変化

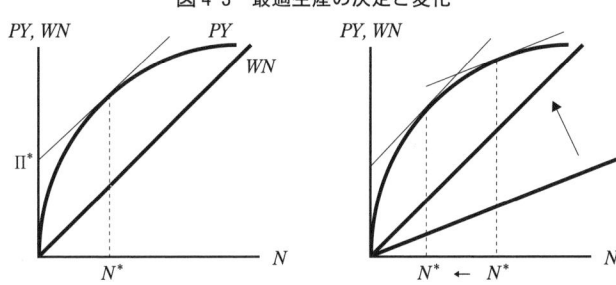

（注）　$\Delta PY = \Delta WN$ のとき，最適（利潤最大）．　（注）　W 上昇による最適生産の縮小．

に②完全競争，を仮定する．完全競争とは，企業の規模が非常に小さく，企業は財・サービス，労働などの現行価格を所与として行動する（利潤の計算はその1つ）状況である[4]．

　すると図 4-3 のように，利潤が最大となる生産規模（雇用 N^* したがって生産量 Y^*）が決まる．これを最適生産と呼ぶ．最適生産では，売上額曲線と費用曲線の傾きが等しい（限界売上額＝限界費用；$\Delta PY = \Delta WN$）．

　また最適生産は，所与とした条件が異なれば変化する．たとえば価格がより高ければ，あるいは労働の価格（貨幣賃金率）がより低ければ，最適生産規模はより大きいこともわかる（逆は逆）．

　結局，労働需要（最適雇用 N^*）は，図 4-4 の労働需要曲線のように財・サービスの価格 P と労働の価格（貨幣賃金率）W の比によって決まる．W/P は

---

[4]　価格，貨幣賃金率に関する静学的期待（static expectation）．ここでは期待について，最も単純な形態を仮定する．

図 4-4 労働需要と労働供給

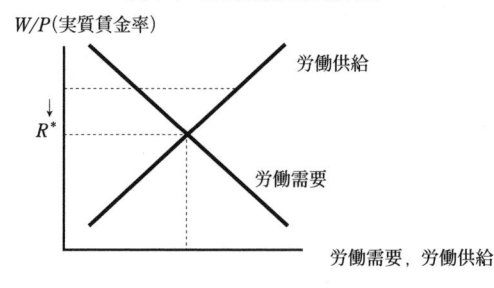

実質賃金率と呼ばれる．以後，企業の最適化（利潤最大化）行動の実現を前提し，N^* を N と書く．このとき所得の第一次分配，すなわち利潤と賃金 WN への分割比率（分配率）も決っている[5]．

次に労働の供給について．労働者家計は，労働供給による純（ネットの）効用が最大になるように労働を供給すると仮定する．ここで「労働供給による純効用」とは

$$\text{労働供給による純効用} = \text{賃金で買える財・サービスの効用} - \text{労働の苦痛} \quad [6]$$
$$(4.2)$$

である．すると労働供給も，図 4-4 のように実質賃金率 W/P によって決まる[7]．

---

[5] あるいは「国民経済計算（SNA）」の用語では，営業余剰と雇用者報酬への分割比率が決まっている．

賃金の分け前である労働分配率（＝賃金/(賃金＋利潤)）で見ると，図 4-2（限界生産性逓減），および図 4-4（労働需要）より，

$$\text{労働分配率}: \frac{WN}{PY} = \frac{W}{P} \frac{N\left(\frac{W}{P}\right)}{Y\left(N\left(\frac{W}{P}\right)\right)}$$

と書くことができるから，結局，労働分配率は実質賃金率 W/P によって決まっていることがわかる．

市場における価格，および貨幣賃金率の変動，したがって実質賃金率の変動に対応して企業は利潤最大化を追求し，その結果，雇用，生産が変動する．この過程で社会全体の生産物のうち誰がどれだけ手に入れるかの割合が，どう変動するかも決まっているわけである．

[6] あるいは，「－労働の苦痛」を1日で見ると，「余暇（＝24時間－1日の労働時間）の効用」と書き換えることもできる．「労働の苦痛」を「労働の不（非）効用」などと言い換えても同じである．

[7] 労働供給を L^s と書くと，

このように結局，労働の需要と供給はともに実質賃金率 W/P によって決まるが，私的，分散的に決定されるから，もちろん経済全体で需給が一致する保証はない．たとえば図4-4のように実質賃金率が R^* より高いとき，労働供給が労働需要を上回り失業が生じる．逆に実質賃金率が R^* より低いときは，労働の超過需要（人手不足）が生じる．

しかし新古典派は市場メカニズム（価格メカニズム）が結局，労働の需給を一致させると主張する．すなわち競争がある限り早晩，労働の価格（貨幣賃金率）は下落する．したがって実質賃金率は下落し，労働の完全雇用は実現する（逆は逆）．

しかしながら実質賃金率の定義（＝貨幣賃金率÷価格）から明らかなように，貨幣賃金率が下落したとき，実質賃金率が下落するには価格が貨幣賃金率より大幅に下落しないことが必要である．ところで財・サービスの価格は，もちろん財・サービスの需給によって決まる．価格が貨幣賃金率より大幅に下落せず，したがって実質賃金率が下落する保証はどこにあるか．

このように完全雇用が実現するかどうかは，労働市場だけを見ていてはラチがあかない．どうしても価格の動向を決める財・サービス市場に目を向ける必要がある．

4.3
労働市場と財・サービス市場

労働，財・サービス両市場の関係を，図4-5で考えよう．図4-5の上半分は図4-4，下半分は図4-2である．財・サービスの生産，供給 Y は，労働需要と連動して，企業が決める．労働需要は実質賃金率に対応して決まるから，

労働の純効用 $= U(WL^S/P) - D(L^S)$

である．ここで $U(WL^S/P)$ は，貨幣賃金 WL^S で買える財・サービス WL^S/P の効用である．$U' > 0, U'' < 0$ を仮定する．$D(L^S)$ は，労働の苦痛が労働時間で決まることを表している．W, P 一定のもとでの労働の純効用最大条件，$\dfrac{dU}{dL^S}\dfrac{W}{P} - \dfrac{dD}{dL^S} = 0, \dfrac{d^2U}{dL^{S2}}\left(\dfrac{W}{P}\right)^2 - \dfrac{d^2D}{dL^{S2}} < 0$ より，W/P と L^S の関係を導出することができる．ただし，労働供給が実質賃金率と同方向へ変化するとは限らない．図4-4は，両者が同方向へ変化するとの仮定を追加している．

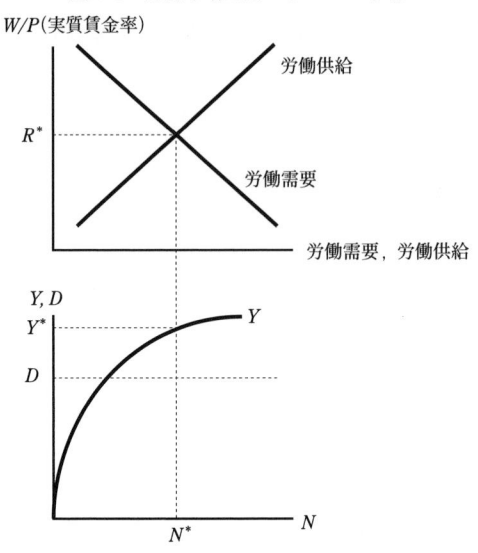

図4-5 労働市場と財・サービス市場

財・サービスの供給 Y も実質賃金率に対応して決まる．では財・サービスに対する需要 D は，どうか．今は分析の便宜上，単純に実質賃金率の高低にかかわらず一定と仮定しよう．

さて問題を，次のように設定しよう．労働市場で労働の需給が，一致していると仮定する（完全雇用）．すると完全雇用に対応した財・サービスの生産，供給も決まる[8]．しかし今，一定と仮定した財・サービスに対する需要は，供給との関係ではどうか．

仮に図4-5のように，完全雇用に対応する水準を下回るとしよう（$D<Y^*$）．すると財・サービス市場では，財・サービスの供給が需要を上回る．ここ財・サービス市場でも，市場メカニズムが働くと想定しよう．すると早晩，価格は下落する．したがって実質賃金率は反騰し（なぜなら，実質賃金率＝貨幣賃金率÷価格），労働市場では再び失業が発生する．このように財・サービス需要が完全雇用に対応する水準を下回る限り，完全雇用は持続しない．

---

8) 企業の製品在庫調整は捨象している．

4.4
市場メカニズムと失業の持続

図4-5のように,外的に与えた財・サービス需要が完全雇用実現には不十分なとき,労働,財・サービス両市場で市場メカニズムが働いても,失業が持続する.これを図4-6で確かめよう.

実質賃金率に対応する労働需給の決定（図4-5の上半分）を,図4-6(1)のように労働の超過需要（＝労働需要－労働供給）に描き換える.実質賃金率 $W/P=R^*$ のとき完全雇用,$W/P>R^*$ のとき労働の超過需要<0（失業>0）である（逆は逆）.

また財・サービスの需給については,供給は図4-5より,実質賃金率→労働需要→財・サービス生産,供給,と対応して決まり,需要は一定である.したがって,財・サービス需給も図4-6(2)のように,実質賃金率に対応する超過需要に描き換えることができる.すなわち $W/P=R_1$ のとき需給一致,$W/P>R_1$ のとき財・サービスの超過需要>0である（逆は逆）.

次に労働,財・サービス両市場で市場メカニズムが働き,超過需要（需要－供給）の程度に応じて,それぞれ貨幣賃金率と価格が変動すると仮定する.すると図4-6(3)のように,実質賃金率に対応した貨幣賃金率と価格の変動が決まり,したがって実質賃金率の変動も,定義より,

$$実質賃金率の変化率 = 貨幣賃金率の変化率 - 価格の変化率 \quad (4.3)$$

と決まる[9].

するとたとえば実質賃金率が,貨幣賃金率と価格が同率で下落する R_2 より高いとき,(4.3)式より

---

[9] W, P を時間 t の関数とすると,W の変化率 $= \dfrac{dW}{dt}/W$,P の変化率 $= \dfrac{dP}{dt}/P$ である.したがって実質賃金率 W/P の変化率 $= \dfrac{dW/P}{dt}/(W/P)$ を実際に計算すると,

$$\frac{dW/P}{dt}/(W/P) = \frac{dW}{dt}/W - \frac{dP}{dt}/P$$

を得る.

4.4 市場メカニズムと失業の持続

図4-6 労働,財・サービス両市場と失業の持続

(1) 労働の超過需要(労働需要－労働供給)

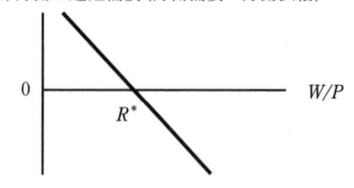

(2) 財・サービスの超過需要($D-Y$)

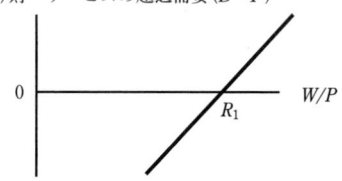

(3) 貨幣賃金率,価格の変化率

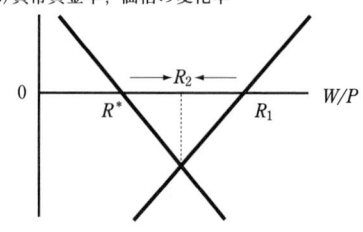

$$\text{実質賃金率の変化率}=\text{貨幣賃金率の変化率}-\text{価格の変化率}<0$$

である.すなわち実質賃金率は下落することがわかる(逆は逆).

図4-6(3)における実質賃金率の変動については,実質賃金率が,R^*あるいはR_1のときがわかりやすい.たとえば$W/P=R_1$のとき,財・サービスの超過需要＝0,したがって価格は変動しない.他方,労働の超過需要<0,したがって貨幣賃金率は下落する.したがって実質賃金率は下落する.

このように実質賃金率は,市場メカニズムが働くと,当初の水準がどうであれ,貨幣賃金率と価格が同率で下落し,実質賃金率が変化しない水準R_2に接近していく.このとき労働,財・サービス両市場で超過供給が発生しており(超過需要<0),市場メカニズムが機能しても失業はなくならないことがわかる.

ここで最終的に,この章では一定と仮定している財・サービスの需要が,ど

う決まるかという問題が浮上する[10]．本章 4.1 節で触れた根源的な問題を脇に置いても，労働市場で市場メカニズムが働けば完全雇用が実現される，と楽観しているわけにはいかない．

4.5
セー法則

　財・サービス需要の決定について，学説史的に有名な仮説の 1 つはセー法則（Say's Law）である．セー法則は，財・サービスの生産規模がどうであれ，生産は常にそれに等しい需要を生み出し，決して販路問題が生じることはないという主張である．実際，セーは「生産物の販路を開くものは生産である」ことを強調している[11]．

　この主張を最も単純に解釈すると，図 4-5 では需要曲線 D が供給曲線 Y と重なっている場合に当たる．もしそうなら，労働市場で市場メカニズムが働きさえすれば，次のように確かに完全雇用は実現する．

　当初失業が生じたとすると，貨幣賃金率が下落し，したがって実質賃金率が下落し，雇用，および財・サービスの生産量が増加する．しかしセー法則により十分な財・サービス需要があるのだから，増加した生産物は必ず売り切れる．したがって価格は下落せず，実質賃金率は下落したままで反騰しない．この過程は，実質賃金率が十分下落し，生産規模が上昇して完全雇用に対応する水準 Y^* に達するまで続く．

　しかし，財・サービスの需給は常に一致するとは限らないという意味で，セー法則は成り立たない．セー法則の背後には，貨幣は交換機能しか持たず，財・サービス販売で得られた貨幣は直ちに他の財・サービス購入に使われるという，貨幣観がある．後に第 7 章・第 8 章で詳しく触れるように，貨幣は財・サービス交換を媒介するだけではない．貨幣には，価値（この場合，購買力の

---

10) これは前述のケインズ『雇用，利子および貨幣の一般理論』(J. M. Keynes, *General Theory of Employment, Interest and Money*, Macmillan, 1936) が，大部分を割いて追求した問題である．

11) J. B. セー／増井幸雄訳『経済学』(岩波書店，1926 年) 第 15 章「販路について」，および「マルサスへの手紙」中野正訳『恐慌に関する書簡』(日本評論社，1950 年) 所収などを参照．

意味)を保蔵する機能もある．ケインズは，失業の原因を労働市場における競争の不十分さに求める「古典派」理論を批判したが，「古典派」の結論を保証する理論的前提として，セー法則を摘出したわけである[12]．

現代の新古典派は，もう少し複雑な理論を基礎に「市場メカニズムが十分な財・サービス需要を生み出す」と主張する．これに否定的なのが，ケインズ派，その他の非主流派である．では財・サービスの需要は，どのように決まり，この点で両派はどのように違うのか．これまでの議論は，この設問に帰着する．

4.6
交換方程式

同じことを，財・サービスに対する需要の決定に関する，もう1つの仮説を利用して説明しよう．

財・サービス需要の決定について，よく見聞きする主張は，いわば「金回り」説である．「景気のよさは金回りが決める」，「不況から抜け出すには，金回りをよくすればいい」等々のわかりやすく強力な主張は，この応用である．その理論的根拠は，学説史的に有名なI. フィッシャー[13]の交換方程式，

$$M \times V = P \times T \tag{4.4}$$

である．ここで，P：財・サービスの価格，T：財・サービスの取引量，M：貨幣の存在量(貨幣残高；マネーストック)，V：貨幣の流通速度(使われる回数)．

フィッシャーの交換方程式は，簡明であるだけにいくつかの解釈が可能である．

---

[12] ケインズの経済学にも時代背景があるように，セーの主張にも時代背景がある．当時，生産が急速に拡大し，このままでは需要不足が起るのではないかとの疑問が提起された．セーは，この疑問に答えようとしたのである．T. Sowell, "Say's Law" (*The New Palgrave A Dictionary of Economics*) を参照．

[13] Irving Fisher (1867-1947)．ケインズと同時代のアメリカの経済学者．株式取引で財をなしたが，大恐慌で資産を失う．大恐慌を背景に負債・デフレーション理論を展開．彼の関心は経済学 (理論的，および実証的) に止まらず，禁酒，食物についての植物主義，優生学など広い．参照：Out of Keynes's shadow (*The Economist*, Feb. 14th 2009), Fisher, Irving (1867-1947) (*The New Palgrave A Dictionary of Economics*)．

(1) 恒等式：たとえば，近所のコンビニで1個100円のお握りを2つ買うとしよう．このとき $P=100, T=2, M=200, V=1$，である．お握り2つの合計金額と支払金額は等しいという，ほとんど自明の売買（取引）の描写である．

しかしながら交換方程式は，他の読み方も可能である．たとえば，

(2) 価格決定式：T を，完全雇用に対応する GDP の水準，あるいは外的に決まっているとする．また V を，ほぼ一定とみなす．すると貨幣残高 M が，価格 P を決めるという，貨幣数量説の結論を導出することができる[14]．

この交換方程式を利用して，この章の論点を説明しよう．T を，ある価格 P のもとで売られようとする財・サービスの量，したがって右辺を供給額と読む．左辺は，その購入に使われようとする貨幣総額，すなわち需要額と読む．すると $M \times V = P \times T$ は，財・サービスの需給一致条件となる．

今，財・サービスの純生産量に対応する実質需要が，$(M \times V)/P$ によって決まると仮定しよう．すると名目需要 $(M \times V)$ があまり変化しない，あるいは単純化して一定の場合，市場メカニズムが働けば，次のように完全雇用が実現する．

図4-3で考えた調整過程において，財・サービス市場で超過供給が生じると，財・サービスの価格 P が下落する．このとき名目需要 $(M \times V)$ は変わらないから，実質需要 $D = (M \times V)/P$ が増加する．この過程は，完全雇用が実現するまで繰り返される．

しかしながら財・サービスに対する需要 $(M \times V)$ は，消費需要と新投資需要，さらに輸出など性質の異なるものを含んでいる．これらを需要，あるいは通俗的には「金回り」と一括し，さらに安定的なものとして扱うことは，分析上の便宜なら許されるし，現実の特殊な場合には妥当するかもしれない．しかし資本主義に一般的とはいえない．ここは財・サービスに対する需要を決定する，経済主体の最適化行動（何を目的として行動しているか）まで遡る必要がある．これは本章に続く第5章・第6章で行う．

---

[14] 後に第11章で，この解釈に基づいて現代の問題を分析した理論を検討する．

この章のまとめ

　マクロ経済学は，端的には資本主義で GDP（国内総生産）の大きさが決定される仕組みの説明である．それは市場メカニズムの働きによるが，GDP が労働の完全雇用に対応する水準に決まるかどうかには，肯定的な新古典派と否定的なケインズ派の基本的な対立が続いている．

　資本主義で完全雇用が実現されるには，労働市場で市場メカニズムが機能するだけでは不十分である．結論は，財・サービス市場において市場メカニズムが，労働の完全雇用を実現するのに十分な財・サービスに対する需要を生み出せるかどうかにかかっている．

練習問題

1. 貨幣賃金率と実質賃金率の区別は重要である．時給（貨幣賃金率）が，1000 円，財・サービス，たとえばラーメンが 1 杯 800 円，CD が 1 枚 1500 円とする．ラーメンで表した実質賃金率はいくらか．CD で表した場合はどうか．
   ヒント：実質賃金率は，貨幣賃金率で買える財・サービスの量．

2. $Y=\sqrt{N}$ の場合，最適生産では $W/P = \dfrac{dY}{dN}$, $\dfrac{d^2Y}{dN^2}<0$ が成り立つことを確かめよ．また，このとき労働分配率＝1/2 であることを確かめよ．
   ヒント：最適生産の条件と労働分配率の定義を参照．

3. 脚注7）を参照して，労働の純効用最大条件より，労働供給が実質賃金率によって決まることを説明せよ．
   ヒント：労働の純効用最大条件において，$\dfrac{dU}{dL^s}$, および $\dfrac{dD}{dL^s}$ が何の関数であるか（何の変数で決まるか）を考える．

4. 図4-3（最適生産の変化）を利用し，貨幣賃金率 W が下落した場合の最適生産（最適雇用 N^*）の変化を図示せよ．
   ヒント：図4-3において，貨幣賃金率 W が変化したとき何が変化するかを考える．

Column 貨幣賃金率・実質賃金率・分配率

本文でケインズに触れながら,その区別が強調されている貨幣賃金率と実質賃金率の推移は,実際どのように違うだろうか.

図1のように両者の推移はよく似ており,傾向変化が 1970 年代中頃と 1990 年代後半にあることが観察される.両賃金率の上昇率は段階ごとに低下し,1990 年代後半以降には両者とも水準自身が低下するに至る.全期間では実質賃金率の上昇は貨幣賃金率の上昇を下回るが,とくに 1970 年代中頃〜1990 年代後半の上昇率の格差は大きい.

また結局は実質賃金率によって決まり (53 ページ脚注 9)),利潤との関係で重要な労働分配率はどうか.図2のように労働分配率の変動形態は,両賃金率よりも数年間における変動が激しく,経済成長率と逆行しているように見える.しかし全期間では両賃金率とほぼ同様傾向的に上昇し,1970 年代中頃と 2000 年前後に傾向変化が観察される.

このように基礎的な経済変数の循環的,傾向的変動を整合的に理解することも,マクロ経済学の課題である.

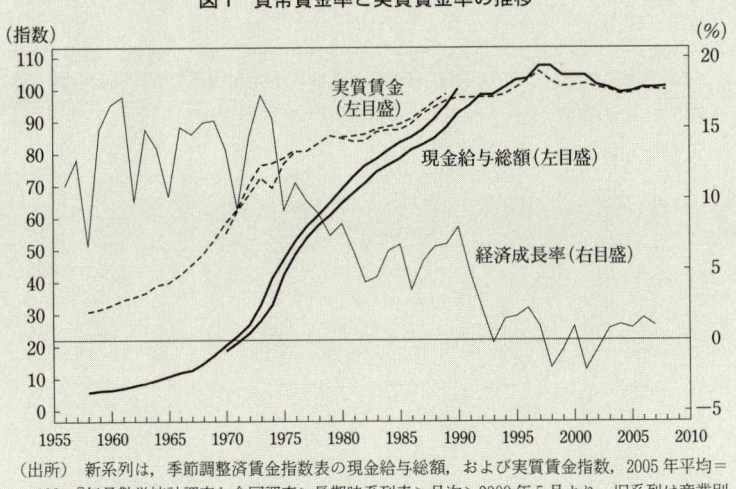

図1 貨幣賃金率と実質賃金率の推移

(出所) 新系列は,季節調整済賃金指数表の現金給与総額,および実質賃金指数,2005 年平均=100.『毎月勤労統計調査』全国調査＞長期時系列表＞月次 2009 年 5 月より.旧系列は産業別賃金指数 (現金給与総額),および実質賃金指数,1990 年平均=100,サービス業を除く.『毎月勤労統計要覧 (平成 3 年版) 』(労働法令協会,平成 4 年) より.いずれも事業所規模 30 人以上.

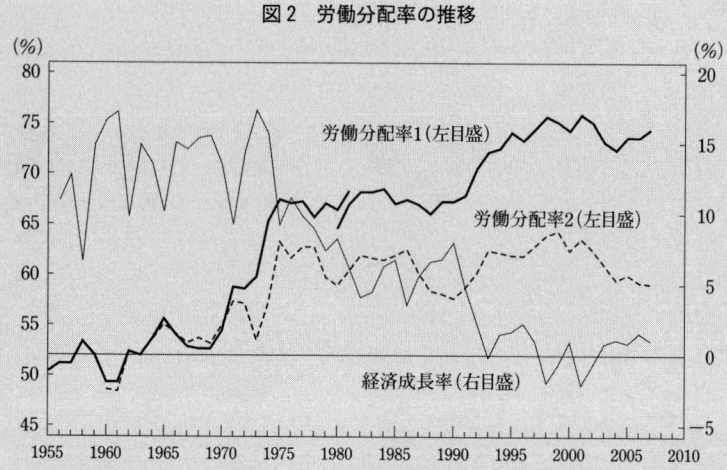

Column 貨幣賃金率・実質賃金率・分配率

図2 労働分配率の推移

(出所) 労働分配率の系列1の新系列は，雇用者報酬/(雇用者報酬＋営業余剰・混合所得)．内閣府ホーム＞統計情報・調査結果＞SNA＞2．統計表一覧＞平成19年度確報－昭和55年までの遡及結果を含む－，「1．統合勘定（1）国内総生産勘定（生産側及び支出側）」より．旧系列は，雇用者所得/(雇用者所得＋営業余剰)，国内総生産と総支出勘定．2．統計表一覧＞過去の確報「平成2年基準（68SNA）-1955年から掲載」より．いずれも年度．経済成長率は国内総生産の対前年度変化率（％）．

労働分配率の系列2は，（従業員給与＋従業員賞与＋福利厚生費)/付加価値，全産業．財務総研TOP＞統計資料＞法人企業統計調査，「法人企業統計　年次別調査（原数値）」より．

第5章
消費需要の決定

この章で学ぶこと
さまざまな財・サービスを消費することで私たちの暮らしが成り立っている．人々がどれほど活発に消費活動をおこなうかによって，マクロ経済の動向が左右される．このように消費は基本的な経済量である．消費の大きさは〈所得〉に規定される．現在の所得だけで消費の大きさが決まるわけではない．消費者の時間的視野の観点から消費関数が検討される．過去にどのような消費をおこなったのか，生涯を見通したらどのように消費計画がなされるのか，最適な消費計画はどのようにして立てられるのか．所得分配と消費の関係も検討される．消費と貯蓄は表裏の関係にあるが，そもそも人々はなぜ貯蓄するのだろうか．その目的が何なのかを理解する．

キーワード
ケインズ型消費関数，基礎消費，平均消費性向，限界消費性向，現在消費と将来消費，現役世代と退職世代，所得分配と消費

消費需要は総需要に占める比率が大きいという意味で，経済活動水準を決定する最も基本的な要因である．消費は投資のように大きく変動することもなくほぼ安定的に推移している．たとえば名目国内総支出に占める民間最終消費支出の構成比は図5-1のように57％前後の値をとっている．構成比は好況期に低下し，不況期に上昇する傾向が見られる．

消費需要と比較すると投資需要は大きく変動する．投資変動がどれほど大きな影響を国民所得に及ぼすかを決める要因の1つが，人々の消費・貯蓄態度であった（「乗数理論」）．また貯蓄は経済成長の投資資金の源泉であるので，どれだけ貯蓄（消費）するかが経済の長期的動きを決めることになる．さらに消費水準は国民生活の豊かさの水準を測る1つの指標でもある．

こうして消費は，経済活動水準の短期的決定，変動・成長を規定する基本的な要因であることが理解される．

この章では，消費需要がどのような要因によって決定されるのかについての代表的考え方を概説しよう．

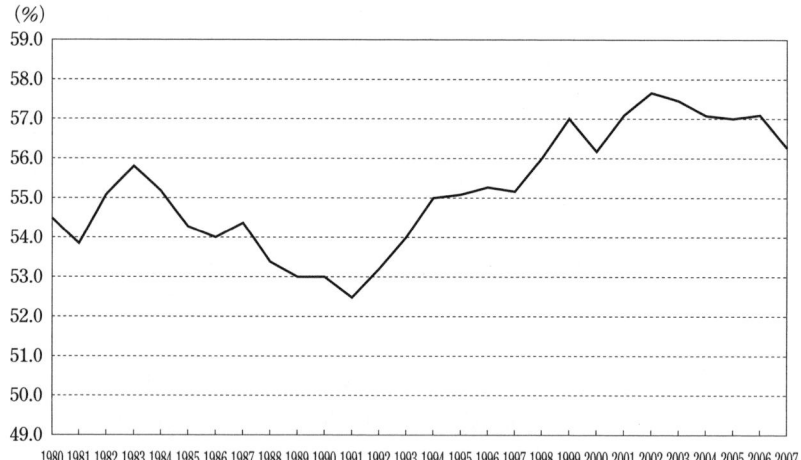

図5-1　民間最終消費支出の対名目GDP比

(出所)『国民経済計算年報』2009年版．

5.1
ケインズ型消費関数

消費需要の大きさが,現在得られる所得の絶対水準に依存して決定されるという考え方を「絶対所得仮説(Absolute Income hypothesis)」という.ケインズ型の消費関数(Consumption function)が代表である[1].

消費の大きさを C, 現在所得を Y で表すと,この仮説は

$$C = C(Y) \tag{5.1}$$

となる.消費関数の具体例として

$$C = c_0 + c_1 Y \quad 0 < c_0, 0 < c_1 < 1 \tag{5.2}$$

のような一次式がしばしば想定される.これが絶対所得仮説である.c_0 は「基礎消費」と呼ばれ,所得水準に関係なく必ず需要される消費の大きさを示している.生命を維持するために必ず摂取しなければならない食料などを思い浮かべればよい.

消費が所得に占める割合は平均消費性向(APC: average propensity to consume)と定義される.平均消費性向は

$$APC = \frac{C}{Y} = \frac{c_0 + c_1 Y}{Y} = \frac{c_0}{Y} + c_1 \tag{5.3}$$

と表される.ただちにわかるように所得が増加すれば平均消費性向は低下し,所得が減少すれば上昇する.所得が増加すれば消費も増加するが,所得増加分に占める消費増加分の割合が限界消費性向(MPC: marginal propensity to consume)であり,

$$MPC = \frac{dC}{dY} = c_1 \tag{5.4}$$

と表される.人々は所得が増加する時にその一部を消費の増加にまわすが,所得増加分を上回るほど消費を増やすことはないと考えられる.したがって

---

[1] J. M. Keynes, *The General Theory of Employment, Interest and Money*, 1936(ケインズ『雇用,利子および貨幣の一般理論』第3編「消費性向」).

5.1 ケインズ型消費関数

$$0 < c_1 < 1 \tag{5.5}$$

と仮定される．ここでは限界消費性向は所得水準にかかわりなく一定と想定された．しかし所得水準が高ければ，所得増加分のうち消費増加に振り向けられる割合は小さくなると考えられるので，現実には所得水準が高くなるにつれて限界消費性向は低くなるだろう．

c_0, c_1 で表される人々の消費態度が与えられれば，所得が変化するとき消費がどのように変化するかがわかる．これは消費関数に沿った動きである．所得水準が変わらなくても消費の大きさが変わるのは，人々の消費態度が変わるときである．消費関数のシフトで示される動きである．消費の動きを理解するときに，関数に沿った動きと関数それ自体のシフトを区別しなければならない．

所得のうち消費されなかった残余が「貯蓄（saving）」である．消費が所得に依存して決定されるのに対応して，貯蓄も所得に規定される．これを貯蓄関数（saving function）と呼ぶ．

$$S = S(Y) = Y - C(Y) = -c_0 + (1-c_1)Y \tag{5.6}$$

消費関数と同じように平均貯蓄性向（APS: average propensity to save），限界貯蓄性向（MPS: marginal propensity to save）が，次のように定義される．

$$APS = \frac{S}{Y} = -\frac{c_0}{Y} + (1-c_1) \tag{5.7}$$

$$MPS = \frac{dS}{dY} = 1 - c_1 \tag{5.8}$$

貯蓄が所得のうち消費されなかった残余（$S = Y - C$）であることから容易に確かめられるように

$$\text{平均消費性向（APC）} + \text{平均貯蓄性向（APS）} = 1 \tag{5.9}$$
$$\text{限界消費性向（MPC）} + \text{限界貯蓄性向（MPS）} = 1 \tag{5.10}$$

という基本関係が成立する．

絶対所得仮説は「平均消費性向が好況期に低下し，不況期に上昇する」という経験的事実に合致している．しかし，クズネッツはアメリカ合衆国の年次データを 1869〜1938 年の長期にわたって整備し，$C = 0.9Y$ という実証結果を得

た[2]．この消費関数が妥当すれば，平均消費性向は一定となり，絶対所得仮説は事実と不整合になる．そこで，2つの事実，

(a) 平均消費性向は好況期に低下し，不況期に上昇する
(b) 平均消費性向は長期的に一定である

をいかに矛盾なく説明するかという問題が提起された．この問題をめぐって展開されたのが消費関数論争であった[3]．その中で現在所得概念を時間的・空間的に拡張するさまざまな試みがなされた．過去にどのような消費をおこなったか，将来にわたって得られる所得はどれほどか，他の主体がどのような消費行動をとっているかなどが考慮された．

以下では消費主体の時間視野を過去あるいは将来へと広げることが消費需要の決定にどのような影響を与えるかを検討しよう．

5.2
過去の経験と消費

消費は現在所得だけで決定されるのではなく，消費主体が過去にどのような消費をおこなってきたか，あるいは他の消費主体の消費行動がどのようなものかなどにも左右されるとの考えが相対所得仮説（Relative Income hypothesis）である[4]．消費は現在所得だけでなく，過去に達成しえた最高所得水準 $Y_{\max}$ にも規定される．消費関数は次のように表される．

$$C = \alpha Y + \beta Y_{\max} \qquad \alpha, \beta 一定 \qquad (5.11)$$

平均消費性向は

$$\frac{C}{Y} = \alpha + \beta \frac{Y_{\max}}{Y} \qquad (5.12)$$

となるので，過去の最高所得水準が所与とされる短期において，現在所得がこ

---

[2] S. Kuznets, *National Product since 1869*, 1946.
[3] 消費関数論争と呼ばれる．当時の論争を知る基本文献が篠原三代平『消費函数』勁草書房，1958年．
[4] J. S. Duesenberry, *Income, Saving and Theory of Consumer Behavior*, 1949（大熊一郎訳『所得・貯蓄・消費者行為の理論』巖松堂，1955年）．Modigliani, "Fluctuation in the Saving-Income Ratio," *Studies in Income and Wealth*, 1949.

れまでの最高所得水準を上回る（下回る）ならば，平均消費性向は低下（上昇）する．景気の好不況と消費性向の動きが対応している．

ひとたび高い消費生活を経験してしまうと，所得が一時的に減少したからといって，人々は所得の減少にあわせて消費水準を引き下げない．つまり人々の消費行動には「慣性」が働く．消費に与える慣性的効果は「歯止め効果 (ratchet effect)」と呼ばれ，景気の下降を下支えする効果を持つ．

経済が一定率 g で成長している長期状態では，現在所得は前年の所得 Y_{-1} の $1+g$ 倍であり，過去の最高所得水準は明らかに Y_{-1} に等しい．したがって，

$$Y = (1+g) Y_{-1} \qquad (5.13)$$
$$Y_{-1} = Y_{\max}$$

となる．これを消費関数 (5.11) 式に代入して整理すれば

$$C = \left(\alpha + \frac{\beta}{1+g}\right) Y \equiv cY \qquad (5.14)$$

を得る．α, β, g は一定であるから平均消費性向は長期的には一定となる．

以上のように過去の最高所得を説明要因に加えることによって，短期と長期の平均消費性向の違いを整合的に説明できる．

5.3 生涯にわたる消費計画

人々は過去の経験を考慮して消費活動をするだけでなく，将来の予想をしながら意思決定を行う．この世に生を受けて成人するまでの期間を除けば，ある個人の一生涯（L 年間）は就職し所得を得る現役期（A 年間）と退職後の生存期間（R 年間）からなっている．各時点でどれほど消費（貯蓄）するかの意思決定は親から譲り受けた資産額，現役期の所得，子孫に残す資産額，利子率，年金制度をはじめ，さまざまな社会保障制度等々に規定される．ここでは，親から譲り受ける資産もなく，現役期に自分自身で蓄えた貯蓄で退職期の消費をおこなうとしよう．そして貯蓄はすべて使い切って，子孫に資産は遺さず，さらに単純化のために利子率はゼロと仮定しよう．

今期の所得を Y_1, 次期以降の現役期の将来所得を $Y_2, Y_3, \cdots, Y_A$ とすれば，

生涯所得 Y^L は

$$Y^L = Y_1 + Y_2 + \cdots + Y_A \tag{5.15}$$

となる．現役期と退職期を加えた一生涯にわたって，各期間に消費水準を同一に維持しようとするとき，享受できる消費はどれほどの大きさになるだろうか．生涯所得と生涯消費額は等しいので，

$$Y^L = C(A+R) \tag{5.16}$$

となり，消費は

$$C = \frac{Y^L}{A+R} = \frac{Y_1 + Y_2 + \cdots + Y_A}{L} \tag{5.17}$$

と求められる．今期の平均消費性向は

$$\frac{C}{Y_1} = \frac{Y_1 + Y_2 + \cdots + Y_A}{Y_1 L} = \frac{1}{L} + \frac{Y_2 + \cdots + Y_A}{Y_1 L} \tag{5.18}$$

となる．現在所得，将来所得の流列および生涯期間の長さが平均消費性向の大きさを決定する．将来所得生涯期間が所与であれば，現在所得が増加すれば消費性向は低下する．だが現在所得の増加が，長期的に将来所得の期待値を同程度に高めるならば，第2項も一定となり，長期の消費性向は一定になると考えられる．

現役期と退職期の貯蓄額は

現役期　$S^A = \sum_{i=1}^{A}(Y_1 - C) = \sum_{i=1}^{A} Y_i - AC$

退職期　$S^R = 0 - RC$

と表されるが，退職期のマイナスの貯蓄と現役期の貯蓄が相殺されて一生涯をつうじての貯蓄はゼロになる．これは貯蓄を使い切ると想定したことの直接的な結果である．

高齢化が進んで退職期間が長くなり，結果として生涯期間が長くなれば，消費性向は低くなる．ことことから，高齢化が需要不足をもたらす一因と考える向きもある．

5.4
消費主体の最適選択行動

　ケインズ型消費関数は所得が増加してもその増加を上回って消費を増加させないであろうという人々の「心理法則」にもとづいて定式化されている．消費主体の最適化行動から消費関数が導かれているわけではない．所得のうちどれだけを消費するかという決定は将来のためにどれだけ残しておくか（貯蓄）という決定を含んでいる．人々は単に現在時点での所得だけを考慮して消費水準を決めているわけではない．ここでは，問題を単純化して「現在」と「将来」の2期間で，人々の最適消費行動がどのような要因に規定されるか，を考えておこう．

　「現在」の所得 Y_1 から C_1 だけ消費すれば，貯蓄 S_1 は

$$S_1 = Y_1 - C_1 \tag{5.19}$$

となる[5]．利子率を i とし，子孫に資産をまったく残さず，「将来」期は退職して所得は得ていないとすれば，将来消費 C_2 は次の関係を満たさなければならない．

$$C_2 = (1+i)S_1 \tag{5.20}$$

現在貯蓄して将来に受け取る所得を C_2 として全額支出する．(5.20)式を(5.19)式へ代入すれば，

$$C_1 + \frac{C_2}{1+i} = Y_1 \quad \text{あるいは} \quad C_2 = -(1+i)C_1 + (1+i)Y_1 \tag{5.21}$$

を得る．現在消費と将来消費は，この予算制約式を満たさねばならない．予算制約を C_1C_2 平面に描くと図5-2の AB 線のようになる．AB 線上および OAB で囲まれた領域内にある消費の組み合わせ (C_1, C_2) は実行可能である．だが，たとえば点 D のような組み合わせは，予算制約を満たしていないので実行できない．予算線の傾きは，現在消費を1単位増やせば将来消費が $1+i$ 単位減

---

[5]　過去から引き継いだ資産 W が存在すれば，$S_1 = Y_1 - C_1 + W$ となるが，ここでは資産は存在しないと考えている．

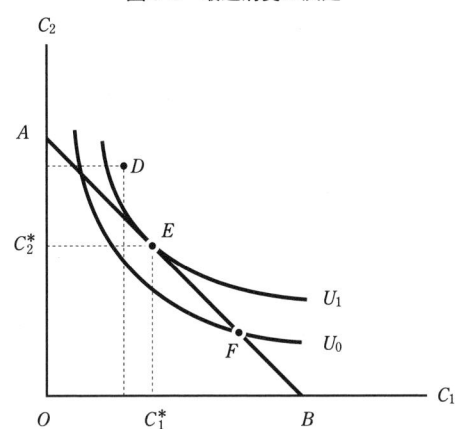

図 5-2　最適消費の決定

少することを意味している．逆に将来消費を 1 単位分増加したいと思うならば，現在消費を $1/(1+i)$ 単位分だけ我慢しなければならない．

効用関数は消費する財の組み合わせと人々が感ずる満足度の関係を表している．人々が消費から得られる満足度は，消費量が増えれば増加する．ここでは次の効用関数を想定しよう．

$$U = C_1^\alpha C_2^\beta \qquad \alpha + \beta = 1 \tag{5.22}$$

この選好状態のもとで，人々は予算制約を満たしながら，満足度を最大化するように消費量の組み合わせを決定する．現在所得と利子率を所与として，効用 U を最大化する現在消費と将来消費の組み合わせを選択しなければならない．

すでに『ミクロ経済学』で学んだように一定の満足度をもたらす消費量の組み合わせは無数に存在するが，そのうちの 1 つが無差別曲線 U_0 である．満足度が大きくなれば，無差別曲線は原点からより遠くに位置する．無差別曲線 U_1 上の点は，U_0 上の点よりも人々に与える満足度は大きい．

はじめに予算線と無差別曲線が交わっている点 F を考えよう．予算線上を左上方へ進むことで満足度を上げられる．なぜならば，原点からより遠くに位置する無差別曲線に移動できるからである．予算線と無差別曲線が接している点 E を超えてさらに左上方へ進めば，原点により近い無差別曲線に移動することになってしまい，満足度は低下する．したがって，点 E の組み合わせが

もたらす満足度が最も大きい．

想定している効用関数のもとでは，最適消費量を求めると，

$$C_1^* = \alpha Y_1, \quad C_2^* = \beta(1+i)Y_1 \tag{5.23}$$

を得る[6]．最適量は選好状態，現在所得および利子率に規定されている．現在所得の増加は現在および将来消費の増加をもたらすが，利子率の上昇は将来消費のみを増加させる．

ある社会の一時点をとらえれば，活動中の現役世代もいるし，貯蓄を取り崩して生活している退職世代もいる．2つの世代が重複しているので，マクロ経済全体の消費・貯蓄の大きさは人口分布，現役世代と退職世代の人口構成にも依存する．

そこで t 期には N_t 人の現役世代と，N_{t-1} 人の退職世代がいるとしよう．C_1^t を t 期の現役世代の一人あたり消費とし，C_2^t を t 期の退職世代の一人あたり消費とすれば，t 期の経済全体の消費は，

$$C^t = C_1^t N_t + C_2^t N_{t-1} \tag{5.24}$$

と計算される．したがって一人あたり所得を y_t とすれば，現在所得に対する現役と退職世代の消費の割合，すなわち t 期の消費性向の大きさは次のようになる．

$$\frac{C^t}{Y_t} = \frac{C_1^t N_t + C_2^t N_{t-1}}{y_t N_t} = \frac{\alpha y_t N_t + \beta(1+i)y_{t-1}N_{t-1}}{y_t N_t} = \alpha + \beta(1+i)\frac{y_{t-1}N_{t-1}}{y_t N_t} \tag{5.25}$$

所得の成長率を g_t とし，人口増加率を n_t とすれば，上式は

$$\frac{C^t}{Y_t} = \alpha + \beta(1+i)\frac{y_{t-1}N_{t-1}}{y_t N_t} = \alpha + \frac{\beta(1+i)}{(1+g_t)(1+n_t)} \tag{5.26}$$

となる．短期的に成長率が上昇（下落）すれば平均消費性向は低下（上昇）する．そして成長率が一定となる長期では消費性向が一定となることを確かめられる．こうして重複世代を考慮しても，消費性向の短期的変動と長期的一定性を整合的に説明できる．

---

[6] 制約条件付きの最大化問題はラグランジュ乗数法を用いて解ける．たとえば，三土修平『初歩からの経済数学（第2版）』日本評論社，2000年などの経済数学のテキストを参照のこと．

5.5
所得分配と消費

時間視野の相異,年齢・世代の相異が消費に与える効果を検討したが,社会階層の違いは考慮されなかった.社会が資本家と労働者の2つの階級から構成されていると想定してみよう.国民所得 Y は資本家には利潤 Π,労働者には賃金 W として分配されるので,

$$Y = \Pi + W \tag{5.27}$$

という関係になっている.

労働者賃金のうち貯蓄に振り向けられる割合(s_w)は利潤からの貯蓄割合(s_π)と異なる.s_w が s_π よりも小さいと考えるのが自然であろう.

経済全体の貯蓄は資本家貯蓄と労働者貯蓄の合計であって

$$S = s_\pi \Pi + s_w W = s_\pi Y + (s_w - s_\pi) W \tag{5.28}$$

となる.経済全体としての貯蓄性向は

$$\frac{S}{Y} = s_\pi + (s_w - s_\pi) \frac{W}{Y} \tag{5.29}$$

となる.マクロの貯蓄率は各階層の貯蓄率と労働分配率に依存する.労働者の貯蓄性向が資本家のそれを下回っているので,労働分配率が上昇すれば,マクロの貯蓄率は低下する.

分配率が短期的には上下し,長期的にはほぼ一定となるとすれば,分配の視点からも短期と長期の消費性向の異同を説明できよう.貯蓄の動きを観察するに際してこの分配視点も忘れてはならない.

5.6
なぜ貯蓄するのか

資産にかかわる問題は捨象して,退職後の消費をまかなうために現役世代が貯蓄し,すべて使い切ると想定してきた.また退職期の R 年間も確定してい

るとして推論してきた．どんな原因で，いつ亡くなるかは誰も予知できない．私たちは不確実な世界に生活している．それゆえにどれほど消費するかの決定にとって，将来所得の予想が重要なのである．不測の将来に備えて，多くの人々は消費を控えて貯蓄すると推測される．実際に人々は何を目的に貯蓄をしているのだろうか．

　家計の金融行動に関する調査を見ておこう[7]．年齢別，年間収入別，地域別等々の貯蓄目的がまとめられている．年代による目的の違いに注目してみよう．子育て期の年齢層では「子供の教育資金」が，50歳代超では「病気や不時の災害への備え」「老後の生活資金」の比率が最も高くなる．遺産として子孫に残す目的で貯蓄する人も少なからずいる．すべての世代にわたって3割前後の人々が「特に目的はないが貯蓄していれば安心」と考えているのは，将来への不確実さの高まりの表れだろうか．

この章のまとめ

　マクロ経済の動きを決める基本的要因の1つが消費需要である．ケインズ型消費関数から始めて，それに代替する考え方（ライフサイクル仮説，相対所得仮説など）そして消費決定の基礎にある最適化行動を学んだ．

　人々の消費／貯蓄行動はたんに現在得られる所得水準のみに依存するのではなく，資産，利子率，過去の経験，将来設計，社会保障制度の充実さなど多様な要因に規定されている．

練習問題

1. 消費の大きさは恒常所得（消費主体が将来にわたって得られると期待する所得水準）に依存するという考え方がある．t期の恒常所得が次のように現在所得と過去2期分の所得の加重平均で定まると想定しよう．

$$Y_P^t = 0.5Y_t + 0.3Y_{t-1} + 0.2Y_{t-2}$$

---

[7] 日本銀行（金融広報中央委員会）『家計の金融行動にかんする世論調査（2008年）』参照．

消費関数は $C_t = 0.8 Y_P$ としよう．所得が増加するときに平均消費性向がどのように変化するか確かめてみよう．

ただし第1期から第6期にかけて，所得が，500, 500, 500, 600, 650, 700 のように変化すると仮定する．

2. 日本の貯蓄率がどのように推移しているかを確かめなさい．高齢化の進展と貯蓄率の間にどのような関係があるだろうか．

Column 日本の消費率

　人々の暮らし向きの変化をどのように測ればいいだろうか．10年前に比べて暮らしが楽になった，あるいは悪くなったというように1つの国を対象にして時間的変化をとらえる方法がある．アメリカ合衆国の人々に比べてわが国民の生活水準がどの程度だろうかというように国際比較という方法もある．

　2006年の米ドル表示された国内総生産（GDP）は4兆3755億ドルであり，OECD諸国の中ではアメリカ合衆国に次いで第2位であった．同年の一人あたりGDPは34,252ドル，OECD諸国中で第18位であった．トップを維持するルクセンブルグ（89,840ドル）に比して3分の1まで水準が落ちてしまった．「もはや日本は経済一流といえない」との嘆きが聞こえてくる理由でもある．

　国際比較は基準とするドル価値の変化，為替レートの変化に左右されるので，購買力平価を用いた方がよい．生産の最終目的が消費（消費することで人々の暮らしが保てる）にあるとすれば，一人あたりの消費水準がどうなっているかを知らねばならない．そこで購買力平価で評価された「一人あたり現実消費」のデータを見てみよう．現実消費には家計最終消費だけでなく，対家計民間非営利団体の最終消費支出，政府の個別消費財・サービスへの支出が含まれる．広い意味で生産の成果がどれほど消費されているかを測っているといってよい．OECD諸国平均を100としたときの日本の水準を見てみよう．

	1970年	1985年	1990年	1995年	2000年	2005年	2007年
一人あたりGDP	92	103	111	111	102	100	100
一人あたり現実消費	78	88	93	97	90	93	92

　一人あたりGDPが平均を上回っていても，現実消費は平均以下のままである．GDP，一人あたりGDPで表現される日本経済と別の姿が見えてくる．一人あたり現実消費で見る限り，これまで経済一流国となったことはない．

［資料］
内閣府経済社会総合研究所国民経済計算部編『国民経済計算年報（2008年版）』．
National Accounts of OECD Countries, Vol. I, Main Aggregates, 2009.

第6章

投資需要の決定

この章で学ぶこと

国民所得の水準は有効需要の大きさに規定される．投資需要は消費需要とともに経済活動水準を決定する重要な要素である．この章では，投資にどのような種類が存在するのか，それらが歴史的にどのような動きをしているのかを理解する．不安定な動きをする投資需要がどのような論理で決定されるのかを学ぶ．ケインズの投資関数，新古典派投資関数，加速度原理，利潤原理など代表的な投資関数の基礎にある考え方を学ぶ．現在と過去の時間的つながり，将来への期待，利子率の水準などがどのように投資活動にかかわっているのかを知ることが要点になる．

キーワード

長期期待，投資の限界効率，キャッシュフロー，割引現在価値，利子率，投資の利子弾力性，新古典派投資関数，調整費用

6.1
投資の種類とその動き

　公的主体である政府も投資活動をおこなうが，中心的役割を果たすのは民間部門である．民間投資は，企業設備投資，住宅投資，在庫投資に分けられる．名目GDPに占める構成比（1996年から2007年までの10年間の平均）はそれぞれ17.4%，4.8%，0.25%であり，総計では22.2%となる．

　民間企業設備投資とGDPの変化率の推移が図6-1に示されている．設備投資は一定率で増加することはなく，変化率は変動しており，GDPの変動を大きく上回っている．住宅投資の対GDP比率および在庫投資量の変化が図6-2，図6-3に描かれている．相対的な大きさ，絶対量と測り方を変えているが，企業設備と同様に大きく変動する性質を持っている．消費需要は所得とほぼ安定的な関係を維持しているが，投資の特徴はその変動性にある．

　機械設備が生産過程に据え付けられれば，生産能力は増加する．設備投資は単に需要となるだけではなく，供給能力を増加させる側面をもつ．このような投資の性質を「投資の二重性」と呼ぶが，この性質は，後に景気循環・経済成長を論ずる際に重要となってくる．

　この章では投資がどのように決定されるかを民間企業設備投資を中心に検討

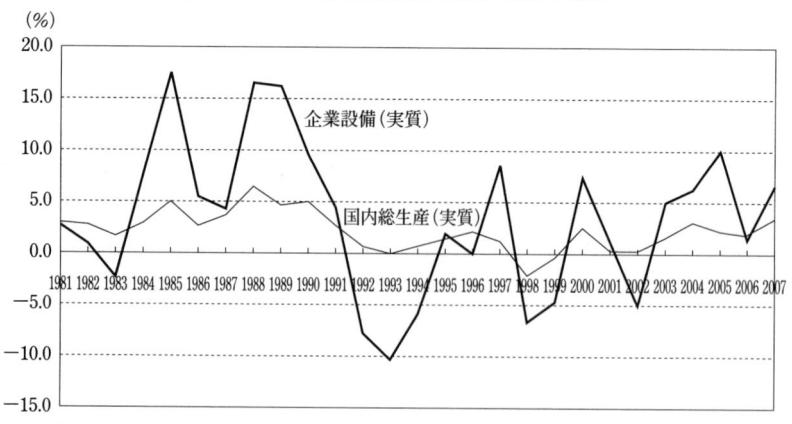

図6-1　GDP・民間設備投資（実質）対前年変化率

（出所）『国民経済計算年報』2009年版．

図 6-2　住宅投資の対 GDP 比率

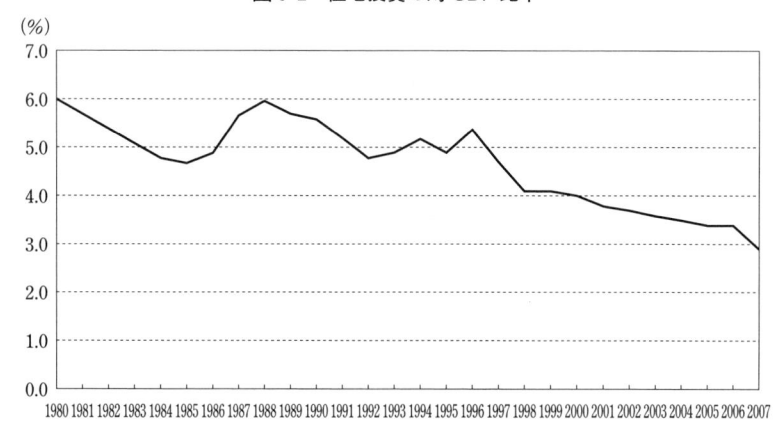

図 6-3　在庫投資の動き

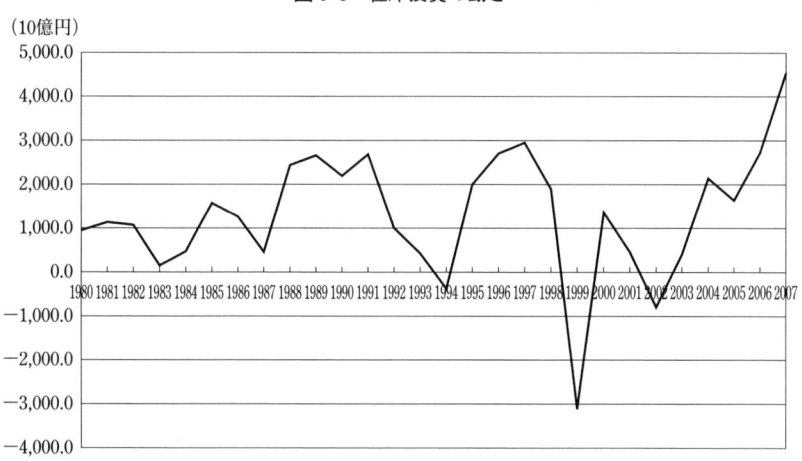

（出所）『国民経済計算（2007 年確報）』．

しよう．投資需要の変動がマクロ経済の変動をもたらす基本的要因と考えられるので，どのような型の投資関数を想定するかは極めて重要である．言い換えれば，経済システムのワーキングの認識の仕方が，投資関数の性格に反映する．

6.2
長期期待と投資決定

　利潤最大化を目的として行動する企業にとって，より多くの利潤を獲得する見込みが投資を決意させる．投資によって生まれると期待される収益と投資に必要な費用の比較計算が投資を実行するか否かの基準である．もし投資費用が期待収益を上回るときに，投資を実行すれば「損失をこうむる」と予想される．したがって投資計画は実行されないであろう．逆に期待収益が投資費用を上回れば「儲かる」と予想されるので，投資は実行される．

　ケインズは投資を最終的に規定するものは，投資家の長期期待の状態と利子率の水準であると考える[1]．

　簡単な数値例でケインズ型の投資決定を説明しよう．今期 100 万円投資すれば，次期に総売り上げが 130 万円になると期待する．今期の投資は次期に収益を上げると価値を失うと想定しよう．さらに 100 万円追加的に投資するときに総売り上げが 250 万円になると期待する，……，というように 100 万円ずつ追加的に投資していくときの期待が次のようになっていると想定しよう．

総投資額	予想売上	予想利潤	予想平均利潤率	投資の増分	予想利潤の増分	予想限界利潤率
100 万円	130 万円	30 万円	30%	100 万円	30 万円	30%
200 万円	250 万円	50 万円	25%	100 万円	20 万円	20%
300 万円	360 万円	60 万円	20%	100 万円	10 万円	10%
400 万円	460 万円	60 万円	15%	100 万円	0 万円	0%

　たとえば，第 2 行を見ると総額 200 万円投資して 250 万円得るから平均利潤率は

$$r = \frac{250 - 200}{200} = 0.25 = 25\%$$

と計算される．この式を書き直すと，利潤率とは次期の予想利潤を今期の総投資額に等しくする割引率であることがわかる．

---

[1] J. M. Keynes, *The General Theory of Employment, Interest and Money*, 1936（間宮陽介訳『雇用・利子および貨幣の一般理論』岩波文庫，2008 年，第 4 編「投資誘因」）．

$$200 = \frac{250}{1+r}$$

同じことを追加投資 100 万円について見ると,予想売上は 120 万円の増加が見込まれているので限界利潤率は

$$m = \frac{120-100}{100} = 0.2 = 20\% \quad \text{より} \quad 100 = \frac{120}{1+m} \tag{6.1}$$

と計算される.限界利潤率を投資の限界効率(marginal efficiency of investment)という.数値例にも示されているように投資の限界効率は投資量の減少関数になる.投資が増えるにともなって有利な投資機会が失われていくからである.

もし利子率が 15% であるならば,300 万円投資すると限界利潤率は 10% になってしまうので損失をこうむってしまう.したがって,実行される投資額は 200 万円にならざるをえない.投資量が連続的に変化できると考えれば,限界利潤率と利子率が等しくなるまで投資が実行される.限界利潤率が利子率を上回っている限り,投資は実行されるというのがケインズの考え方である.

予想収益が 2 期以上にわたる場合も同様に考えられる.今期の機械設備投資額は x であるとしよう.機械設備は長期にわたって生産に用いられるので期待収益を求めるにはその耐用期間を知らねばならない.機械設備が n 年間にわたって稼動でき,その期間に得られると期待される収益を

$$(Q_1(x), Q_2(x), \cdots, Q_N(x)):\text{期待収益の流列}$$

としよう.$Q_s(x)(s=1,2,\cdots,n)$ は s 年後の期待収益である.ただし耐用期間終了後の設備価値はゼロと考えておく.

数値例を用いた議論から得た結論は一般的に次のように表現される.

$$dx = \frac{dQ_1(x)}{1+m} + \frac{dQ_2(x)}{(1+m)^2} = \cdots = \frac{dQ_n(x)}{(1+m)^n} \tag{6.2}$$

さらに,これを書き改めと,

$$1 = \frac{dQ_1(x)/dx}{1+m} + \frac{dQ_2(x)/dx}{(1+m)^2} + \cdots + \frac{dQ_n(x)/dx}{(1+m)^n} \tag{6.3}$$

となる.

投資額が大きくなるにつれて有利な利潤機会は次第に失われていくので,投

図 6-4　投資の限界効率表

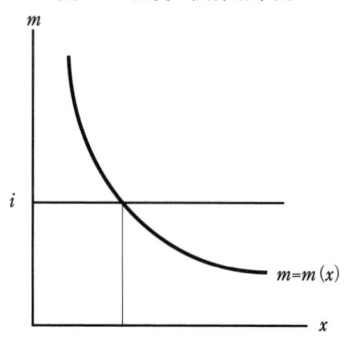

資の増加とともに期待収益の増加の程度は次第に小さくなっていく．投資の限界効率は投資額の減少関数になる．この投資額と投資の限界効率の関係を表現したものが「投資の限界効率表」である．

$$m = m(x) \qquad m' < 0 \tag{6.4}$$

投資の限界効率表は期待収益，すなわち将来への期待の状態によって規定されている．投資額は投資の限界効率と市場利子率が等しい点で決定されることが理解される．長期期待の状態が与えられれば，次式のように利子率の水準に応じて投資額が決定される．

$$m(x) = i \tag{6.5}$$

このようにして，投資を実行するかどうかの問題は利子率と投資の限界効率の比較に帰着する．投資の限界効率表は右下がりであるので，投資が利子率の減少関数になるのは明らかである．長期期待が好転，つまり投資の限界効率表が右上方へシフトすれば，利子率が変わらなくとも投資は増加する．長期期待の状態を期待利潤率 r^e の大きさで表すことにしよう．経済全体の投資を I とすれば投資関数は

$$I = I(i; r^e) \qquad \frac{dI}{di} < 0 \tag{6.6}$$

となる．

投資水準を決めるうえで，投資の限界効率表の位置・形状が大きな役割を果たしている．予想収益の流列と投資費用が投資の限界効率の水準を規定してい

るので，企業家の将来に対する予想（＝長期期待の状態）が投資の第一義的規定因となる[2]．

投資量が利子率の変化にどの程度反応するかを示す指標が「投資の利子弾力性」であり，次のように定義される．

$$\varepsilon = -\frac{dI/I}{di/i} \tag{6.7}$$

投資の利子弾力性がゼロ，つまり投資が利子率にまったく反応しない状況であれば，投資関数は垂直になる．また利子弾力性が無限大であれば，投資関数は水平になってしまう．

6.3
加速度原理型の投資関数

投資需要と生産量の変化は密接に連動して動いているという事実がしばしば指摘される．生産水準が有効需要の大きさに規定されるという有効需要の理論から見れば当然のようにも思える．有効需要のうちで最も変動の大きい項目が投資であり，生産の動きを左右しているからである．この事実を説明する投資関数に加速度原理型の投資関数がある．これは次のようなものである．

これまでの投資活動の結果として t 期首に存在している資本ストックを K_t としよう．企業家が $t+1$ 期首に望ましいと考えている資本ストック K_{t+1}^* と現実に存在している資本ストック K_t との乖離を解消するために投資をおこなうとすれば，t 期の投資量 I_t は

$$I_t = K_{t+1}^* - K_t \tag{6.8}$$

となる．$t+1$ 期首に望ましいと考える資本ストック K_{t+1}^* は $t+1$ 期に予想される産出量 Y_{t+1}^e との間に次のような関係があると仮定する．

---

[2] 「将来長い期間にわたってその完全な結果が引き出されるような何ごとかを積極的になそうとするわれわれの決意の，おそらく，大部分は，血気──不活動よりはむしろ活動を欲するおのずからなる衝動──の結果としてのみなされうるのであって，数量的確率を乗じて得られた数量的利益の加重平均の所産としてなされるのではない．」(J. M. Keynes, 前掲書 (1936), p. 161, 訳 p. 180)

$$K^*_{t+1} = \nu Y^e_{t+1} \tag{6.9}$$

ここでνは技術的に決まる最適な資本係数である．資本減耗がないとすれば，投資は資本ストックを増加させるので

$$K_{t+1} = K_t + I_t \tag{6.10}$$

となる．さて，このように投資が実行されているならば，$t+1$期首に存在する資本ストックは常に望ましい大きさになっている．なぜなら，(6.10) 式に (6.8) 式を代入すると

$$K_{t+1} = K_t + I_t = K_t + (K^*_{t+1} - K_t) = K^*_{t+1}$$

が成立するからである．したがって，(6.8) 式の投資関数は

$$I_t = K^*_{t+1} - K^*_t = \nu(Y^e_{t+1} - Y^e_t) \tag{6.11}$$

と書ける．企業家は過去の所得増大が将来も続くという予想（静態的予想）をするならば[3]，

$$Y^e_{t+1} - Y^e_t = Y_{t-1} - Y_{t-2} \tag{6.12}$$

これを (6.11) 式に代入すると

$$I_t = \nu(Y_{t-1} - Y_{t-2}) \tag{6.13}$$

を得る．これが「加速度原理」と呼ばれている投資決定論である．係数νは一定値であり「加速度係数」と呼ばれている．

加速度原理によれば，生産量が変わらなければ投資されない．生産が増加すれば投資は行われるが，投資が増えていくためには生産の増加量が増加していかねばならない．つまり投資が増加していくには，経済が成長する（速度が正）だけでは不十分であって，成長テンポが上昇（加速度が正）しなければならない．投資の動向は生産の増え方＝「加速度」によるわけである．加速度原理と有効需要原理を結びつければ，投資と生産の相互関係が得られるので加速

---

[3] t期の投資決定を行うときには，t期の所得はまだ決まっていない．既知の所得増大は$t-2$期から$t-1$期への所得増大である．

度原理は国民所得の変動理論の基礎になりうる[4].

　加速度原理は望ましい資本ストック量と現存資本量の乖離を 1 期間で解消することになっており，投資が実現するまでの時間を考慮していないという難点がある[5]．この難点を回避する考え方が資本ストック調整原理である．望ましい資本ストック量との乖離は瞬時に解消されるものでなく，一定の時間を要する．t 期に実現できる投資の割合を η（調整係数，一定）とすると資本ストック調整原理は，

$$I_t = \eta \, (\nu Y^e_{t+1} - K_t) \qquad (6.14)$$

と定式化できる．$\eta = 1$ とすれば加速度原理になるので，資本ストック調整原理の特殊ケースといえる．

6.4
利潤最大化行動と投資

　加速度原理型投資関数では，望ましい資本ストックの大きさが技術的に決定されていた．生産・投資決定を行う企業家の主体的選択行動は考慮されていなかった．資本と労働との代替可能性を認め，企業家の利潤最大化行動から投資量の決定を説明しようとするのが新古典派の投資関数である．

　ここでは最も簡単な 2 期間モデルを想定する．企業は今までの投資活動の結果として K_0 の設備を持っている．次期の価格，賃金などを予想し，予想収益の現在価値を最大化するように今期の投資量を決定しなければならない．以下では添え字 0 は今期，1 は次期を示す．

　生産をするには資本設備と労働が必要である．生産関数として以下のような

---

[4] P. A. Samuelson, "Interactions between the Multiplier Analysis and the Principle of Acceleration," *Review of Economic Statistics*, May 1939（高橋長太郎監訳『乗数理論と加速度原理』勁草書房，1953 年所収）．J. R. Hicks, *A Contribution to the Theory of Trade Cycle*, 1950（古谷弘訳『景気循環論』岩波書店，1952 年）．

[5] 他の難点として，(a) 生産量と望ましい資本ストックの間に固定した関係が前提されている，(b) 所得水準が絶対的に低下する局面では投資が負になってしまう，などがある．新古典派的投資関数は難点 (a) を克服している．加速度原理に一種の非線型性（機械設備を物理的に破壊しない限り純投資はゼロ以下にはなりえないので所得が低下する局面では投資をゼロとする）を導入すれば，難点 (b) を一応回避できる．

コブ゠ダグラス関数を想定しよう．

$$Y_t = AK_t^\alpha N_t^\beta \qquad \alpha+\beta<1, t=0,1 \qquad (6.15)$$

生産物価格，設備価格，賃金率，設備購入量（＝投資量），利子率を P_t, q_t, W_t, I_t, i としよう．このとき，企業の予想収益の割引現在価値 R は次のように表される．

$$R = (P_0 Y_0 - W_0 N_0 - q_0 I_0) + \frac{P_1 Y_1 - W_1 N_1 + q_1 K_1}{1+i} \qquad (6.16)$$

上式で第1項は今期の収益であり，第2項は次期の予想収益の割引現在価値である．また次期の資本ストックは今期の資本ストックに今期の新投資を加えたものに等しいので，

$$K_1 = K_0 + I_0 \qquad (6.17)$$

が成立している．企業は，(6.15)式と(6.17)式の制約のもとで R を最大化しなければならない．(6.16)式を N_1 で微分してゼロとおくと，

$$P_1 \beta A K_1^\alpha N_1^{\beta-1} = W_1 \qquad (6.18)$$

を得る．また(6.17)式を考慮しながら，(6.16)式を I_0 で微分してゼロとおくと次式を得る．

$$q_1 + \alpha P_1 A K_1^{\alpha-1} N N_1^\beta = q_0(1+i) \qquad (6.19)$$

ここで P_1, q_1, W_1, q_0, i が与えられれば，(6.18)〜(6.19)式より，N_1, K_1 が決定される．今期の資本ストック K_0 が与えられれば，(6.17)式より投資需要 I_0 が決定されることになる．

$$I = I(P_1, q_1, W_1, q_0, i, K_0) \qquad (6.20)$$

こうして投資需要の決定が企業家の利潤最大化行動に基礎づけられた[6]．技術

---

[6] このモデルは無限期間でも展開できる．キャッシュフロー原価は次のようになる．

$$\sum_{s=0}^\infty \{P_s Y_s - W_s N_s - q_s I_s\}/(1+i)^s$$

これが $K_s = K_{s-1} + I_{s-1}, K_0$ 一定の制約のもとで最大化されねばならない．

的関係から規定されていた望ましい資本ストックの大きさが企業家の最適行動から導かれたわけである．そして投資関数においても，期待の状態（諸価格，賃金率の予想），利子率が投資の規定要因となる[7]．

新古典派型投資関数の考え方の延長として，調整費用モデルがある．投資を実行し，新たな機械設備を導入すれば，それにあわせて生産・労働組織を新たに設計しなければならないであろう．投資にともなってあらたに企業が負担しなければならない費用（調整費用）を考慮して投資の最適解を求めるのが調整費用モデルである．

6.5
利潤と投資

ケインズも新古典派も，資本主義経済における企業行動，その基礎にある利潤追求行動から投資決定を論じている．いずれも主要な規定因として利子率を挙げているが，利潤の大きさないし利潤率が投資を直接に規定するとも考えられる．期待利潤の大きさが投資を決定するというカルドア，カレツキの考え方（利潤原理）をはじめとするポストケインズ派，ラディカル派の投資関数はそうした流れに属す[8]．

投資が期待利潤の大きさに規定されるならば，この考え方は，たとえば，

$$I_t = f(\Pi_t^e) = f(\Pi_{t-1}) \tag{6.21}$$

と定式化される．人々は過去の経験をもとにして期待を形成するのが常である．ここでも最も単純に前期に実現した利潤（Π_{t-1}）にもとづいて期待利潤（Π_t^e）は計算されると想定した．利潤が主として生産量，資本ストック量に規定されると考えられるので，

---

[7] 脚注6）のように無限期間で定式化すると，今期の投資は次期の予想価格や予想賃金率に依存するが，次次期以降の予想にはまったく依存しないという結論が得られる．この点で長期期待の重要性を説くケインズ理論とは大きく異なる．この点については，置塩信雄『現代経済学Ⅱ』筑摩書房，1988 年，p. 153 を参照．

[8] M. Kalecki, *Theory of Economic Dynamics*, 1954（宮崎義一・伊東光晴訳『経済変動の理論』新評論，1958 年）．N. Kaldor, "A Model of Trade Cycle," *Economic Journal*, 1940.

$$I = \phi(Y, K) \qquad I_Y > 0, I_K < 0 \tag{6.22}$$

とも表現される．

　資本設備が一定（K_0）のもとで，生産が増えれば利潤は増加し，投資は増加するが，その増加の仕方については非線形の関係（S字型）が想定される．景気回復の初期局面のように生産水準が低位にある場合，いまだ余剰生産設備が数多く存在している．その状況では生産が増加しても，投資に与える効果は，生産水準が正常の範囲にある場合に比べて小さい．生産水準が高位にある場合には「建設費用の高騰，投資資金の借り入れ費用の上昇，借り入れ困難度の上昇」などの理由により，生産量が投資に与える効果は，やはり生産水準が正常の範囲にある場合に比べて小さくなる．こうして低位と高位の傾きが正常範囲にある場合の傾きを下回るので，生産量と投資の関係を示すグラフはS字型になる[9]．

　同じ生産量であっても資本設備量が大きい場合は，小さい場合に比して投資意欲は低くなる．生産量が一定のもとで資本量が増加すれば，S字型の投資関数は下方へシフトすることになる．逆は逆．

　これまで何が投資水準を決定するかという観点から，利潤追求を第一目的とする企業の投資行動を検討してきた．資本設備が100単位存在する場合も，500単位存在する場合も，期待利潤率が同じであれば，同一量の投資を行うだろうか．もし新投資量が資本設備存在量に対して安定的であれば，資本設備がすでに数多く存在するとき新投資水準は高くなる．投資の大きさは資本設備量に対する比率（資本蓄積率）で測られ，先の投資関数は

$$g = h(r_e) \qquad h_{r_e} > 0 \quad \text{ただし } g = \frac{I}{K} \tag{6.23}$$

となる[10]．マーグリンらは次のような投資関数を提示している[11]．

---

[9] これが Kaldor の考え方であり，以下を参照のこと．N. Kaldor, "A Model of the Trade Cycle," *Economic Journal*, 1940.

[10] たとえば，J. Robinson は資本蓄積率が期待利潤率に規定され，両者の間に非線形関係が成立するような投資関数を提示している．

[11] S. Marglin and J. Schor, *The Golden Age of Capitalism*, 1990（植村・海老塚・磯谷他訳『資本主義の黄金時代』東洋経済新報社，1993年）．

$$g = h(r^e(\pi, \delta)) \qquad r^e_\pi > 0, r^e_\delta > 0 \qquad (6.24)$$

利潤率は

$$r = \frac{\Pi}{K} = \frac{\Pi}{Y}\frac{Y}{Y^*}\frac{Y^*}{K} = \pi\delta\sigma \qquad (6.25)$$

と表現できる．前期の実現利潤率を基礎に今期の利潤率が予想されると想定すれば，実現した利潤シェア（Π/Y）と稼働率（δ）が資本蓄積率の動きを決める．利潤シェアは資本家の収益を測り，稼働率は「加速度因子」であって，需要条件の効果を反映している．

6.6
実現利潤の大きさと投資

　資本家の目的はより多くの利潤を獲得することにあるが，投資の大きさは利潤の大きさを決定する主要因である．生産物は販売されなければ利潤を得ることはできない．生産された利潤は，生産物が販売されることによって実現されなければならない．

$$\text{生産物市場の需給均衡} \quad Y = C+I \qquad (6.26)$$
$$\text{国民所得の分配} \quad Y = \Pi + W \qquad (6.27)$$

生産物が売れるためには貯蓄と投資が等しくなければならない．労働者は賃金を全額消費し，資本家消費がゼロと想定すれば，次の関係が成立していなければならない．

$$\Pi = I \qquad (6.28)$$

実現される利潤は資本家の投資の大きさに規定されている[12]．この意味でも投資がどのように推移するかは資本家にとって最重要な意義を持っている．
　さきに投資行動が利潤最大化から導かれることが示された．私的な観点から最適であったとしても，それがマクロ的観点からも最適であるとは限らないこ

---

[12]　「したがって企業者たちがその利潤をどれほど多く消費に支出しようとも，彼らに帰属する富の増加分は前と同じである．」『ケインズ全集5 貨幣論 I』p. 142.

とに注意しておこう．個々におこなわれる投資決定が社会的に必要な投資量になっているとは限らないのである．企業の私的合理性と社会的合理性とは相異するのが常である．そこに資本型経済における不安定性の1つの根本原因がある．

資本制経済においては資本家が投資決定をおこなう以上，基本的な経済量は「利潤率」である．国民所得の短期的決定を論ずる以下の諸章ではケインズ型の投資関数を用いて議論を進めよう．

この章のまとめ

投資需要が実際にどのような動きを示しているかを確かめた．消費需要とは異なり，投資は大きく変動する特徴がある．投資需要を決定する理論として，期待の果たす役割が大きいケインズの考え方を学んだ．生産量の変化と投資を結びつける加速度原理，利潤原理などの代替的考え方があることも知った．

投資需要は国民経済の動きを決定する基本変数であるだけでなく，利潤との関係でも投資は極めて重要である．

練習問題

1. 長期期待の状態が好転すると，投資はどのように変化するか．
2. 投資が増加すると投資の限界効率が低下するのはなぜかを説明しなさい．
3. 本章で検討された投資関数のメリット，デメリットを比較検討してみよう．
4. 賃金所得からの貯蓄，利潤所得からの消費を考慮すると，$\Pi = I$ はどのようになるか．

Column 倒産

投資は，機械・設備，原材料などに対する現在の需要であり，かつ，将来の生産物生産能力，いわば経済の骨格を決めるから重要である．たんに生産能力の増加であるだけでなく，新しい技術が体化，実現され，また産業分野の構成変化をもたらすから，文字どおり経済発展の原動力である．このような変化を加速する，もう1つの要因が，劣等技術を体化した資本の廃棄，いわばマイナスの投資であり，資本主義ではリストラ，倒産によって行われる．

戦後，倒産の推移について件数を見ると，図1のように1970年代後半，高度成長期終焉以降，バブル期を除き，ほぼ15,000件～20,000件の高水準が続いている．負債額では平成の長期不況期に急増し21世紀初頭，2000年度にピークに達した．

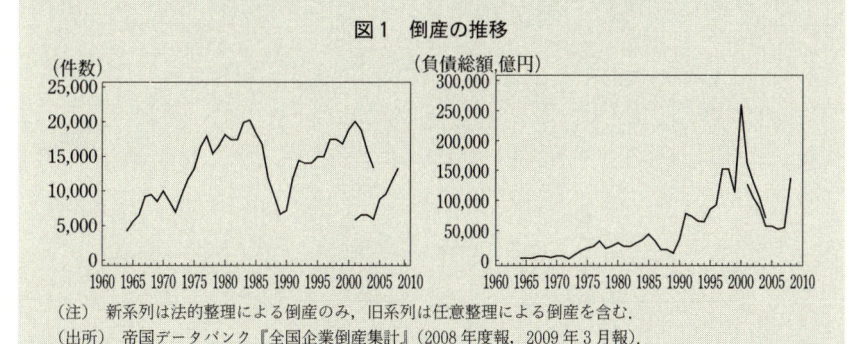

図1 倒産の推移

(注) 新系列は法的整理による倒産のみ，旧系列は任意整理による倒産を含む．
(出所) 帝国データバンク『全国企業倒産集計』(2008年度報，2009年3月報)．

その結果，直近の調査では事業所数の増加率は図2のように1996年以降（企業数の場合は，2001年以降），マイナスとなり，絶対数が減少している．

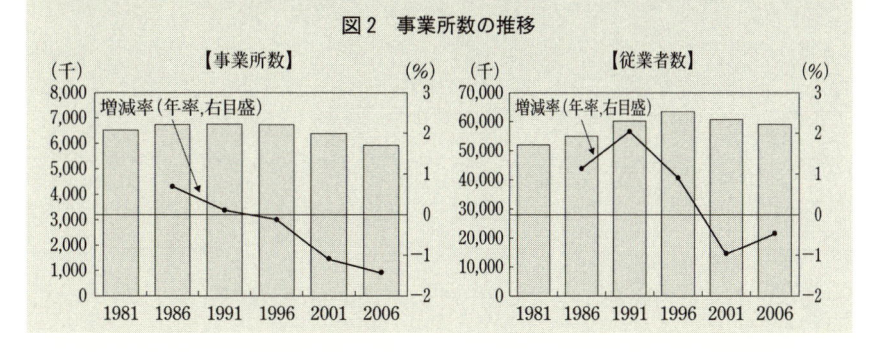

図2 事業所数の推移

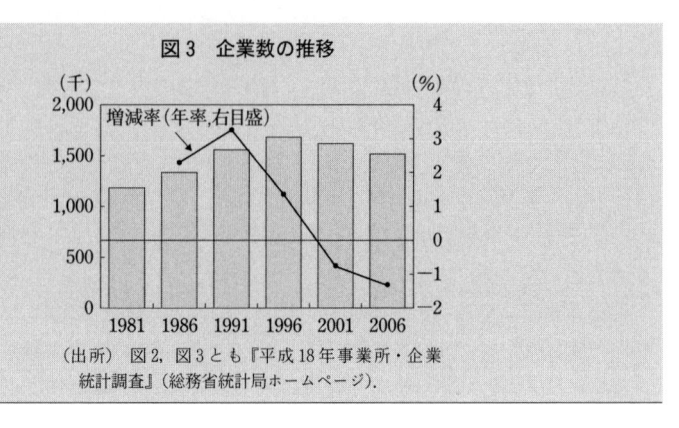

Column 倒産

図3 企業数の推移

(千)　　　　　　　　　　　　　(%)

増減率(年率,右目盛)

(出所) 図2, 図3とも『平成18年事業所・企業統計調査』(総務省統計局ホームページ).

第7章

貨幣の供給

この章で学ぶこと

財・サービスに対する需要の決定要因として，利子率が新しい重要変数として登場した（第5章・第6章）．このように資本主義は発展した貨幣経済，金融経済である．この章と次の章で，資本主義の貨幣的側面を扱う準備をする．

この章では，まず貨幣とは何か，資本主義でどのような役目を，どのように果たしているか，原理的な部分を概説する．

また大部分の貨幣は預金であり，民間の銀行によって創造されているが（貨幣（信用）創造），その過程を説明する．さらに民間銀行も民間の非金融企業と同様，その目的は利潤である．その実態と利潤追求行動を描写した理論の一端を紹介する．

最後に，社会に存在する貨幣の量（貨幣残高；マネーストック）をつうじて経済を制御しようとする金融政策を要約する．

キーワード

貨幣，貨幣（信用）乗数，管理通貨制，銀行，金融政策

7.1
現代日本の貨幣

これまで扱ってきた財・サービス，および労働の需要と供給は，貨幣との交換（売買）であるから，貨幣なしに財・サービス，および労働の需給はありえない．それほど貨幣は重要である．さらに資本主義は高度に発達した市場経済，貨幣経済であり，貨幣の貸借（金融；Finance）が行われる．

では，これほど重要な貨幣は，誰によって，どのように「生産」されるのか．財・サービスは企業が生産し，労働は労働者家計が，それぞれ私的に「生産」する．これに対し貨幣は，私的経済主体による「生産」は法律で禁じられているから（通貨偽造の罪[1]），公的機関が「生産」するしかない．しかしながら実は，大部分の貨幣は私的に，かつ合法的に「生産」されたものである．

その過程は後に本章7.5節で詳しく見るが，現代日本では実際，どのような貨幣がどれくらい使用されているのか，まず統計を見よう．図7-1のように，いろいろな形態の預金が90%以上の割合を占め，現金通貨は10%以下に過ぎない．本書では，これらを貨幣（money）と総称するが[2]，その大部分は預金通貨である点が重要である．

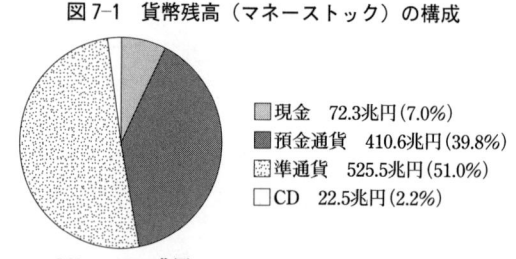

図7-1 貨幣残高（マネーストック）の構成

■現金　72.3兆円(7.0%)
■預金通貨　410.6兆円(39.8%)
▨準通貨　525.5兆円(51.0%)
□CD　22.5兆円(2.2%)

M3　1,031.0兆円

---

1) 「第一四八条①行使の目的で，通用する貨幣，紙幣又は銀行券を偽造し，又は変造した者は，無期又は三年以上の懲役に処する．②偽造又は変造の貨幣，紙幣又は銀行券を行使し，又は行使の目的で人に交付し，若しくは輸入した者も，前項と同様とする．」（『刑法』第十六章）

2) 辞書的には，貨幣とは「商品交換の媒介物で，価値の尺度，支払手段などとして社会に通用するもの」（『広辞苑』）である．ここで「商品」とは，売買の対象となっているものという意味である．日常生活から連想する貨幣は，100円などの硬貨，千円札，万円札などの日本銀行券，クレジットカードの引き落とし先の預金などであろう．

また貨幣残高（マネーストック）の統計として，よく言及されるM1, M2＋CD, M3＋CD, 広義流動性の相互関係は，表7-1のとおりである．

表7-1 貨幣残高（マネーストック）の構成

広義流動性 1,432.8兆円 100%	M3 1,031.0兆円 72.0%	M2	M1 483.0兆円 33.7%	現金通貨	日本銀行券発行高＋貨幣（硬貨）流通高
				預金通貨	要求払預金（当座，普通，貯蓄など）
			準通貨		定期性預金など
			CD		CD（譲渡性預金）
		M3は対象金融機関が，M2には含まれないゆうちょ銀行，農協，漁協などを含む．				
	金銭の信託，投資信託，国債，外債，など				

(注) 2008年3月平均残高．普通の定期預金証書は銀行が預金者に対して発行する預かり証書で，預金者は他人に売る（譲渡する）ことはできない．これを可能にしたのが譲渡性預金（certificates of deposit）である．
(出所) 図7-1, 表7-1ともに日本銀行調査統計局（2008年6月）「マネーストック統計の解説」（ホームページ（www.boj.or.jp）＞情報の種類別＞各種解説＞統計に関する解説）．

7.2
貨幣の機能

表7-1のように統計上，貨幣の分類と，その境界は微妙である．しかし形態の多様性にもかかわらず，貨幣の存在意義は結局，次の2点に帰着する．①間接交換の必要性，②共通の評価基準の必要性である．順に説明しよう．

間接交換の必要性

現代，歴史上これまでになく広汎な社会的分業（division of labour）が，相互に独立した私企業によって担われている．どの企業も自分が使用するために財・サービスを生産しているのではない．他の企業や家計が必要とする財・サービスを，売って儲けるために生産し，自分が必要とする原材料，機械は他の企業から，労働は家計から買う．またほとんどの家計は，生活に必要な財・サービスを自分で生産するのではなく，企業から買う．そのために労働を売って貨幣を稼ぐ[3]．これを労働者家計，あるいは賃金労働者，略して労働者と呼ぶ．

図 7-2 直接交換と間接交換

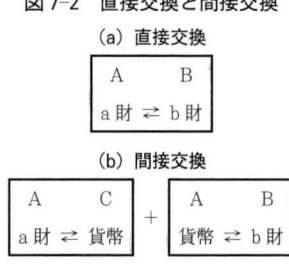

(a) 直接交換

A	B
a財 ⇄ b財	

(b) 間接交換

A	C		A	B
a財 ⇄ 貨幣		+	貨幣 ⇄ b財	

　したがって多数の経済主体間で相互に，財・サービス，および労働を交換し合うことが必要になる．しかし社会的分業が発展し，交換が複雑になるほど，各経済主体が必要とするものを直接交換（物々交換；barter）で調達することは困難になる．ここで貨幣が登場する．

　すなわち交換の対象となっているものから，誰もが受け取る特別なものを選び出す．これが貨幣である．誰もが受け取るという性質は，一般的受領性（general acceptability）と呼ばれる．こうして交換に参加する経済主体は，まず自分が提供しようとする財・サービス，労働などを貨幣と交換する，すなわち売る．次に売りによって得た貨幣と，希望する財・サービス，労働などを交換する，すなわち買う．a財とb財の交換がa財と貨幣の交換，および貨幣とb財の交換に分割される（図7-2）．だから間接交換（indirect exchange）と呼ばれる．この場合，貨幣は商品（売買の対象）交換を媒介している．

　間接交換は，直接交換に必要な時間と労力（取引費用）を飛躍的に軽減し，直接交換では不可能な複雑な交換を可能にする．間接交換の前半，売りは難関であるが，後半の買いは容易である．したがって貨幣経済が発達するほど，交換の元々の目的（財・サービス，労働の調達）と手段（貨幣）の逆転が起こる．

　間接交換において，貨幣はa財とb財の交換を媒介しているので，交換手段として機能しているといわれる．また間接交換の後半，買いにおいて，貨幣の受け渡しが一定期間後にまとめて行われる場合，貨幣は支払（決済）手段として機能していることになる．さらに売りによって得た貨幣は，必ずしもすぐに使う必要はない．何かを買うまで，貨幣の使用を控えることができる，ある

3）だから当事者の感覚そのままに，貨幣とは「働いて稼いで，ものを買うため使えるもの」"what you earn by working and can use to buy things"（*Longman Dictionary of Contemporary English*）との説明さえ現れる．

いは所定の額まで蓄積する必要がある．この場合，貨幣は価値保蔵手段として機能している．

このように売りと買いが分離することは，社会的分業，したがって経済発展の欠かせない条件である．その避けがたい反面であるが，一旦どこかで売買が途絶えると，経済全体の商品交換の順調な運行が乱れる可能性をより大きくする．

共通の評価基準

企業にとって最も重要な変数は，利潤（＝売上額－費用）である．それを計算するには，多種類の製品を売上額としてまとめて何円，これも異質な原材料，機械，労働を費用としてまとめて何円と評価して，差し引かなければならない．

そこで，そのままでは加えたり引いたりできない異質なものを，すべて貨幣との交換比率で評価して，共通の単位に直す．これが貨幣の価値尺度としての機能である．こうして初めて，同じ生産物を異なる技術で生産した場合，また異なる生産物を生産した場合など，生産の有利性を比較できる．

7.3
貨幣制度

博物館で見ることができるように，歴史的には"とき"と"ところ"により，異なったものが貨幣となってきた．しかし結局，貴金属（金，銀）が貨幣としての適性（耐久性，分割可能性，同質性）のゆえに，貨幣として選ばれた（金貨，銀貨，図 7–3）．

しかし貨幣は，その機能を果たすためには物的な金である必要はない．金の象徴としての紙で十分である．そこで一定量の金と交換（兌換）することを約束した，証券（兌換券）が通用する[4]．これが金本位制（gold standard）である．

兌換券の発行量は，その保有者が一斉に兌換を求めない限り，金準備を上回ることができる．さらに人々が兌換券を受け取るという一般的受領性の予想が

---

[4] 兌換券である 10 円紙幣には実際に，「この券と引換えに金貨 10 円を引渡す」という趣旨が印刷されている．

図 7-3 日本の金貨

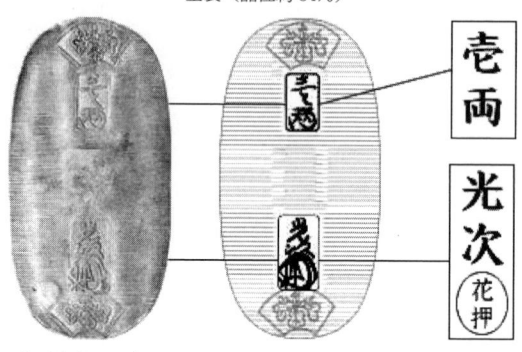

甲州金（露一両金）
（16 世紀）
金製（品位 81～83%）

戦国時代随一の産金地甲斐（甲州）を領有していた武田氏が，領内通用の目的で発行したわが国初の額面表示金貨（計数貨幣）．

慶長小判
（1601 年）
金製（品位約 84%）

徳川家康が，全国に通用させることを目的として，慶長 6 年（1601 年）に初めて鋳造した金貨．

（注）　原寸大ではない．
（出所）　日銀ホームページ（www.boj.or.jp）「日本銀行金融研究所貨幣博物館：わが国の貨幣史」．

支配的である限り，兌換の必要はない．したがって当初から兌換を保証しない不換紙幣も流通しえる．実際，現在の紙幣（日本銀行券）は不換紙幣である．これが，現行の管理通貨制（managed currency system）である．

　金本位制の廃止，管理通貨制への移行は資本主義史上，画期的である．金本位制のもとでは金を含むあらゆる財・サービスの価格の持続的上昇という意味の，インフレーションは起こらない[5]．金兌換の停止がどういう経緯で行われたか，インフレーションによって誰が利益を得るか．この問題は，資本主義の歴史的変化にかかわり，重要である．

7.4
決済の仕組み

　すでに見たように，今日，預金が貨幣の支配的形態である（表 7-1）．したがって経済全体の支払（決済）が順調に進行するうえで，銀行の果たす役割は非

---

[5]　練習問題 1. を参照．

図 7-4　決済の仕組み

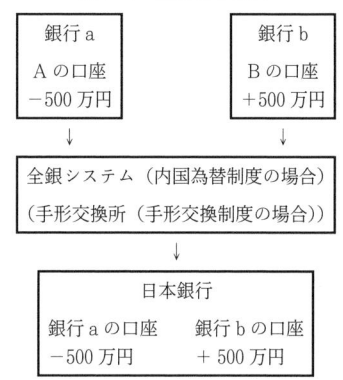

```
┌─────────────┐      ┌─────────────┐
│  銀行 a     │      │  銀行 b     │
│  A の口座   │      │  B の口座   │
│  −500 万円  │      │  +500 万円  │
└─────────────┘      └─────────────┘
       ↓                    ↓
┌──────────────────────────────────┐
│ 全銀システム（内国為替制度の場合）│
│ （手形交換所（手形交換制度の場合））│
└──────────────────────────────────┘
                ↓
┌──────────────────────────────────┐
│           日本銀行                │
│  銀行 a の口座    銀行 b の口座   │
│   −500 万円       + 500 万円      │
└──────────────────────────────────┘
```

常に大きい．そこで経済全体についての支払（決済）の仕組みを見ておこう（図 7-4）．

　たとえば，A が B に取引代金 500 万円を支払うとしよう．A は 500 万円を，自分の預金口座がある銀行 a に銀行 b にある B の預金口座に振り込むことを依頼する．銀行 a は，A の口座から預金を引き落とし，銀行 b にある B の口座へ入金する．このような振込が銀行間で集約される（全銀システム）．今は，500 万円としよう．

　銀行 a, b 間の決済は，その日銀当座預金（日銀預け金）間の移転で行う[6]．日銀は，銀行 a の日銀当座預金を 500 万円減じ，銀行 b の当座預金を同額増加させる．これで支払（決済）は完了する．

　小切手を利用する場合，A は銀行の預金口座から 500 万円の小切手を振り出し，B に渡す．B は，この小切手を銀行に持参，自分の口座に入金してもらう．

　銀行 a, b, … は，このような手形を「手形交換所」へ持ち寄り，銀行間の差額「交換尻」を計算する（今の場合，500 万円）．銀行 a の日銀当座預金が 500 万円減少し，銀行 b の日銀当座預金が同額増加する．

---

[6] 日銀預け金とは，民間銀行が無利子で日本銀行に預けることを法的に義務付けられている当座預金である．

7.5
貨幣（信用）創造

ここまでは貨幣の機能について述べた．実際，社会に存在する貨幣（貨幣残高；マネーストック）の支配的形態である預金通貨は，どのように社会に供給されるのか．その過程，すなわち銀行による貨幣（信用）創造を説明しよう．なおこの節では単純化して，金融機関としては銀行のみを考慮する．また民間銀行は，現金通貨を保有しないと単純化しよう．

日本銀行が供給する貨幣は，現金通貨（硬貨と日本銀行券）と民間銀行の日銀預け金であり，ベースマネー（従来のハイパワードマネー）と呼ばれる．いずれも会計的には民間経済主体の資産（貸し），日銀の負債（借り）である．ベースマネーと社会に存在する貨幣（貨幣残高；マネーストック）との間には，どのような関係があるのだろうか．

ベースマネーを B，現金通貨を C，日銀預け金を R と書くと，定義より，

$$B = C + R \tag{7.1}$$

である．

民間銀行は日銀預け金を基礎に企業，家計に貸付を行う．貸付は企業，家計の当座預金 D を設定することによって行われる．ただし民間銀行は預金の一定割合を，支払準備として保有することを義務付けられている．これが法定準備率である．民間銀行は現金通貨を保有しないと仮定したから，支払い準備をすべて日銀預け金の形で保有する．したがって，

$$R = \beta D \tag{7.2}$$

である．ここで β は支払準備率である（$\beta \geq$ 法定準備率）．社会に存在する貨幣（貨幣残高；マネーストック）を M と書くと，マネーストックは現金通貨と預金通貨の合計であるから，

$$M = C + D \tag{7.3}$$

である．(7.1), (7.2), (7.3) 式より，B と M の関係を得る．すなわち

(7.2) 式を (7.1) 式へ代入して,

$$B = C + \beta D \tag{7.4}$$

を得る. C と D の比を γ と書くと ($\gamma = C/D$), (7.3) 式と (7.4) 式は, それぞれ $M = (\gamma + 1)D, B = (\gamma + \beta)D$ と書き換えられるから, D を消去して,

$$M = \frac{\gamma + 1}{\gamma + \beta} B \tag{7.5}$$

を得る.

(7.5) 式より, 支払準備率と現金・預金比率が一定のとき, ベースマネーの変化がどれほどのマネーストックの変化をもたらすか ($\Delta M / \Delta B$), が決まる. これが貨幣乗数 (money multiplier), あるいは信用乗数であり, (7.5) 式より

$$\frac{\Delta M}{\Delta B} = \frac{\gamma + 1}{\gamma + \beta} \tag{7.6}$$

である.

(7.6) 式より貨幣乗数は, 支払準備率 β が高いと小さくなり, 現金・預金比率が高いと小さくなることがわかる (逆は逆)[7]. この結論は, 預金通貨の創造が民間銀行の貸出によることを考えると, 感覚的にも自然であろう[8].

---

[7] $\dfrac{\partial \Delta M / \Delta B}{\partial \gamma} = -\dfrac{\beta - 1}{(\gamma + \beta)^2} < 0, (0 < \beta < 1 を仮定)$. 実際の日本の預金についての支払準備率は, 次のようである.

実施日	2兆5000億円超	1兆2000億円超 2兆5000億円以下	5000億円超 1兆2000億円以下	500億円超 5000億円以下
1986年7月1日	2.5 (1.75)	2.5 (1.375)	1.875 (0.125)	0.25 (0.125)
1991年10月16日	1.3 (1.2)	1.3 (0.9)	0.8 (0.05)	0.1 (0.05)

(注) ( ) 内は, 定期性預金 (譲渡性預金を含む). 単位:%.
(出所) 日銀ホームページ (www.boj.or.jp/type/stat/boj_stat/junbi.htm).

[8] 金本位制の場合については, 置塩信雄・鶴田満彦・米田康彦『経済学』(大月書店, 1988年) を参照.

7.6 銀行の行動

　貨幣（信用）創造の過程では，まず貨幣が民間銀行の需要に応じて，日本銀行から民間銀行に届く．さらに民間銀行と企業，および家計が金融取引をする結果，貨幣が社会へ供給される．

　このように民間銀行は，貨幣（信用）創造を通じた貨幣供給になくてはならない役目を果たしている．ところでいうまでもないが，民間銀行の目的は企業と同様，利潤である．貨幣乗数は，民間銀行をはじめ企業，家計の私益追求行動を前提して，経済全体での当該金融取引の均衡における関係を描写しているのである．ここで貨幣乗数の表面には現れていない民間銀行の利潤追求行動に，一歩踏み込んでみよう．

　まず銀行がどのように利益を上げているか，実績を見よう．銀行が調達した資金を，どのように運用しているかを示した貸借対照表（バランスシート）の主な項目は，表7-2のようである．銀行は，ほとんどの資金を負債である預金として調達し，それを主に貸出や国債などの有価証券に運用していることがわかる．

　その結果，どの程度，利益を上げているか．これを，損益計算書を少し調整して示す（表7-3）．経常利益の主なものは貸出金利息，国債などの有価証券利息配当金などからなる資金運用収益で，65%を超える．次に大きいのは，といっても経常利益の15%に達しないが，役務取引等収益である．これは，為替，その他の受入手数料である．

表7-2　銀行のバランスシート

資産			負債・純資産		
現金預け金	20,601	(5.0)	預金	291,123	(70.1)
コールローン	8,000	(1.9)	コールマネー	15,627	(3.8)
有価証券	94,649	(22.8)	借用金	13,407	(3.2)
貸出金	212,898	(51.2)	負債合計	400,268	(96.3)
			純資産合計	15,274	(3.7)
資産合計	415,541	(100.0)	負債・純資産合計	415,541	(100.0)

表7-3 銀行の損益計算書

経常収益	11,474	(100.0)	経常費用	9,615	(100.0)
資金運用収益	7,494	(65.3)	資金調達費用	3,909	(40.7)
貸出金利息	4,761	(41.5)	預金利息	2,040	(21.2)
有価証券利息配当金	1,640	(14.3)	役務取引等費用	399	(4.2)
役務取引等収益	1,514	(13.2)	特定取引費用	4	(0.0)
特定取引収益	1,102	(9.6)	その他業務費用	937	(9.7)
その他業務収益	690	(6.0)	営業経費	2,896	(30.1)
その他経常収益	663	(5.8)	その他経常費用	1,470	(15.3)
経常利益	1,859				
特別利益	379				
特別損失	−541				
税引前当期純利益	1,697				
法人税等	−594				
当期純利益	1,103				

(注) 単位：10億円．預金には譲渡性預金を含めた．（ ）内は%．
(出所) 全国銀行協会ホームページ（www.zenginkyo.or.jp），「平成19年度　全国銀行総合財務諸表（単体）」の「都市銀行（6）」より．

　他方，経常費用の主なものは預金利息，その他の利息からなる資金調達費用約40%，人件費等の営業経費約30%である．そして経常利益は経常収益－経常費用として，また税引き前当期純利益が，経常利益に動産不動産の売却損益等を考慮して，さらに当期純利益が税引き前当期純利益から法人税等を差し引いて得られる．

　では，このような銀行の収益実績は，どう評価すればいいのか．利益の額も問題であるが，より重要な利益の程度は，どのように推移しているか．また他の国と比べると，どうか．

　日本の銀行の総資産利益率（＝税引き前当期純利益/総資産）は，図7-5のように経済全体の状況を代表する変数，経済成長率の推移とほぼ対応している．すなわち1980年代後半（バブル期）にピークに達したが，その後1990年代後半から2000年代まで（平成長期不況期）低下し，マイナスさえ記録する．その後2001年以降，急速に回復，上昇している[9]．

---

[9] これに対しアメリカの銀行は，ある研究によると，1990年代後半以降であるが，総資産利益率が2%で安定し，日米銀行間の収益性格差は極めて大きいと評価されている．南波駿太郎「銀行の資産運用・収益構造と収益力強化のための基本戦略」（富士通総研経済研究所研究レポート No. 323, June 2008）．

7.6 銀行の行動

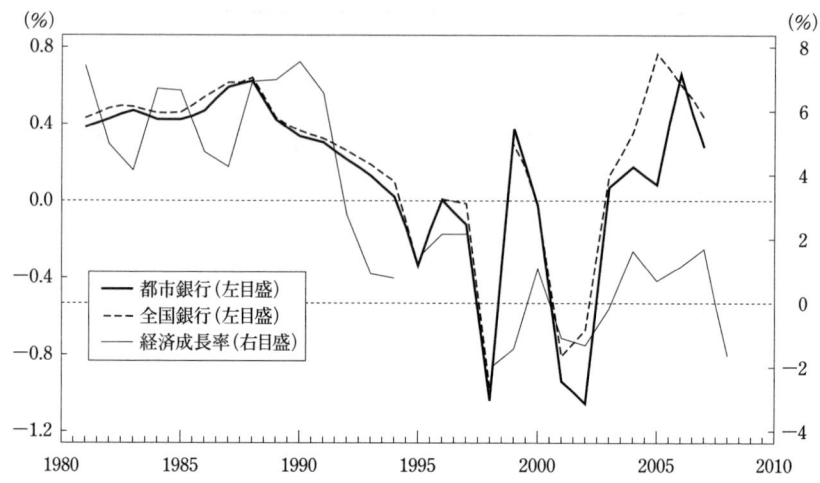

図7-5 銀行の総資産利益率の推移

(注) 総資産利益率=(税引前当期純利益/資産)×100.
(出所) 全国銀行協会ホームページ(www.zenginkyo.or.jp)、全国銀行総合財務諸表(業態別)、「全国銀行総合財務諸表(単体)」より. ただし1995年度以前は『全国銀行財務諸表分析』の各号より.

実際には銀行は、表7-3のように、いろいろな活動から利益を上げている. その中で主な活動である貸出行動に焦点を絞り、銀行の利潤追求行動を、理論的に最も単純化して示そう[10].

銀行は受け入れた預金 D、および日銀からの借入 B を元手に貸出 L、差額から利潤を得る. したがって、

$$L+R = D+B \tag{7.7}$$

である (表7-4). ただし、$D+B$ を全額貸し出すことはできず、預金の一定割合は支払い準備 R として保有しなければならないという法的制約がある. これを銀行は現金ではなく、すべて日銀預け金という形態で保有すると仮定する. すなわち、

$$R = \beta D \tag{7.8}$$

である. ここで β は支払準備率と呼ばれる ($0<\beta<1$).

---
10) 現金通貨、および銀行間貸借の捨象、支払準備率=法定準備率の仮定、など.

表7-4　民間銀行のバランスシート

資産	負債・資本
L　貸出	D　預金
R　支払準備	B　日銀借入

(7.7), (7.8) 式の制約のもとで，銀行は利潤最大化を図るわけである．銀行の利潤 Π_B は，さしあたり

$$\Pi_B = i_L L - i_D D - i_B B - C \tag{7.9}$$

と表すことができる．ここでは i_L 貸出利子率，i_D は預金利子率，i_B は日銀の貸出基準利率，C は費用である．

さて銀行の利潤を決定する多くの要因のうち，預金利子率 i_D，貸出利子率 i_L，日銀の貸出基準利率 i_B を，完全競争を仮定することにより，あるいは単に外的な，銀行にとって所与の条件と仮定しよう．さらに預金 D，あるいは日銀借入 B のどちらかを外的に決まると仮定しよう．すると費用を C，たとえば貸出 L の関数と仮定すれば，銀行の利潤 Π_B を決定する変数は，(7.7), (7.8) 式を考慮して結局，貸出 L だけとなり，最適貸出額が決まる．

また貸出利子率が高い，あるいは預金利子率が低いと，他の事情にして等しければ最適貸出額が大きくなるという，常識的感覚を支える理論的結論を確かめることができる[11]．

7.7
金融政策

現代資本主義の特徴は，政府の役割の大きさである．その１つは政府・中央銀行が社会に存在する貨幣量（貨幣残高；マネーストック），したがって利子率を通じて経済に影響を与えようとする金融政策である[12]．金融政策の手段に

---

11) 日銀借入 B を所与とすると

$$\frac{d\Pi_B}{dL} = i_L - i_D - \frac{dC}{dL} = 0, \quad \frac{d^2\Pi_B}{dL^2} = \frac{d^2C}{dL^2} < 0$$

を得る．（ただし費用の逓増，$\frac{dC}{dL} > 0, \frac{d^2C}{dL^2} > 0,$ を仮定）

12) 日本銀行は，「物価の安定を通じた国民経済の健全な発展」を理念とし，「通貨及び金融の調節

は，①貸出政策，②公開市場操作，③支払準備率操作があるが，その重要性は状況により異なる．順に述べよう．

貸出政策

日本銀行が民間銀行に貸付を行うとき適用される利子率が「基準貸付利率」（従来の公定歩合）である．たとえば基準貸付利率の切り下げは，民間銀行の日本銀行からの借入を促進し，企業，家計への貸出を増加させ，したがって資金需給を緩和し経済活動を活発にすることが目的である（逆は逆）．

かつての日本のように金融市場が未発達で，資金需給の基調が超過需要の状況では，貸出政策の役割は大きい．資金の供給側の立場は強く，資金の流れを制御しやすいからである．端的な具体例は，今日ではすでに廃止された「窓口指導」である．

しかし現在の日本のように，金融市場も発達し，さらに資金需給の基調が超過供給で，金融市場の利子率が「基準貸付利率」を下回るような状況では，民間銀行が日銀借入を利用する動機はないから，貸出政策の政策手段としての意義は小さい．

公開市場操作（open market operations）

中央銀行が手形や国債など債券を金融市場で売買すると，経済に存在する貨幣量（貨幣残高；マネーストック）が変化し，利子率に影響を与える．

たとえば日本銀行が有価証券を買い（買いオペレーション），支払は，預金通貨で行われるとしよう．すると民間非金融部門の預金が増加する．したがって民間銀行の日銀預け金が増加する．これはベースマネーの増加である．

民間銀行が増えた預金を元手に民間非金融部門に貸出を行うと，貸出政策の場合と同様，預金通貨が創造され貨幣残高（マネーストック）が増加する．売りオペレーション（日本銀行が有価証券を売る）の場合は逆．

今後，日本でも金融市場の一層の発達とともに，イギリスやアメリカのように公開市場操作が金融政策の主な手段となると予想される．

を目的とする（「日本銀行法」，1997年）．金融政策は，日本銀行の最高意思決定機関である政策委員会において多数決で決定される．これらの政策が実行される実際の手順については，日本銀行金融研究所編『新しい日本銀行』（有斐閣，2004年）が有益である．

支払準備率操作

　民間銀行は預金の一定割合を無利子で日本銀行に預けるか（中央銀行預け金）現金で保有することを義務付けられている（法定準備率）．したがって，たとえば法定準備率を引き下げると，支払準備率の下限が低くなる．これによって，現実の民間銀行の支払準備率が低くなれば，(7.5) 式のように，ベースマネー，現金・預金比率の相殺的変化がない限り，貨幣残高（マネーストック）が増加し，利子率を下落させる．

　ただし日本の支払準備率は，主要国に比して非常に低く，また 1970 年代中頃をピークに低下してきたが，脚注 7)（99 ページ）のように 1991 年 10 月 16 日以降，変更されていない．

この章のまとめ

　この章では，資本主義の順調な運行にとって，貨幣がどのように重要な役割を果たすかを原理的にまとめた．また，それを担う経済主体である金融機関，特に銀行に焦点を当て，その主な役割として決済，預金と貸出，貨幣（信用）創造を説明した．

　このように経済全体にとって重要な役割を果たす銀行であるが，他の非金融企業と同様，利潤追求が目的である．その利益の実態と利潤最大化行動を描く理論の一端にも触れた．

　今後銀行は，グローバルな競争のもとで，どのように利潤を獲得し存続していくのか．それが資本主義の運行に，また私たちの生活に与える影響は大きく，大変，興味深い．

練習問題

1. 金本位制のもとでは，インフレーションは起こらないことを説明せよ．
   ヒント：インフレーションとは，金を含め財・サービスの価格が持続的に上昇すること，金の市場価格が中央銀行が銀行券との兌換（交換）を約束した金価格を

上回ると何が起こるかを考えよう.
2. 銀行の利潤最大化行動についての本文の仮定のもとで，貸出利子率が高い，あるいは預金利子率が低いと，最適貸出額が大きくなる（逆は逆）ことを確かめよ. ヒント：脚注11）の最適条件 $i_L - i_D - dC/dL = 0$ において，i_L がより大なるとき（あるいは i_D がより小なるとき），費用 C，あるいはそれを決めると仮定されている貸出 L は，どうなるかを考える.
3. 金融政策の手段を3つ挙げよ.
   ヒント：本章7.7節を参照.

Column　電子マネーの普及

　21世紀になって10年という今日，おカネなしで，すなわち，自給自足もしくは物々交換だけで暮らすことは著しく困難であるが，本来のおカネである日本銀行券や補助貨幣に触れることなく過ごすことは，さほど支障がなくなりつつある．ほかならぬ，Suica（スイカ）やEdy（エディ）のようなプリペイド型電子マネーが普及してきたからである．

　十年一昔というが，10年前と今とでは電車の利用1つをとっても隔世の感がある．10年前は駅に行く前に，まず大前提として現金を用意しておく必要があった．駅に着いたら運賃表を見て，目的地までの運賃を確認し，自動券売機に現金を入れ，目的地までの乗車券を購入して，たいていの場合はお釣りを現金で受け取った．そうして，はじめて電車に乗れた．

　もちろん現在でも同様の手順で乗車は可能であるが，次のような方法を使っている人も少なくないだろう．あらかじめ銀行口座などから自分の手元にある電子マネーの口座にチャージ（入金）しておく．そして利用当日は，当該口座の決済認証コードを記録したカード，もしくは，携帯電話を持って駅に向かう．目的地までの運賃を確認すること，券売機の前に並ぶこと，一万円札が使えるかどうか心配すること，お釣で財布がふくれ上がることなどはまったくない．たんに改札機にカードかケータイで約1秒間軽く触れて電車に乗るだけである．

　このような電子マネーの利用は，鉄道に限られるわけではない．コンビニエンスストア，レストラン，ホテル，衣料品店，書店，美容室など，ありとあらゆる場所で利用可能である．現金の受け渡しは一切なく，レジの読み取り機にカードかケータイで約1秒間触れるだけですべてが完了する．

　給料やバイト料の大部分が銀行振り込みで支払われることを考慮すると，所得の受け取りから消費まで，本来のおカネに触れることなく生活することが日常化しつつある．「貨幣」経済ではあるが，購買力，すなわち，財・サービスの占有または共有を主張する権利，を有することの証明に，「紙切れ」や「金属破片」を保持する必要はもはやないのである．

　ところで，電子マネーの中には決済が成立した際に「シャリーン」に近い音がするものがある．在りし日のおカネへの郷愁かどうかは定かでないが，なかなか洒落ている．

第8章
金融市場と利子率

この章で学ぶこと

この章では貨幣を得る方法として,新たに金融(finance),すなわち貨幣の貸借を扱う.金融は,実物(財・サービス,あるいは労働)売買の潤滑剤的な役割を果たすだけでなく,市場経済の発展につれ実物経済に対し積極的に影響を及ぼすようになる.

まず貨幣経済の進展を,社会に存在する貨幣量(マネーストック)と GDP の比の推移によって確かめる.次に「資金循環表」によって,日本経済の特徴を金融面から把握する.さらに金融の形態,条件の違いにもとづくいくつかの利子率の連動を,統計で確かめる.

最後に,第6章までは実物経済が中心であった本書のマクロ経済学の基礎理論を,金融面で拡張するための準備を行う.すなわち貨幣需要と債券需要の関係を整理し,貨幣需要についてのケインズの仮説を説明する.

キーワード

資金過不足,利子率,債券需給,貨幣需給,流動性選好,ワルラス法則

8.1
貨幣経済化の進展

　資本主義が高度に発達した貨幣経済であること，貨幣が重要であることには，これまでにもしばしば言及した．ここで，その程度（貨幣経済化と呼ぶ）の推移を実際に確かめよう．

　貨幣経済化の指標としては第一次接近として，社会に存在する貨幣量（貨幣残高；マネーストック）と実物経済の規模の代表的変数としてGDPの比，既出の記号ではM/名目GDPに注目しよう．この比率は，フィッシャーの交換方程式（第4章，56ページ）の変形であり，マーシャルのk（Marshallian k）と呼ばれる[1]．

　図8-1のように，主要国のマーシャルのkの傾向について単純な一般化は難しいが，それでもいくつかのグループに分けることができる．

　①戦後，全期間を通じて上昇傾向が明瞭な日本，ドイツ，韓国，インド．カナダも，このグループに入れることができよう．②1970年代後半に傾向変化が見られるグループ．これはさらに低下から上昇へ変化する，イギリス，オーストラリアと，反対に上昇から低下へ変化するフランス，イタリアに分けられる．最後に，③傾向不鮮明のアメリカ，である．

　中国は1980年代以降の，ロシアは1990年代中頃からの上昇が著しい．このように主要な国を全体として見ると，一様に上昇傾向が観察されるわけではないが，2，3の成熟した資本主義国を除き，あるいはある時期を除き貨幣経済化が進んでいることを確かめることができる．

---

[1]　A. マーシャル．ケンブリッジ大学で学び，後にケンブリッジ大学教授．当時，イギリスを代表する経済学者．ケインズと彼が批判したピグー双方の先生である．代表的な著作は『経済学原理』．J. K. Whitaker, "Marshall, Alfred (1842–1924)" (*The New Palgrave A Dictionary of Economics*) 参照．
　マーシャルのkは，しばしば貨幣が実物経済に比して多すぎるかどうか，いわゆる過剰流動性の指標として利用される．ここでは流動性の過多過少を短期における不均衡と見て，短期不均衡を貫く傾向に注目しよう．

図 8-1　主要国における貨幣経済化の進展

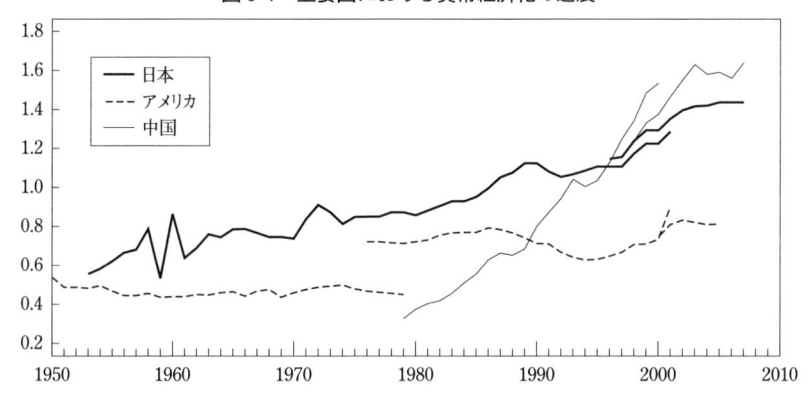

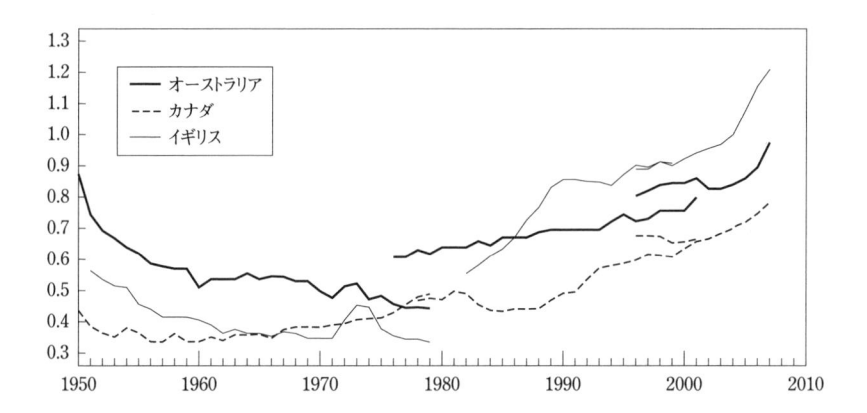

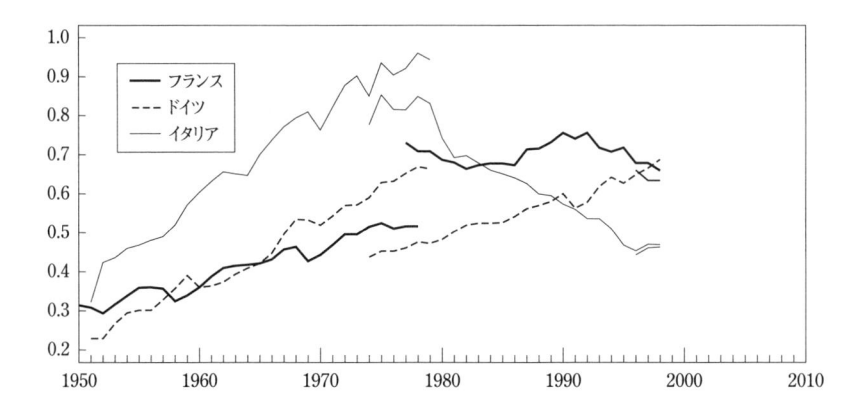

図 8-1 つづき

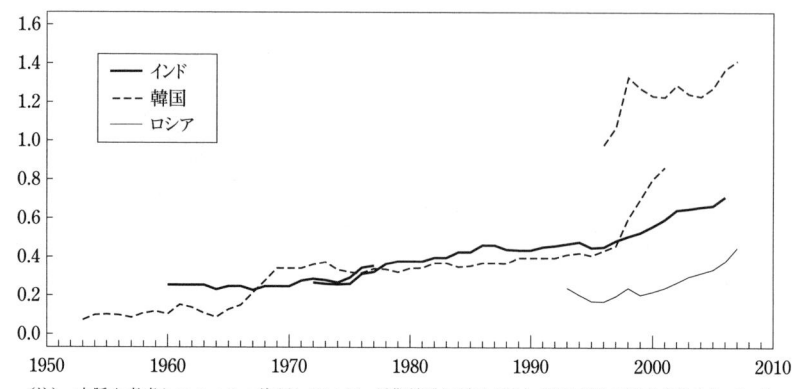

（注）文脈を考慮して 1 つ 1 つ注記しないが，長期統計に避けがたい評価方法の変更が含まれている．
　　　ただし貨幣の定義の変更は，連続しない線で表した．
（出所）IMF, *International Financial Statistics Yearbook 1980, 2002, 2008* より．

8.2
制度部門別資金過不足

　実物と貨幣の関係はここまでにし，焦点を経済の貨幣的側面に移し，戦後日本経済全体の金融を概観しよう．まず制度部門（家計，企業，政府など）別に資金過不足の推移を見よう．

　たとえば企業が家計に銀行を通じて給与を支払うと，企業の銀行預金は減少し家計の銀行預金は増加する．また家計が生活費用を銀行預金から引き出すと，家計の銀行預金は減少する．このような金融取引の結果である資金過不足を，戦後日本経済について制度部門別に見ると，大きな特徴は次のようである（図8-2）．

　すなわち，①家計部門の資金余剰（貸し），ただし程度は漸減．②民間非金融法人企業の資金余剰，ただし 1990 年代までは資金不足（借り）．③一般政府の資金不足．④海外部門の資金不足，すなわち日本の外国に対する資金余剰，である．次に各制度部門について，もう少し詳しく見よう．

　日本の家計は，近年，程度こそ漸減しているが戦後終始，他部門へ資金を供給してきた．では，どのような形で，資金を供給しているのか（表8-1）．預金である（次いで保険・年金準備金）．すなわち家計の金融資産残高の 50% 以上

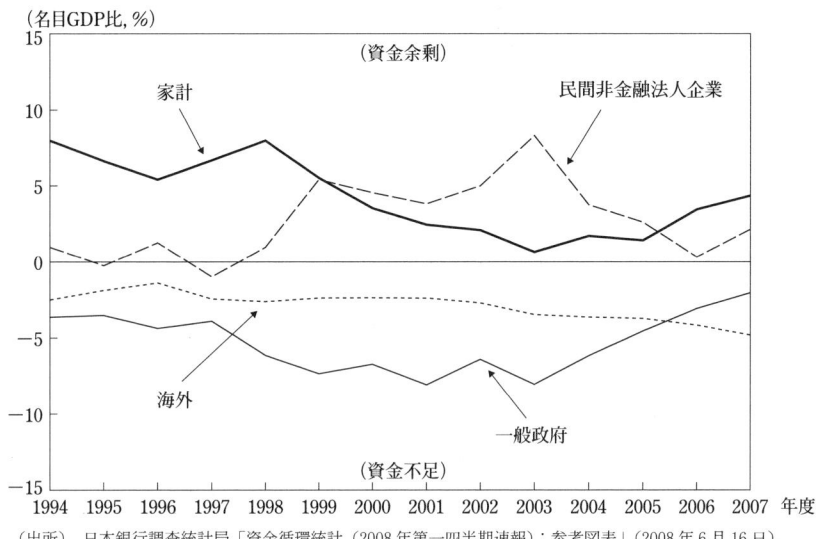

図 8-2　制度部門別の資金過不足の推移

（出所）日本銀行調査統計局「資金循環統計（2008 年第一四半期速報）：参考図表」（2008 年 6 月 16 日）．

表 8-1　家計の金融資産残高（年度末）

		1979	1989	1999	2004	2005	2006	2007	
残高（兆円）		332	982	1,401	1,429	1,519	1,545	1,490	
構成比（％）	現金・預金	58.7	45.6	53.2	54.1	50.6	49.8	52.0	775
	債券	7.0	5.4	3.6	2.6	2.7	2.8	3.0	44
	投資信託	1.3	3.9	2.3	2.6	3.4	4.2	4.2	63
	株式・出資金	13.6	20.7	9.9	9.3	13.0	13.0	9.3	139
	保険・年金準備金	13.0	19.5	26.4	26.8	25.8	25.9	27.0	402
	その他	6.3	4.9	4.7	4.7	4.6	4.3	4.4	66

（出所）図 8-2 に同じ．なお右端の欄は残高（兆円）．

が現金・預金である．ただしその構成比は，長期的には非常に緩やかではあるが低下している．それでも保険・年金準備金が約 25％ を占めるから，株式，債券，投資信託の占める割合は非常に小さい．これはアメリカ，イギリスなどと比べると，大きく異なる点である．

　日本の民間法人企業は，戦後長く資金の約 50％ を銀行からの借入に頼ってきたが，21 世紀以降その割合は，はっきり低下している（表 8-2）．代わって増加しているのが株式・出資金である．民間法人企業が金融面で，銀行依存から抜け出しつつあることがわかる．

8.2 制度部門別資金過不足

表 8-2 民間非金融法人企業の金融負債残高（年度末）

		1979	1989	1999	2004	2005	2006	2007	
残高（兆円）		371	881	941	834	847	876	854	
構成比（％）	借入	49.1	51.6	51.1	41.7	39.7	38.7	38.9	332
	株式以外の証券	5.5	9.2	7.6	8.3	8.3	8.3	8.6	73
	株式・出資金	7.9	10.1	14.4	18.1	18.4	17.9	18.4	157
	預け金	6.9	6.2	4.4	4.4	4.3	4.2	4.4	38
	企業間・貿易信用	29.7	20.7	19.6	21.0	21.5	23.6	23.0	196
	その他	0.9	2.2	2.9	6.5	7.7	7.4	6.8	58

（出所）図 8-2 に同じ．なお右端の欄は残高（兆円）．

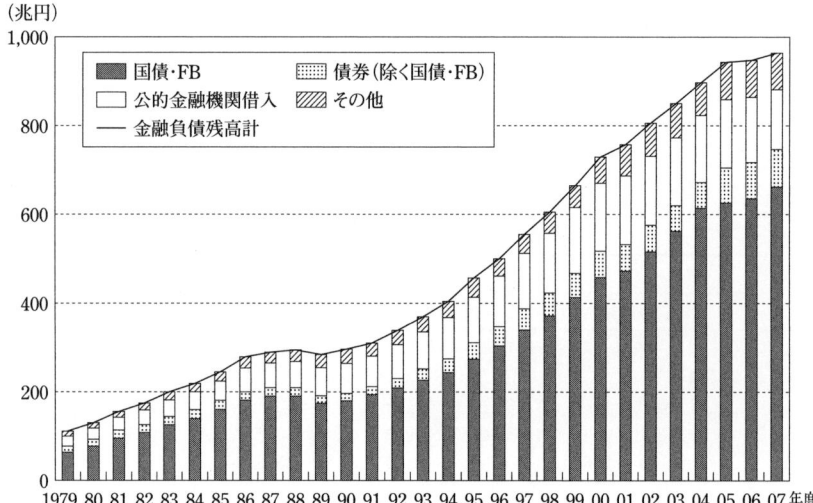

図 8-3 一般政府の金融負債残高の推移

（出所）図 8-2 に同じ．

日本政府は，戦後ほとんどの期間，資金不足（借り）を続けている．不足資金調達の形態は国債であり，したがって国債残高は累積している（図 8-3）．その程度は，近代日本において，かつてなかったほど高く，主な外国に比しても著しく高い（図 8-4）．日本の財政は，歴史的にも国際的にも，著しく偏っている．日本政府は，なぜこれほどまでお金を借りて何に使ってきたのか．これから返済をどうするのか．大きな疑問である．

最後に外国との関係であるが，日本は戦後，常に対外的に資金余剰である．したがって外国に対する債権である，外貨準備が累積している．その額は近年

図 8-4　一般政府の金融負債残高：国際比較

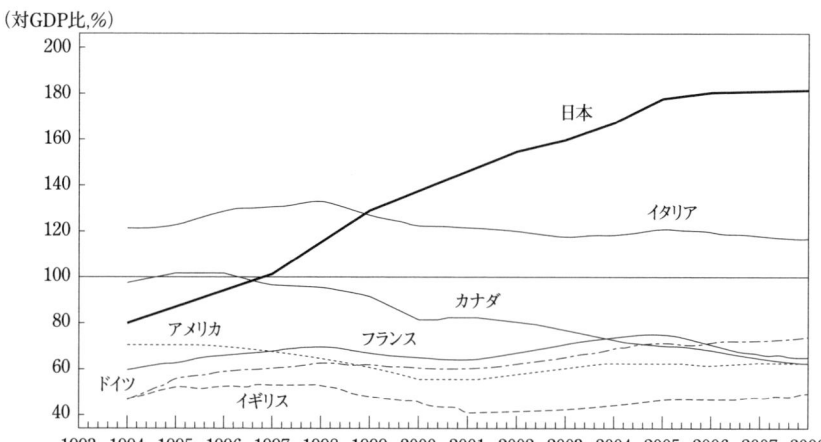

（対GDP比,％）

（出所）　財務省主計局「わが国の財政事情（20年度政府案）」（平成19年12月）より．

図 8-5　主な国の外貨準備高

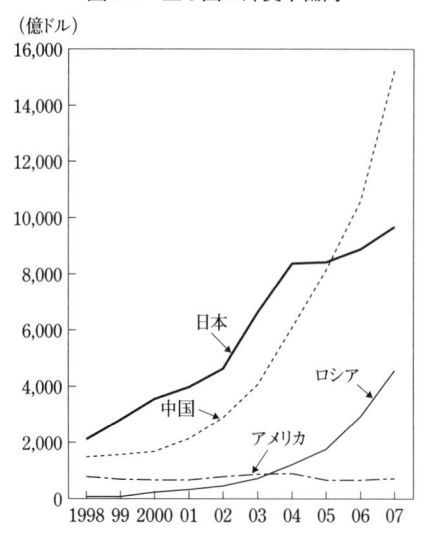

（億ドル）

（注）　IMF資料による．各年末現在．
（出所）　矢野恒太記念会編『日本国勢図会　2008/09年版』日本評論社，2008年．

表 8-3　各国の外貨準備

(単位：10 億米ドル)

国名	2006年	構成比（％）			
		金	SDR	IMF リザーブポジション	外貨
中国	1,070	0.1	0.1	0.1	99.7
日本	881	0.1	0.3	0.2	99.3
ロシア	296	0.2	0.0	0.1	99.7
韓国	239	0.0	0.0	0.2	99.8
インド	171	0.4	0.0	0.3	99.3
アメリカ	69	20.1	12.9	7.3	59.7
ドイツ	47	12.2	12.2	4.2	79.4
フランス	47	9.7	2.0	3.0	85.3
イギリス	41	1.3	1.0	3.4	94.3
イタリア	30	13.9	0.9	3.3	81.9

（出所）　総務省統計局ホームページ「世界の統計」／第10章　国際収支・金融・財政，財務省「外貨準備等の状況」(平成20年9月末現在).

まで，中国を除く他の国に比して著しく大きかった（図8-5）．その形態の特徴は多くの西欧諸国と異なり，そして他の非西欧諸国と同様，外貨の割合が99％を超え，金，その他の割合が1％を下回ることである（表8-3）．西欧諸国は金の割合が高く，アメリカ自身はとくに高い．日本の外貨の中身は，アメリカ合衆国財務省証券である．額，構成，いずれの面でも日本の対外関係は，他の先進国より大きな不確実要因を抱えている．

　以上，制度部門別に資金過不足を概観したが，それだけでも結構，日本経済の個性的骨格と時の経過にともなう構造変化が浮かび上がってきて，興味深い．

8.3
資金循環表

　次に，ある年の日本の金融について見よう．外国を含め制度部門別に，期首の金融資産・負債残高と期中の金融取引の結果である，期末の金融資産・負債残高を整理したのが，「金融資産・負債残高表」である[2]．これは前の節の制

---

[2] これに対し，ある期間の金融取引による金融資産・負債の増減について整理したのが，「金融取引表」である．「金融資産・負債残高表」と「金融取引表」の総称が「資金循環表」である．

第 8 章　金融市場と利子率

表 8-4　金融資産・負債残高表（2008 年 12 月末）

(単位：1000 億円)

		中央銀行 11		金融機関 1		非金融法人企業 2		一般政府 3		家計 4		海外 6	
		資産(A)	負債(L)	資産(A)	負債(L)	資産(A)	負債(L)	資産(A)	負債(L)	資産(A)	負債(L)	資産(A)	負債(L)
A	現金・預金	1	1,048	1,914	12,391	2,011		389		8,132		57	113
Aa	現金		861	110	861	294		0		456		0	
Ab	日銀預け金		152	152	152								
Ac	預金	1	35	1,652	11,378	1,717		389		7,675		57	113
B	財政融資資金預託金			152	648	0		496					
C	貸出	517	41	12,617	4,089	395	3,978	245	1,757	37	3,317	776	930
Ca	民間金融機関貸出			7,390	917		2,899		438		2,676		460
Cb	公的金融機関貸出金			3,337	687		683		1,288		522		158
D	株式以外の証券	647		8,275	3,485	369	835	1,374	7,560	1,176		686	
Db	国債・財融債	582		5,126	1,392	49		854	5,580	496		448	
E	株式・出資金	15	0	1,094	1,072	1,643	4,038	890	173	871		782	
F	金融派生商品			670	680	21	80			4	5	409	340
G	保険・年金準備金				3,987					3,987			
H	預け金	0	0	109	114	275	411	59	2	84			
I	企業間・貿易信用			87		2,199	1,740	7	0		527	23	50
J	未収・未払金	2	0	190	489	124	131	70	118	378	38	22	9
K	対外直接投資			113		340							453
L	対外証券投資	46		1,556		342		1,044		35			2,977
M	その他対外債権債務	18	118	394	350	78	29	50	4			384	499
N	その他	48	0	313	275	145	174	52	112	93	42	0	0
Y	金融資産・負債差額		88		−96		−3,469		−5,049		10,869		−2,231
Z	合計	1,295	1,295	27,483	27,483	7,943	7,943	4,678	4,678	14,797	14,797	3,139	3,139

(注) 1. 家計には対家計非営利団体を含む。2. Ac 預金は、すべての預金 (Ac～Ag) の合計。3. 四捨五入による誤差がありえる。
(出所) 日本銀行ホームページ＞政策・業務別＞調査・研究＞資金循環、年計数、2009 年 6 月 17 日。

度部門別資金過不足の基礎となった統計であり，経済全体を金融面から包括的に把握する，とくに全体性を意識するマクロ経済学にとっては，重要なものである．したがって直近のものを実際に，少し詳しく見ておこう（表8-4）．

まず横の項目を見ると，日本銀行，金融機関（日本銀行を除く），非金融法人企業，……，海外と，経済主体の分類が網羅されている．次に縦の項目を見ると，A 現金・預金からZ 合計まで，各種金融資産が網羅されている．そこで金融資産の中で，たとえば現金・預金に注目して横に見ていこう．

すると金融機関に資産として191兆円，負債として，1,225兆円存在している．また非金融法人企業に201兆円，一般政府に39兆円，家計に813兆円，それぞれ資産として保有されている．最後に海外がネットで5（=11-6）兆円の負債を保有している．

誰かの貸しは，必ず誰かの借りである．だから各制度部門を合計すると，概念上，資産＝負債が成立しなければならない．この表においても，実際それを確かめることができる[3]．他の金融資産についても，同様である．

ちなみに，現金は日本銀行の負債である．また資産として現金・預金の最大の保有者は家計で，65% 以上を占める．貸出はどうか．金融機関はネット（純）で853（=1,262-409）兆円を，国内の非金融部門と外国へ貸し出している．貸出の相手としては，非金融法人企業がネットで399兆円，家計がネットで332兆円借入れている．最後に，家計は金融資産・負債差額が正，これに対応して非金融法人企業と一般政府は負である．

8.4
利子率の連動

私たちがすでに知っているだけでも現金・預金から国債，株式等々まで，金融資産の種類は多い．これらに加え，さらに新しい金融商品（貨幣貸借の形態）が現在も生まれている．最近の金融危機のキッカケとなったサブプライムローンの破綻，その背景にある「証券化（securitization）」も一例である（コラム「ヘッジファンドと証券化」（126 ページ）参照）．証券化とは，一般的には企業な

---

[3] この表の数字では，端数処理のため成立しない．

図 8-6 利子率の連動

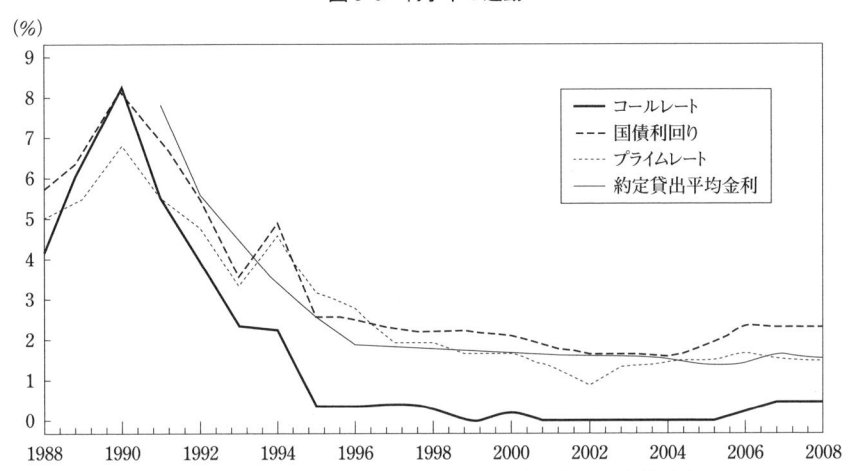

(注) コールレート（Call Rates）：銀行など金融機関が相互に貸し借りする短期金利．プライムレート（Prime Lending Rates）：企業に対する最優遇貸出金利．貸出約定平均金利：銀行が企業や個人に貸し出した金利の平均．
(出所) 日本銀行「金融統計月報」（2008年9月18日）より．

どが債権，不動産など資産から生じる利益を受け取る権利を保証する証券を発行することである．

　企業家，たとえば不動産業者が10億円の資金で賃貸目的のビルを建設するとしよう．このとき仮に，100万円の証券を1,000口発行するとする．証券は市場で売買される．不動産業者は，証券保有者に，将来のビルの賃貸料収入の一部を配当として分配する．

　当事者の利益としては，企業家は少額資金で事業を始め，利益を得る．証券業者は手数料が期待できる．投資家にとっては金融投資の選択肢が増える．実物としては，貸しビルの供給が増える．このような証券をまとめて，新しい証券が発行される（再証券化）．このようなサイクルが順調に進行するかどうか，これは結局，当初の実業の成否，今の場合貸しビルに対する借り需要が十分存在し続けるかどうかに懸かっている．

　新しい金融商品は，これからも次々に登場するだろう．それには，それなりの根拠があるはずである．その中には後世において経済的に重要なものと評価されるものも含まれているだろう．たとえば「株式」という証券は，株式会社というかつてなく大規模な経営を可能にし，いわゆる独占資本主義，あるいは

資本主義の独占段階を可能にしたといわれている.

他方,量の面では次のように考えられる.たとえば家計が貯蓄(収入－消費支出)するとして,どのような形態を選ぶか.現金か定期預金か,国債か株式か.いずれにせよ他の事情にして等しければ,より収益性の高いものを選ぶはずである.

取引の相手,資金需要者の方も同様である.銀行から借り入れるか,ノンバンクか.社債発行か,株式発行か.いずれにせよ他の事情にして等しければ,より費用の少ない方法を選ぶだろう.

要するに競争がある限り,種類は多くても金融資産の収益性の格差には,ある限度があるだろう.では実際には,金融資産の収益性はどの程度,異なるのか,代表的なものを見てみよう.図8-6のように金融資産の収益性は短期的には絶えず変動し,格差も持続している.しかし数年の長さで見ると,それらは確かに連動していることもわかる.

8.5
債券価格と利子率

以上は,金融の実態の一端である.これから基礎理論の準備を始めよう.まず本節では貨幣以外の金融資産が債券だけである場合について,債券価格と利子率の関係を整理する.

利子率は資金(loanable funds)需給によって変動し,資金需要>資金供給のとき上昇する.これは常識的な感覚である.他方,およそ価格は取引されるものの需給によって変動するという一般的命題を適用すると,債券供給(資金需要)>債券需要(資金供給)のとき,債券価格は下落する.このように利子率と債券価格は逆行するはずである.それを確かめよう.

まず最も簡単な場合として,借り手から見て,今期 P_b 円借り,次期に Q 円の支払を約束する債券を考えよう.この債券の利子率 i_b は,

$$P_b(1+i_b)=Q, \text{または} P_b=\frac{Q}{1+i_b} \qquad (8.1)$$

で定義される[4].この場合,利子率は,現在の金額を次期の金額に等しくする,割増率であるからである.これは次期の金額を現在の金額に等しくする,割引

率であると言い換えることもできる.

もう1つの例として,借り手から見て,今期 P_c 円借り,永久に Q 円支払い続ける債券(コンソル債)を考えよう.この債券の利子率 i_c は,

$$P_c = \frac{Q}{1+i_c} + \frac{Q}{(1+i_c)^2} + \frac{Q}{(1+i_c)^3} + \cdots = \frac{Q}{i_c} \tag{8.2}$$

で定義される.

(8.1)式,あるいは(8.2)式より,利子率と債券価格は,定義により逆行することがわかる.

8.6
貨幣需要

この節では,第10章におけるマクロ経済学の基本モデルの準備として,ケインズの利子率決定論を要約する.

それは,貨幣需給が利子率を決定すると述べる.ところが前の節で説明したように,利子率は債券需給で決まる.それでは,貨幣需給と債券需給はどのような関係にあるのか.この点を明示するのが,ワルラス法則(Walras's Law)である.その要点は,次のとおりである.

すでに触れたが,財・サービスに対する需要は貨幣供給であり,財・サービスの供給は貨幣需要である.債券需給についても同様である.したがって経済全体の貨幣需要は,それぞれ,

$$貨幣需要 = 財・サービス供給 + 債券供給 \tag{8.3}$$
$$貨幣供給 = 財・サービス需要 + 債券需要 \tag{8.4}$$

である.さて経済全体で取引されるすべてのものの需給が一致する(一般市場均衡)条件は,今の場合

$$財・サービス供給 = 財・サービス需要, 債券供給 = 債券需要 \tag{8.5}$$

である[5].

---

4) n 期後の場合, $P_b = \dfrac{Q}{(1+i_b)^n}$

8.6 貨幣需要

では，貨幣需要と貨幣供給の均衡条件，すなわち

$$\text{貨幣需要} = \text{貨幣供給} \tag{8.6}$$

あるいは (8.3) 式と (8.4) 式を考慮すると得られる，

$$\text{財・サービス供給}+\text{債券供給} = \text{財・サービス需要}+\text{債券需要} \tag{8.7}$$

は，どう扱うべきか．(8.5) 式と (8.6) 式（あるいは (8.7) 式）は，同時に使用するべきではない．なぜなら，(8.5) 式が成り立つとき，(8.6) 式（あるいは (8.7) 式）は必ず成り立つから．

要するに，貨幣，財・サービス，債券の3つのうちどれか2つの需給が一致するとき，残りの1つの需給は必ず一致する．これがワルラス法則の要点である．

したがって一般均衡条件として，貨幣需給一致を使う場合，(8.5) 式のうち，どれか1つを外さなければならない．ケインズの利子率決定論は，貨幣需給を取り上げ，その代わりに (8.5) 式のうち債券需給を外したと理解できる．

さて以上のような条件付きでケインズの結論を要約すると，期末に保有したい貨幣残高（マネーストック）としての貨幣需要を決定する要因は，経済の規模（（名目）国民所得で代表させる）と利子率で代表させることができる．国民所得が大きいほど，また利子率が低いほど貨幣需要は大きい（逆は逆）．すなわち

$$L = L(Y, i) \quad \frac{\partial L}{\partial Y} > 0, \ \frac{\partial L}{\partial i} < 0 \tag{8.8}$$

である．さらに貨幣需要は，国民所得と同方向へ変化するだけでなく，国民所得に比例すると仮定される[6]．

---

5) 資本主義は単なる市場経済ではなく，労働も売買される（労働の商品化）という意味で独特な市場経済であることは，しばしば強調してきたから，「取引されるすべてのもの」の中に労働が含まれていないことに疑問をもたれる読者もいるだろう．ここで労働需給を貨幣需給に含めないのは，恣意的ではない．実は，労働者は労働需要に出会うと当初の労働供給計画を修正するという，労働者の受動的な態度を想定しているからである（いわゆる「再決定仮説」）．パティンキン／貞木展生訳『貨幣・利子および価格』（勁草書房，1971年）(D. Patinkin, *Money, Interest, and Prices*, HARPER & ROW, 1965)，307ページ，および R. W. Clower, "The Keynesian Counter-Revolution: A Theoretical Appraisal," in *The Theory of Interest Rates*, edited by F. H. Hahn and F. Brechling, Macmillan, 1965, pp. 103–125 を参照．

(8.8) 式の経済的根拠は，次のようである．人々が利子をもたらさない貨幣を保有するのは，貨幣が他の金融資産に比べて「流動性（liquidity）」が高いからである．流動性とは，他の資産に換える容易さである．実際，貨幣で財・サービスを買うことは容易であるが，国債や株式で財・サービスを買うことは困難である．だからケインズの主張は，貨幣需要に関する流動性選好（liquidity preference）説とも呼ばれる．

さて貨幣保有の動機は，次の3つに大別される．

取引動機

家計，企業は収入と支出の時間差をカバーするために，貨幣を保有する．この動機による貨幣保有は，取引の大きさで決まるが，取引の大きさは国内総生産や国民所得で代表させることができる．また利子率が高いと貨幣量の保有をできるだけ少なくし，債券を保有しようとするだろう．

予備的動機

将来，予期せぬ支払が必要となるかもしれない．たとえば，期待していた収入が実現しない，あるいは突然の事故などによって．人々は，このような不測の事態に備えて貨幣を保有する．この動機による貨幣保有も，経済の規模が大きいほど，大きい．また利子率が高いと，貨幣量の保有をできるだけ少なくし，債券を保有しようとするだろう．

投機的動機

この動機による貨幣保有は，利子率の変動に関する予想から生じる．人々は，債券価格が高い（利子率が低い）ほど，将来の債券価格下落（利子率上昇）を予想すると仮定しよう[7]．利子率の上昇は保有している債券の現在価値を下落させるから，利子率上昇が予想されるとき，債券保有者は債券価格下落による損失を被らないように，債券を売り貨幣保有を増加させる．

ケインズは，利子率が非常に低い水準では，投機的動機による貨幣需要は無

---

6) L の Y に関する一次同次性の仮定．このとき，$PL=L(PY,i)$ が成り立つ．
7) この仮定が成り立たないとき，すなわち投資家が利子率が低いほどさらに利子率は低くなると予想するとき，議論はどう変わるか．これは別途追求しよう．

図 8-7 貨幣需要と貨幣供給（マネーストック）

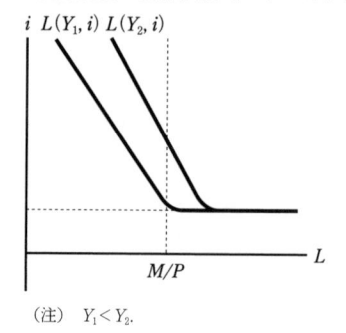

i $L(Y_1, i)$ $L(Y_2, i)$

M/P

L

（注）$Y_1 < Y_2$.

限に大きくなることを強調する．これを「流動性の罠（liquidity trap）」という．「流動性の罠」は，貨幣残高（マネーストック）を増加させ利子率を下げようとする政策（金融政策）にとって重大な障害となる．

このように貨幣需要は結局，国民所得と利子率によって，(8.8) 式のように決まる．したがって貨幣の需給一致は，

$$L(Y, i) = \frac{M}{P} \tag{8.9}$$

で表される．(8.9) 式において，貨幣需要の決定要因である国民所得は実質国民所得 Y であり，したがって左辺は実質貨幣需要である．これに対応して右辺も，実質貨幣残高（マネーストック）M/P である．(8.9) 式を図で表したのが，図 8-7 である．また (8.8) 式より流動性選好の強まりは，図 8-7 において貨幣需要曲線を右上方へ移動させることもわかる（逆は逆）．

この章のまとめ

この章ではまず長い目で見ると，貨幣経済化が進展していることを，経済全体の貨幣残高（マネーストック）と GDP の比の推移で確かめた．

次に日本の金融について，特に制度部門間の金融について概観した．それは，X 線写真のように日本経済の骨格の特徴を，よくとらえている．また主な利子率が連動していることも観察した．

最後に，次の章以降の理論的準備として利子率決定論，とくにケインズの貨

幣需要論を概説した．

今後，金融はますます発展し，資本主義の発展に大きな役割を果たすだろう．しかし他面で金融の発展は，しばしば私たちが通貨危機，金融危機として経験するように，一旦貨幣の流れが乱れたとき，経済全体の順調な運行に対するマイナスの影響を増幅させるだろう．

練習問題

1. 貨幣需要は，金融資産としての貨幣の特徴から，何と呼ばれるか．
   ヒント：本章 8.6 節を参照．
2. ケインズが整理した貨幣保有の動機（3つ）を挙げよ．
   ヒント：本章 8.6 節を参照．
3. 利子率が低くなるにつれ，貨幣保有の動機が強くなる根拠を説明せよ．また利子率がある水準まで低下すると，貨幣保有の動機が著しく強くなることを何と呼ぶか．
   ヒント：利子率が低くなると，将来の利子率上昇が予想されると仮定し，利子率の上昇は債券の現在価値をどう変化させるかを考える．

Column ヘッジファンドと証券化

　1949年にアルフレッド・ジョーンズが最初にヘッジファンドを設立した．ヘッジファンドとは，本来「金銭的損失を防御（ヘッジ hedge）」しながら，資金を運用する基金（ファンド fund）という意味である．当初はロング（証券を購入，保有し，証券価格が上昇したら売却して利益を得る）のみならずショート（証券を借り入れ，売却する．証券価格が下落したときに売却した証券を買い戻し，借入先に返却して利益を得る）も活用して株式運用を行っていた．証券価格がどちらに変動しても大きな損失がでないように運用していた．

　実際には機関投資家や個人富裕層を投資主体にハイリスク・ハイリターンの資金運用するファンドが多い．1990年代以降，ヘッジファンドの資産規模，ファンド数は急速に増加してきた．Hedge Fund Research の推計（2007年末時点）では，資産運用残高は約1.9兆ドルと過去最高となり，ヘッジファンド総数は9,575本だった．

　財産上の権利を表す株券や債券などを証券という．たとえば，個人が銀行から住宅購入資金を借りれば，銀行には資金を返済してもらえる権利（債権）が生まれる．銀行は返済してもらえないかもしれないというリスクもかかえる．債権を小分けにして「所有していれば利子が得られる」という証券（住宅ローン担保証券）にして，売却するというやり方がされた．これが「証券化」である．住宅ローン担保証券を購入した投資銀行は，さまざまな債権をまとめて新たな証券をつくり（再証券化），機関投資家，ヘッジファンド，年金基金などに売却した．この過程でリスクの大きさ，所在がわかりにくくなり，ハイリターンを求めて積極的な投資戦略をとったヘッジファンドによって，金融市場が混乱することになった．

　サブプライム危機をもたらした原因の1つが，この証券化という仕組みにあるといわれている．

（参考）『ヘッジファンドを巡る最近の動向』信用機構局（現「金融機構局」）・金融市場局，2005年7月．
　　　　『国内外で存在感を高めるヘッジファンドの実態調査』経済産業省経済産業政策局調査課，2008年4月．

第9章
IS・LM 分析

この章で学ぶこと

この章では国民所得や利子率がどう決まるかを学ぶ．一国で生産される財・サービスには米，衣類のような消費財と工作機械，工場のような投資財がある．消費財需要と投資財需要を合計した経済全体の総需要（有効需要 effective demand）が国民所得を決める主要因である．このような国民所得決定理論を明らかにしたのが J. M. ケインズであるが，この章ではそのエッセンスを IS・LM 図表を用いて説明する．

さらに，生産物市場の均衡と貨幣市場の均衡が同時に証券市場の均衡を意味するのはなぜかを理解する．

IS・LM 図表はさまざまなマクロ経済の問題を考える枠組みを与える．この章では，基礎消費や独立投資の変化，キャッシュレス経済への移行などの影響を IS・LM 図表を用いて考える．

キーワード

有効需要，IS 曲線，LM 曲線，乗数効果，流動性選好，均衡の安定性，ワルラス法則

9.1
財市場の均衡と投資乗数

　1年間に市場で売買される財・サービスの総額を国内生産額という．わが国の場合，国内生産額は900兆円を超える大きさになるが，その中にはガソリンや灯油に加工される前の原油や，米や野菜の生産に用いられる肥料や燃料などのように，原材料として需要される中間取引も含まれる．中間財は加工されて最終財になり，各段階で市場取引されるから，市場で売買されるすべての金額を合計すると二重計算が生じる．この二重計算を避けて，1年間に新たに作り出された経済活動の成果をGDP（国内総生産）といい，わが国では2006年には約509兆円（名目）の金額である．国民所得の循環で学んだように，このGDPは付加価値の合計として生産面からとらえることもできるし，家計や企業など経済主体が取得した所得合計として分配面からとらえることもできるし，また消費需要や投資需要など最終生産物に対する需要合計として支出面からとらえることもできる．経済は循環しており，どの面からとらえても同一であるが，この章では最終生産物（純生産物）に対する需要総額である有効需要（effective demand）の側面から国民所得の決定を考えていこう．

　最終生産物（純生産物）Y に対する需要は，政府や外国を無視すると，家計が行う消費需要 C と企業が行う投資需要 I の2つからなる．したがって，最終生産物の需給均衡は次のように書くことができる．

$$Y = C + I \tag{9.1}$$

消費需要は，第5章で学んだように，その期の所得の大きさとそれ以外のさまざまな要因に依存する．それ以外の要因としては，利子率や労働分配率，人口高齢化率，医療社会保障の見通しなどがある．これらは重要な要因であるが，ここでは簡単に次のような線形の消費関数を仮定しよう．

$$C = C_0 + cY \qquad 0 < c < 1 \tag{9.2}$$

C_0 は基礎消費であり，所得の大きさに依存しない一定の大きさである．その期の所得以外の要因はすべて基礎消費 C_0 にまとめておく．所得の係数 c は所

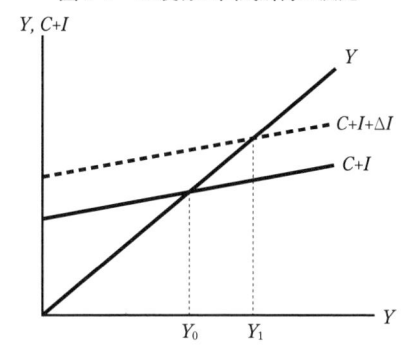

図9-1　45度線と国民所得の決定

得の変化が消費に及ぼす効果を示し，限界消費性向（marginal propensity to consume）と呼ばれている．この消費関数を（9.1）式に代入すると

$$Y = C_0 + cY + I \tag{9.3}$$

となるが，これを図にしたのが図9-1である．（9.3）式右辺の総需要は国民所得 Y に対して右上がりの増加関数で，その傾きは限界消費性向 c であるから1より小さい．他方，（9.3）式左辺は45度線で表示されるから，右辺の総需要曲線が45度線と交わる点が最終生産物の需給を一致させる均衡国民所得である．

今，独立投資が ΔI だけ増えたとしよう．Δ は増分を表している．たとえば，独立投資 I_0 から I_1 に1兆円増加したとしよう（すなわち，$\Delta I = I_1 - I_0$）．そのとき，均衡の国民所得はどれだけ増えるだろうか．（9.3）式から

$$\Delta Y = \frac{1}{1-c} \Delta I \tag{9.4}$$

となり，たとえば限界消費性向 c が0.8だとすると，1兆円の独立投資の増大が5兆円の国民所得の増大をもたらす．この倍率を投資乗数（investment multiplier）と呼ぶ．この乗数効果は投資需要の増大が国民所得の増大を通じて消費需要を誘発することから生じる．乗数効果は上方だけでなく，下方にも作用することに注意しよう．不況期に投資需要が減少すると，それが消費需要を引き下げて，投資の減少の何倍かの国民所得の低下をもたらす．

国民所得から消費を差し引いたのが貯蓄 S（saving）である．したがって

$$S = Y - C = Y - (C_0 + cY) = sY - C_0 \tag{9.5}$$

から，貯蓄も国民所得の増加関数となる．ここで国民所得の係数 s ($=1-c$) は限界貯蓄性向（marginal propensity to save）と呼ばれ，所得が変化したときに貯蓄に振り向けられる割合のことである．したがって，投資乗数は限界貯蓄性向の逆数である．ケインズは豊かな社会になると，所得から消費支出される割合が低下するので，投資乗数が減少することを述べ，その結果，一定額の所得増大を実現するために，政府はますます多額の財政支出を行わなければならないとして，豊かな社会が特別に困難な問題を抱えていることを指摘した．

9.2
財市場の需給均衡：IS 曲線

投資需要は一定ではなく，経済のさまざまな要因に依存する．すでに第6章で学んだように，投資需要は企業家の長期的な収益期待を示す投資の限界効率と資金調達のコストを表す利子率の2つに依存する．これを次のような線形の投資関数で表現しよう．

$$I = I_0 - ai \tag{9.6}$$

I_0 は長期的な予想に依存する大きさであり，一定であるとしよう．$a>0$ は利子率に対する投資需要の反応を示すパラメータである．消費と投資をこのように簡単な線形の関数形で表しておくと，最終生産物に関する需給均衡は次のようになる．

$$Y = C_0 + cY + I_0 - ai \tag{9.7}$$

この式を満たす国民所得 Y と利子率 i の組み合わせは，もちろん無数に存在するが，それらを図示したのが IS 曲線である（図 9-2）．

IS 曲線は右下がりの傾きを持つ．これは，たとえば国民所得が増加すると，貯蓄が増大するが，その増えた貯蓄が投資と等しくなるためには利子率が低下しなければならないからである．

IS 曲線は最終生産物の需給が均衡するために国民所得と利子率が満たす関

図9-2　*IS*曲線

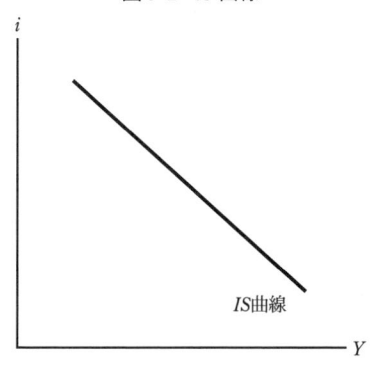

係を示すが，その組み合わせの中からどの国民所得が決まるのかはわからない．そのためには利子率の決まり方について知る必要がある．そこで，貨幣市場に話を向けることにしよう．

9.3
貨幣市場の需給均衡：*LM*曲線

　貨幣市場における，貨幣供給と貨幣需要の大きさは，すでに第7章と第8章で学んだ．要点をまとめると，貨幣供給の大きさは中央銀行，市中銀行，非金融民間部門の行動が関係している．中央銀行が供給するマネタリーベースは経済全体の貨幣供給量の一部に過ぎない．そのマネタリーベースを元に，市中銀行は民間部門に預金通貨を供給する．その結果，マネタリーベースの何倍かの貨幣が供給されることになるが，その倍率を示すのが信用乗数（貨幣乗数）である．信用乗数は預金準備率，民間の現金・預金比率などの影響を受けて変化する．たとえば日本経済の場合，マネタリーベースは約96兆円であり，それに対して貨幣供給量（M2+CD）は724兆円（2007年）で，信用乗数は7.5である．以下では，貨幣供給量を決める市中銀行や非金融民間部門の行動を与えられたものとして，中央銀行のマネタリーベースの供給によって貨幣供給量の全体が操作できると考えて，貨幣供給量 M を政策変数として話を進めよう．

　他方で，民間非金融部門はさまざまな動機から貨幣を需要する．それを流動性（Liquidity）選好という．流動性というのは貨幣と交換できる容易さのこと

であり，普通預金や定期預金等は高い流動性を持つが，財・サービスや各種の有価証券（国債，社債，株式……）は流動性で劣る．民間部門が流動性を求める動機としては，取引動機，予備的動機，そして投機的動機が重要である．貨幣経済では財・サービスは貨幣と交換に取引されるが，この取引を円滑に行うためには常に一定の貨幣を保有していなければならない．それが取引動機 (transaction motive) による貨幣保有である．予備的動機 (precautionary motive) による貨幣保有というのは，すべての人にとって将来は不確実であり，事故や病気，収入の途絶など不測の事態に備えて手元に置く貨幣のことである．そして，投機的動機 (speculative motive) による貨幣保有というのは，金融資産を利子は高いがリスクも高い有価証券で保有するか，それとも利子は期待できないがリスクの少ない貨幣で保有するかといった資産選択の観点から保有する貨幣のことである．これらの動機による貨幣需要は，結局，実質国民所得 Y が増えると増加し，利子率 i が上昇すると減少する．そこで，これを次のような簡単な線形の流動性選好関数で表しておこう．

$$L = L_0 + b_1 Y - b_2 i \tag{9.8}$$

L_0 は所得や利子率に依存しない一定の流動性選好の大きさであり，b_1, b_2 は実質国民所得の変化，利子率の変化が流動性に与える効果を示すパラメータである．

以上から，貨幣市場の均衡は次のように表される．

$$\frac{M}{P} = L_0 + b_1 Y - b_2 i \tag{9.9}$$

ここで注意することは，左辺の貨幣供給量が物価水準で除した実質貨幣供給 M/P になっていることである．物価水準 P に対する名目貨幣残高 M を実質貨幣供給，あるいは実質貨幣残高 (real money balance) と呼ぶ．これに対する右辺も実質貨幣需要である．この章では左辺の実質貨幣供給を一定と仮定しておく．この一定の実質貨幣供給と右辺の貨幣需要が等しくなるためには，国民所得 Y と利子率 i はある関係を満たさなくてはならない．これを図示したのが LM 曲線であり，図 9-3 のようになる．

LM 曲線は右上がりである．なぜなら，所得が Y_0 から Y_1 に増大して貨幣需要が増大すると，貨幣需要が前と同じ大きさに留まるためには，利子率が i_0

図 9-3　*LM* 曲線

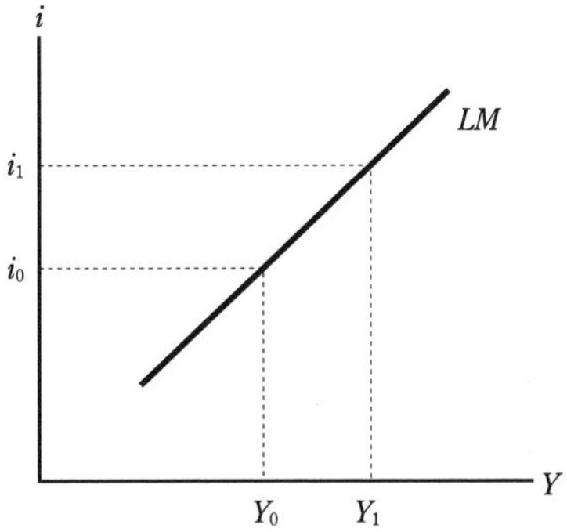

から i_1 に上昇して貨幣需要を減少させなければならないからである．

9.4
均衡国民所得の決定

　以上で均衡の国民所得と利子率を決める準備が整った．*IS* 曲線と *LM* 曲線の2枚の図を1つに重ねてみよう．*IS* 曲線上では最終生産物市場の需給は一致している．また *LM* 曲線上では貨幣市場の需給が一致している．2つの市場を同時に均衡させる国民所得と利子率は2つの曲線が交差する点 E である．図 9-4 の点 E では均衡国民所得は Y^* であり，均衡利子率は i^* である．

　ここで点 E が均衡であることの意味をもう少し考えておこう．均衡（Equilibrium）というのは物理学の用語からきているが，たとえば「浮力と重力の均衡」のように2つの力が互いに釣り合っていることを指している．さて，*IS*・*LM* 曲線の交点が2つの力の釣り合いを表しているというのはどういうことだろうか．すぐにわかるように，交点 E では最終生産物の需要と供給が一致している．したがって，それ以上生産しても売れないし，それ以下の生産では売れる機会を逃していることになり合理的ではない．したがって，交点 E では財・サービスの生産量がそれ以上変化しない均衡状態にあるというのは理解できる．では，利子率はどうだろうか．利子率というのは有価証券を保有することから生じる利回りである．資金を貸し付けようという人が多くて，有価証券に対する需要が増えると，有価証券の価格が上がり利回りは低下する．た

9.4 均衡国民所得の決定

図9-4 IS・LM図表

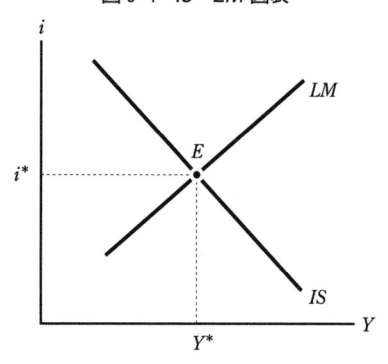

とえば，保有者に毎年300円の利子を約束する証券が1万円で売買されているとすると，証券利回りは3%である．証券需要が増えて証券価格が1万5千円に上昇すると，利回りは2%（300円÷1万5千円）に低下する．したがって，需給が釣り合って利子率が変化しないという場合，その需給は証券の需給であって，貨幣の需給ではない．交点Eは貨幣市場の需給均衡を示すLM曲線上にあるが，そこでは証券の需給均衡は保証されているのだろうか．この疑問に答えるのがワルラス法則（Walras' law）である．

ワルラス法則というのは，財・サービス市場，貨幣市場，証券市場の需要，供給を経済全体で集計すると，それらの超過需要の合計が必ずゼロになるということである．これがどうして成り立つか疑問な人は第8章をご覧いただきたい．ワルラス法則は，財市場の超過需要をE_X，貨幣市場の超過需要をE_M，証券市場の超過需要をE_Bと書くと

$$E_X + E_M + E_B = 0 \tag{9.10}$$

と表せる．この法則から，2つの市場が均衡なら，残る市場も必ず均衡であることがわかる．したがって，財市場の均衡（IS曲線）と貨幣市場の均衡（LM曲線）がともに満たされている点Eでは，証券市場の需給もまた均衡している（$E_B=0$）のである．したがって，点Eでは利子率はそれ以上変化しない均衡状態にある．

次に均衡点は，任意の状態からそこに近づいていく収束点という意味を持つだろうか．これは均衡の安定性（stability）といわれている問題である．もし

安定性が満たされなければ，$IS \cdot LM$ 曲線の交点は無意味になる．なぜなら，なんらかの原因で経済が均衡点から離れると，2度と均衡に戻ることはないからである．しかし，幸いそのような心配はいらない．通常，安定性は満たされている．詳しい説明は章末の補論に譲るが，安定性が満たされることによって，経済全体を周到に計画し，コントロールする全知全能の神が存在しなくても，生産物市場の需給に反応して生産量を増減し，また証券市場の需給に反応して証券の供給や需要を増減する企業や家計の行動によって，需給が均衡する状態を実現できるのである．

では次に $IS \cdot LM$ 図表を使っていくつかの問題を考えてみよう．

9.5
基礎消費，独立投資の変化

IS 曲線が示す財市場の需給均衡は国民所得以外にもさまざまな要因に依存している．たとえば，人口が増えて基礎消費 C_0 が増大すると，財・サービスに対する需要は大きくなり，IS 曲線は右側にシフトする．また，企業家の将来予想が好転して独立投資が増大した場合も，IS 曲線の右シフトが生じる．では，基礎消費あるいは独立投資が10億円増大すると，国民所得はどれほど増大するだろうか．これを $IS \cdot LM$ 図表で表現すると図9-5のようになる．

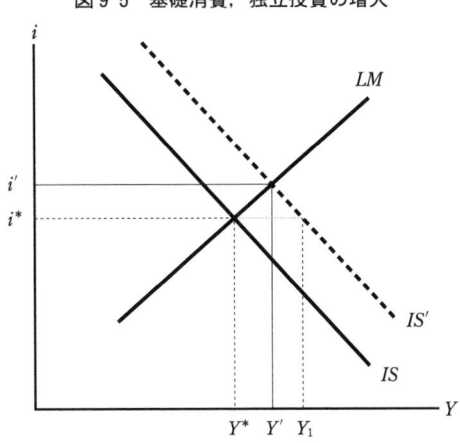

図9-5 基礎消費，独立投資の増大

9.5 基礎消費，独立投資の変化

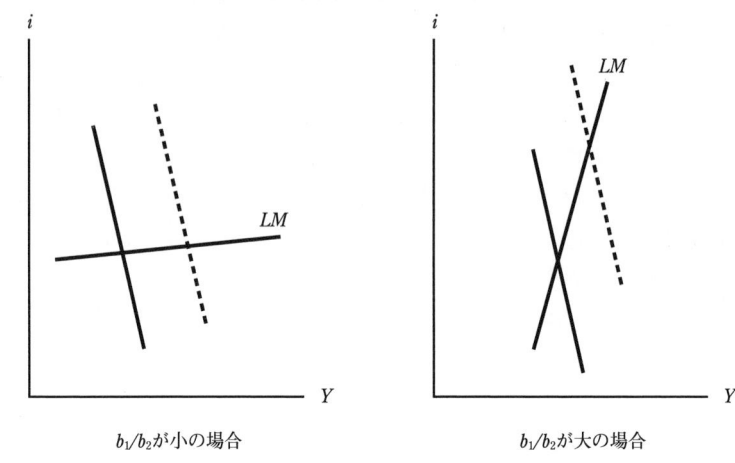

図9-6 LM曲線の傾きとIS曲線のシフト

b_1/b_2が小の場合 b_1/b_2が大の場合

　乗数理論によると，1兆円の独立投資の増大はその乗数倍の所得増大をもたらす．しかし，それは資金市場の反作用を考慮しない場合の話であって，資金市場の反作用を考慮すると，国民所得はそれほど増大しない．図9-5のように，IS曲線がISからIS′に右シフトすると利子率はi^*からi'に上昇して，国民所得はY^*からY'へと増加する．乗数効果が示すのはY^*からY_1への変化であるが，利子率の上昇によって，投資需要が抑制され，Y_1ではなく，Y'への増大にとどまるのである．基礎消費の1兆円の増大も同じである．

　独立投資や基礎消費の増大の効果を分析したが，これからもわかるように，IS曲線のシフトの影響はLM曲線の形状に依存する．たとえば，LM曲線の傾きが急な場合（図9-6右）は，その傾きが緩やかな場合（図9-6左）に比べて，同じIS曲線の右シフトに対しても利子率が大きく上昇して，国民所得の増加は小さくなる．LM曲線の傾きは（9.9）式からb_1/b_2だから，貨幣需要が利子率にはあまり反応しない（b_2が小）場合や，所得変化に大きく反応する（b_1が大）場合には，独立投資や基礎消費が増えても利子率が高まるだけで，所得を増やす効果は期待できないことになる．

9.6
キャッシュレス経済への移行

　世の中で現金通貨が実際の市場決済に用いられるのは全取引のごく一部に過ぎない．企業間の決済は手形や小切手の引き落としで処理され，実際に日銀券が受け渡しされることはほとんどない．雇用者の賃金支払いも最近では口座振込みが増え，現金が直接に支払われることは少なくなった．カードや携帯電話，あるいはインターネットを通じた決済が広がるにつれ，日銀券が流通する機会はこれからも減少していくであろう．このようなキャッシュレス社会の到来が経済に及ぼす影響を $IS \cdot LM$ 図表を使って分析してみよう．

　キャッシュレス化によって影響を受けるのは LM 曲線である．第7章で学んだように，貨幣供給量とは民間部門（金融機関を除く民間企業と家計部門）が保有する中央銀行券と預金通貨の合計である．この貨幣供給 M は民間部門の現金・預金比率を γ，預金の支払準備率を β，中央銀行が発行するベースマネーを B とすると

$$M = \frac{\gamma+1}{\gamma+\beta}B = \left(1 + \frac{1-\beta}{\gamma+\beta}\right)B \tag{9.11}$$

となる．さて，キャッシュレス化が進むと貨幣供給量はどうなるだろうか．人々の商品取引に中央銀行券が使われなくなると，民間部門が保有する現金通貨の割合である γ は低下する．人々は金融資産を利子付きの預金の形で保有するからである．その結果，(9.11)式で決まる貨幣供給量は増大する．

　キャッシュレス化が貨幣供給量を増大させるのは一見奇妙に思える．しかし，中央銀行のベースマネーの供給 B が一定ならば，人々が現金保有を減らして預金の形で保有するようになれば預金通貨は増大する．人々が現金を預けることによって預金通貨が増えるだけではない．銀行は受け入れた現金を支払準備にして民間企業や家計に貸付を行う．それが新たな預金を生み出すからである．

　キャッシュレス化は貨幣需要にも影響する．人々は取引目的のために貨幣を持つ必要はなくなり，より多くの金融資産を貨幣以外の有価証券に移そうとする．それは (9.9) 式右辺の貨幣需要関数の L_0 を減少させる．

　以上から，キャッシュレス化によって貨幣の供給は増え，逆に需要は減少す

9.6 キャッシュレス経済への移行

図9-7 キャッシュレス化の影響

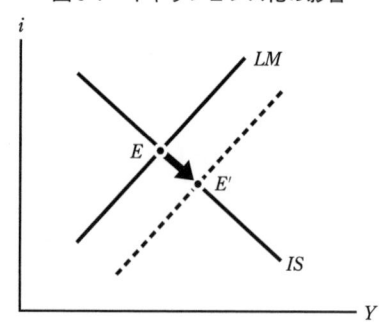

図9-8 IS曲線の傾きとLM曲線のシフト

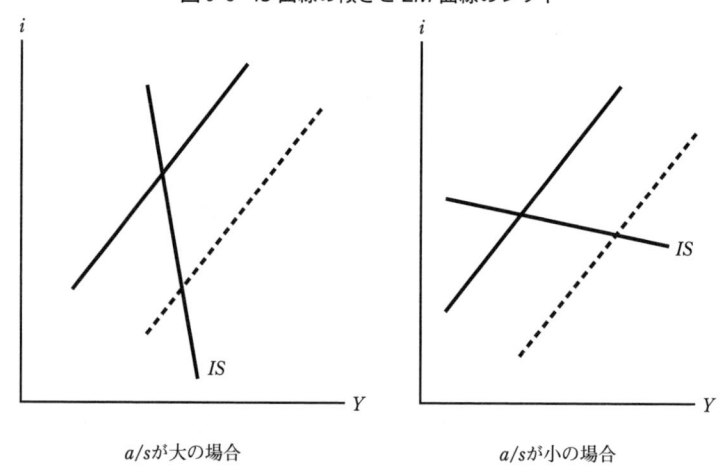

a/sが大の場合　　　　　　　　　a/sが小の場合

るから，LM曲線は右側にシフトすることになる．

　図9-7からわかるように，均衡点は点Eから点E'に移動する．キャッシュレス化は利子率の低下と所得の増大をもたらすのである．

　キャッシュレス化が生じたときに，どの程度の所得を増やすかはIS曲線の傾きに依存する．IS曲線の傾きが大きい場合（図9-8左）に比べて，傾きが小さい場合（図9-8右）の方が，キャッシュレス化が生じたとき，所得はより大きく増大することになる．IS曲線の傾きは（9.7）式から$-s/a$だから，消費性向が大きく（sが小），投資の利子率に対する反応が大きい（aが大）ほど，キャッシュレス化の所得増大効果が大きい．これは，貨幣供給が増えて利子率が低下したときに，投資需要が大きく増え，それに誘発されて消費需要が増え

る効果が大きくなるからである.

このように貨幣市場の変化が所得に及ぼす影響は財・サービス市場の状態にも依存する.財市場と貨幣市場が相互に影響しあって所得水準が決まることを端的に表現するのが IS・LM 図表である. IS・LM 図表は家計や企業の行動や政府の政策変更が所得水準にどのような効果をもたらすのかを考える場合に便利な分析装置になる.

この章のまとめ

この章ではケインズの所得決定理論をヒックスの IS・LM 図表を用いて学んだ.消費需要は所得の増加関数であり,投資需要は利子率の減少関数である.消費も投資も家計や企業の将来期待に依存する.貨幣需要は所得の増加関数,利子率の減少関数である.財市場の需給均衡を表す IS 曲線は右下がりの曲線であり,貨幣市場の需給均衡を表す LM 曲線は右上がりの曲線となる.両者の交点で均衡の所得水準と利子率が決まるというのが IS・LM 分析のエッセンスである.

財市場と貨幣市場が均衡するとき,ワルラス法則から証券市場でも需給が均衡している.したがって,財市場と貨幣市場で均衡を定義してもよい.

また,通常の場合,任意の初期値から出発した経済が均衡に収束するという意味で安定性も保証されている.

IS・LM 図表は,経済の均衡が財市場や貨幣市場の相互作用を受けて決まることを表現している.したがって,基礎消費や独立投資が増大した場合だけでなく,金融取引に関する人々の期待や,決済制度が変化しても,生産や雇用に影響を及ぼすのである.

補論
均衡の安定性

任意の純生産 Y と利子率 i から出発した経済が均衡 E に収束するのだろうか.それを明らかにするために,まず図 9-1 の IS 曲線で区切られた 2 つの領

補論　均衡の安定性

図9-9　IS曲線とYの動き

財市場で超過供給

財市場で超過需要

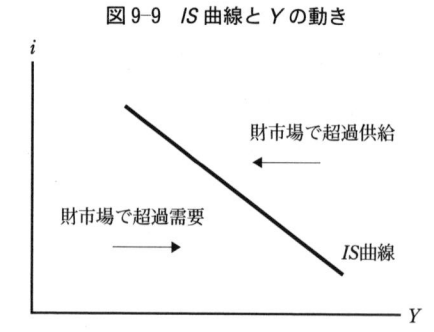

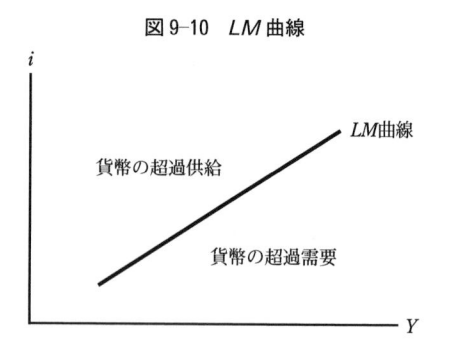

IS曲線

図9-10　LM曲線

LM曲線

貨幣の超過供給

貨幣の超過需要

域がどのような経済状態かを知る必要がある．IS曲線の右上は，IS曲線上の純生産や利子率と比べて，利子率が高い，あるいは純生産が多い領域である．利子率が高いと投資需要が減り，また純生産が多いと貯蓄が増える．したがって，右上の領域では財市場で超過供給が生じている．逆に，左下では財市場で超過需要が生じている．超過需要であれば生産量が増大し，超過供給であれば生産量が減少するように市場の力が働くので，図9-9の矢印のようにY軸方向に沿ってIS曲線に引き寄せられる動きが生じる．同じように考えると，図9-3のLM曲線では，LM曲線の右下では超過需要，左上では超過供給が生じている．ところが貨幣市場の需給に直接対応して利子率が動くわけではない．利子率が動く市場は債券市場だからである．

では，利子率の動きと対応する証券市場の需給状態を知るにはどうすればよいか．それを知るためにワルラス法則が有効である．ワルラス法則は，財市場の超過需要をE_X，貨幣市場の超過需要をE_M，証券市場の超過需要をE_Bと書くと

$$E_X + E_M + E_B = 0$$

と表せる．この法則から，2つの市場が超過需要なら，残る市場は必ず超過供給であることがわかる．したがって，財市場と貨幣市場がともに超過需要，あるいは超過供給であれば，証券市場はそれぞれ超過供給，あるいは超過需要となる．証券市場の需給を均衡させる曲線を貸付資金（loanable fund）市場の頭文字をとってLF曲線と書くと，それは図9-11のようになる．このLF曲線の上方では証券市場で超過需要が生じており，証券価格は上昇して，利子率は

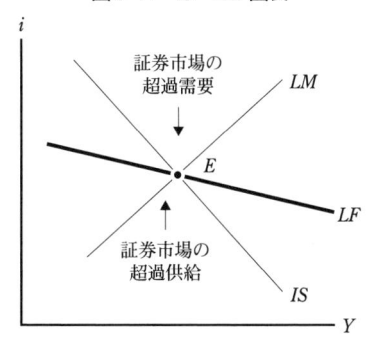

図9-11　IS・LM図表　　　　　　　図9-12　所得Yと利子率iの運動

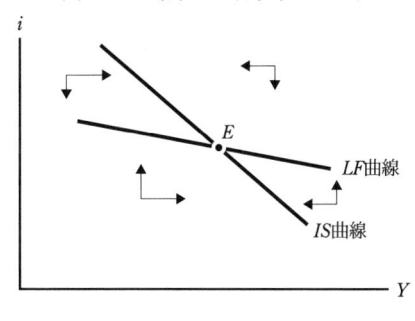

低下する．逆に，LF曲線の下方では証券市場で超過供給が生じており，利子率は上昇する．

以上の結果を横軸に国民所得Y，縦軸に利子率iをとって，1枚の図に重ねると，不均衡のもとでのYとiの運動がわかる．それが図9-12であり，このような変数の運動方向を示す図を位相図（phase diagram）という．これからわかるように，需給の不均衡から出発した経済はやがて需給が均衡する点Eに収束する．

練習問題

1. 消費関数を$C=20+0.8Y$，投資関数を$I=5-1000i$とする．IS曲線を描きなさい．
2. 実質貨幣供給を30，貨幣需要関数（流動性選好関数）を$L=15+0.2Y-1000i$とする．LM曲線を描きなさい．
3. その場合，均衡の所得と利子率はいくらになるか．
4. 世界的な不況によって，①家計は雇用不安や所得減少のリスクに直面している．②企業も収益予想が悪化し，③市中金融機関も貸し出しを控えている．④他方で中央銀行はベースマネーの供給を増やして対応しようとしている．このような①から④までの変化はIS・LM図表を用いると，それぞれどのように分析できるだろうか．その総合結果はどうなるだろうか．

Column 政策金利

中央銀行が金融政策を操作する対象にしている金利のことである．現在，わが国では無担保コール翌日物の金利を使っている．これは銀行同士が担保なしで翌営業日まで貸出する場合の金利で，短期金利の代表と考えられている．従来は，中央銀行が市中銀行に直接貸し出すときの金利である公定歩合（こうていぶあい）が政策金利とされてきたが，金利の自由化によってその意義が薄れた．実際，預金等のさまざまな金利は，かつては公定歩合に連動して動いていたが，金利自由化が1994年に完了してから，金利は自由に動くようになった．つまり政府による規制金利から市場による自由金利に移行したのである．それにともなって，中央銀行が金融政策の操作目標したのは前述の短期の銀行間取引に用いられる金利である．各国はそれぞれ独自の政策金利を決めているが，今回のサブプライムローンに発する金融危機で，各国の政策金利は急速に低下している．ただし，日本の政策金利は世界と比較しても非常に低く，2009年現在で0.1%である．

従来の公定歩合は基準割引率（基準貸付利率）と呼ばれて，政策的意味合いのある公定歩合という用語は使われなくなった．

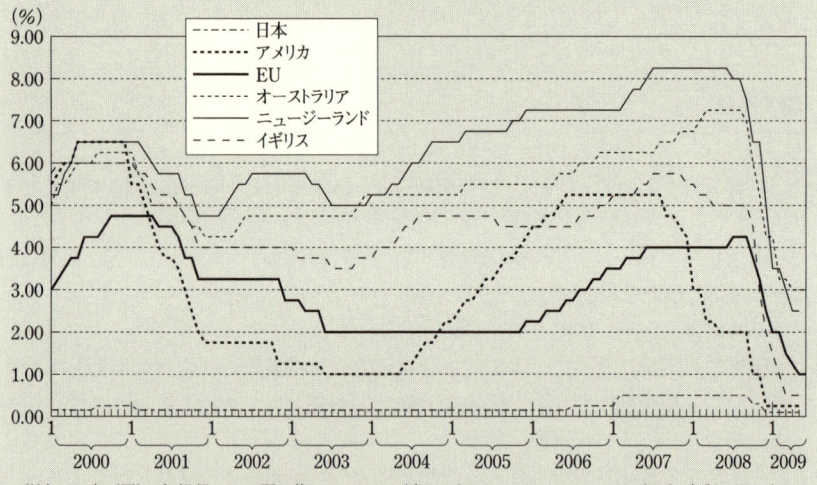

図1　政策金利の推移

(注)　日本（円）：無担保コール翌日物，アメリカ（米ドル）：フェデラルファンド（FF）金利，EU（ユーロ）：主要リファイナンシングオペ最低入札金利，オーストラリア（豪ドル）：キャッシュレート，ニュージーランド（NZドル）：オフィシャルキャッシュレート，イギリス（英米ポンド）：レポ金利

第10章

物価と総需要,総供給

この章で学ぶこと

　前の章では,物価の変化を詳しく扱わなかった.しかし,物価は重要なマクロ経済変数であり,短期的にも長期的にも大きく変動する.この章では,物価変動を考慮に入れて国民所得の決定を考察する.

　物価を明示的に扱うのは,前の章の *IS・LM* 図表でも可能だが,総需要曲線,総供給曲線を使った分析が便利である.総需要曲線と総供給曲線とは何か,それらを決める要因は何かを順に考える.そして,生産や雇用を増大させる方法として,総需要に働きかける方法と,総供給に働きかける方法とでは,どのように異なるかを考察する.これはケインジアンと新古典派の政策論争にもかかわる重要な問題である.

キーワード

　総需要関数,総供給関数,限界原理,マークアップ原理,物価を内生化した *IS・LM* 図表,需要ショック,供給ショック

図 10-1 は 1980 年以降のわが国の GDP と物価の動きを貨幣供給の動きとの関係で見たものである．この図から，1990 年代初めを境として，経済状況が大きく変化したことがわかる．わが国の経済は 80 年代後半に生じたいわゆるバブル景気によって活況を呈するが，そのバブルは 91 年に崩壊して，10 年を超える長期の経済停滞に入った．バブル期の実質経済成長率は年率 4% を超えていたが，崩壊後は一転して 1% 台に低下し，戦後 2 度目のマイナス成長を経験している[1]．

　物価は GDP と同じ方向に変動しているが，この間に特徴的なこととして，貨幣供給の増加率が最も高く，その次に実質 GDP が続き，そして物価の変動は貨幣供給や GDP と比べて比較的穏やかに増加している．その結果，名目の貨幣供給増加率と実質の貨幣供給増加率は動きが同じではなく，名目貨幣の高い伸び率は物価上昇によって一部は相殺され，逆に不況下の低い貨幣供給は物価が低下することによって，実質貨幣は名目貨幣ほど激しく低下していない．したがって，物価を一定と仮定した前の章の説明は不十分であり，この章では物価の変動を考慮した所得の決定を学ぶことにする．

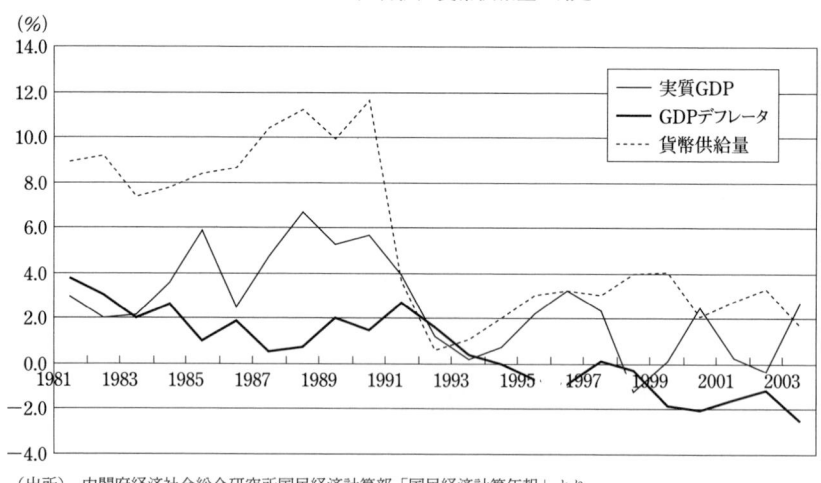

図 10-1　GDP，物価，貨幣供給量の動き

（出所）　内閣府経済社会総合研究所国民経済計算部「国民経済計算年報」より．

---

[1] 戦後初めてのマイナス成長は 1974 年の第 1 次石油危機の −1.23% である．1990 年代の景気後退はそれを上回り，2008 年以降の金融危機はさらにそれを越える景気の落ち込みとなった．

10.1
総需要と物価

　まずはじめに，前の章で学んだ $IS \cdot LM$ 図表を使って，外生的に与えられる物価水準が上昇した場合の効果を考えよう．

　名目貨幣供給量を一定として物価が上昇すると，実質貨幣残高が低下する．それは，LM 曲線を左側にシフトさせる．これは物価が一定のときに名目貨幣供給が減少したときの効果と同じである．その結果，資金の貸し借り市場の需給が逼迫して，金利が上昇する．金利の上昇は財市場における投資需要を減少させ，それによる有効需要の低下が純生産を引き下げる．すなわち，物価の上昇は純生産にマイナスの影響を及ぼすのである．この関係を，縦軸に物価，横軸に純生産をとって図にしたのが図 10-2 である．これは総需要曲線（AD: aggregate demand curve）と呼ばれている[2]．

$$P = D(Y^D) \tag{10.1}$$

　この図が総需要曲線と呼ばれるのは，それが物価と総需要の間の負の関係を表現しているからである．ミクロ経済学では，ある特定の財の価格が上昇すると，人々はその財への需要を減らす．同じような関係がマクロ経済の総需要と物価水準についても成り立つのである．特定の財の場合には価格の上昇によっ

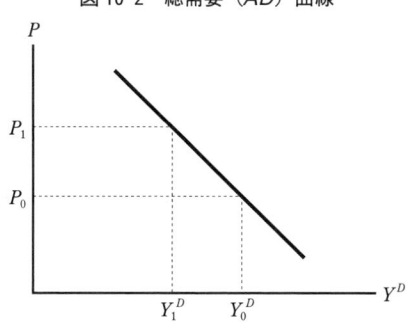

図 10-2　総需要（AD）曲線

---

2) 通常は，需要関数は価格を需要量の関数として表す．需要価格の形で表した (10.1) 式は，逆需要関数といわれている．

て他の財への代替が生じるが，マクロの総需要の場合には作用ルートは少し異なる．すでに述べたように，物価が上昇すると，実質貨幣残高が減少して，利子率が高まり，それが企業の投資行動を弱めて，総需要が減少するのである．

ところで，物価が低下すると総需要曲線が示すように有効需要は増大するが，企業にとって，生産物はただ市場で売れればよいのではない．適当な利潤をもたらす価格で売れることが必要である．いかに需要があっても，価格が利潤を生まないほど低ければ，企業は生産しない．それでは，生産量と価格はどのような関係にあるのだろうか．それを示すのが総供給曲線（AS: aggregate supply curve）である．総供給曲線は企業の利潤要求態度を表しているが，それは企業が置かれている競争条件に依存する．以下では，多数の小規模企業からなる完全競争市場の場合と，少数の価格支配力を持つ寡占企業の不完全競争市場の2つを取り上げる．実際のマクロ経済は競争的な市場と不完全競争的な市場の両方からなっていると考えられる．

10.2 総供給と物価

限界原理による価格決定

競争市場とは多数の零細な小企業からなる市場である．そのような市場では，個々の企業は，生産量や雇用量を決めるにあたって，販売価格や賃金率は市場で与えられる一定の大きさであると考える．それは，個々の企業は全体から見ると無視できる存在なので，個々の企業の行動が価格や賃金に影響しないからである．

このような競争企業が利潤を最大にするときの基準は何か．それは第4章で学んだように，追加的な1単位の雇用増大がもたらす売り上げの増分（限界収益）と，その費用の増分（限界費用）が一致するように雇用量を決定することである．労働をN，生産量をY，貨幣賃金率をW，価格をPと書くと，この最適な雇用決定は

$$P\frac{\Delta Y}{\Delta N} = W \tag{10.2}$$

と書ける．$\Delta Y/\Delta N$は追加的な労働投入に対する生産の増分であり，労働の

限界生産性を示す．両辺を限界生産性で割ると，価格は貨幣賃金率の限界生産性に対する比率で表される．ところで限界生産性は，労働以外の生産要素が一定にとどまる短期を考えると，生産が増えるにしたがい徐々に低下する（限界生産性の逓減）と考えられる．したがって，競争企業の価格 P は賃金率 W と生産量 Y に依存し，生産量 Y が増えると限界生産性が低下し，価格は上昇することがわかる．

マークアップ原理による価格決定

現代のほとんどの主要産業ではごく少数の大企業が大きなシェアを占めている．このような市場を不完全競争市場という．大企業は価格支配力を持っており，競争企業のように価格を与えられたものとして受動的に行動するわけではない．実際の調査でも，大多数の企業は長期的な観点から平均的な単位あたり生産費用に一定の利潤マージンを加えて価格を設定している．このような価格決定をマークアップ原理（mark-up principle）という．

生産費用として労働費用だけを考えると，生産物1単位あたり平均費用は WN/Y となる．単位費用に対する利潤のマークアップ率を α とすると，マークアップ原理による価格設定は次のように書ける．

$$P = (1+\alpha)\frac{WN}{Y} \tag{10.3}$$

マークアップ率 α は需要の価格弾力性から決まるが，ここでは企業の利潤要求態度を示す一定値をとると考えて話を進めよう．生産物1単位あたり労働費用 WN/Y は分母子を雇用量 N で割ると，貨幣賃金率と労働の平均生産性 Y/N の比率となる．労働の限界生産性が逓減するとき，平均生産性はどうなるだろうか．図10-3のように雇用量が N_1 から N_2 に増えるにともなって，生産量は A_1 から A_2 に増えるが，限界生産性はその点における接線の傾きである．それが逓減するとき，平均生産性は原点からは A_1, A_2 に引いた直線の傾きで表されるが，それも低下する．したがって，価格 P は生産量 Y が増えると平均生産性の低下を通じて上昇することになる．このようにマークアップ型の価格設定では，価格はマークアップ率 α, 貨幣賃金率 W, そして生産量 Y に依存し，そのいずれに対しても増加関数となることがわかる．

以上より，競争市場でも不完全競争市場でも，物価は生産量 Y の増加関数

図 10-3 平均生産性と限界生産性

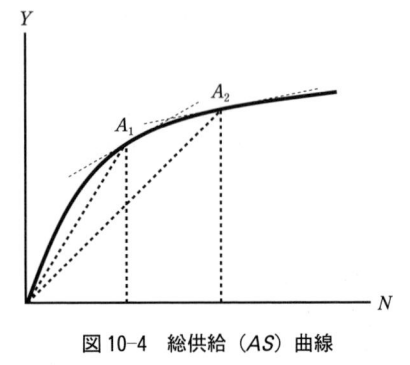

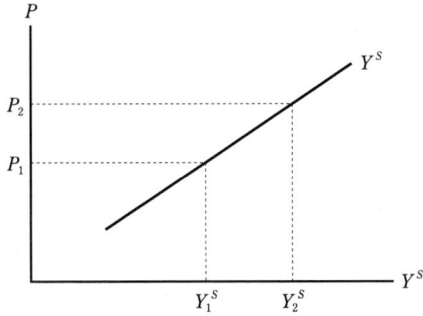

図 10-4 総供給 (AS) 曲線

であることがわかる．以下では，不完全競争市場での価格設定を仮定して話を進めよう．

$$P = S(Y^S; \alpha, W) \tag{10.4}$$

これを縦軸に物価，横軸に供給量をとって図にしたのが図 10-4 の総供給曲線である．供給量を Y_1^S から Y_2^S に増やすには，企業の生産決定態度から，物価が P_1 から P_2 に上昇することが必要になることを意味している．

この供給曲線はマークアップ率 α や貨幣賃金率 W にも依存しており，マークアップ率 α が上昇，あるいは貨幣賃金率 W が上昇すると，同じだけの生産を実行させるのに必要な物価水準 P は高くなる．

10.3
均衡国民所得の決定

　物価の決定を考慮に入れて，均衡の生産量を考えるには，総需要曲線と総供給曲線の2つを重ねてみればよい．

　均衡の生産量と物価水準は右下がりの総需要曲線と右上がりの総供給曲線が交わる点Eで与えられる．この均衡点の物価P^*と生産量Y^*が物価を内生化したときの均衡である．この均衡では，ある物価に対応して有効需要が生じ，同時にその物価は有効需要に等しい供給を企業が行うのに十分な物価水準でもあるという意味で，市場均衡と企業の主体均衡の両方を満たしている．

　ところで，総需要（AD）と総供給（AS）を使った分析では，2つの軸に物価と生産量が表されている．物価を内生化したときに成立する均衡の利子率を調べる場合には，前の章の$IS \cdot LM$分析を用いるほうが便利であろう．ここで，前の章のIS曲線とLM曲線をもう一度書いてみよう．

生産物市場の需給均衡：$IS \quad Y = C_0 + cY + I_0 - ai$ \qquad (10.5)

貨幣市場の需給均衡：$LM \quad \dfrac{M}{P} = L_0 + b_1 Y - b_2 i$ \qquad (10.6)

この2つから物価Pと生産量Yの関係を導いたのが（10.1）式の総需要曲線（AD）であった．それと（10.4）式の総供給曲線（AS）から均衡所得，均衡物価を決定するのが$AD \cdot AS$分析である．これは物価水準が内生的にどう決まるかを知りたい場合には便利であるが，均衡の利子率を知りたい場合には不

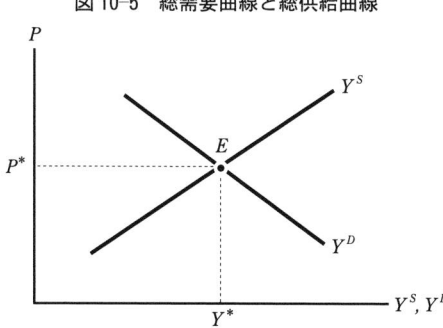

図10-5　総需要曲線と総供給曲線

都合である．利子率iと生産量Yの関係を導くために，(10.4) 式の物価決定式を (10.6) 式の LM 式の物価 P に代入してみよう．すると次の式

$$M = S(Y; \alpha, W)\cdot(L_0 + b_1 Y - b_2 i) = \tilde{L}(Y, i) \tag{10.7}$$

を得る．総供給関数 S の変数 Y^S は均衡では有効需要に一致する（$Y^S = Y^D = Y$）からたんに均衡所得 Y と書いている．また，総供給に影響する他の変数であるマークアップ率 α と貨幣賃金率 W は省略している．そうすると，総供給 S は Y の増加関数，貨幣需要関数 L も Y の増加関数だから，結局，(10.7) 式の右辺は Y の増加関数であることがわかる．さらに，貨幣需要は利子率 i の減少関数だから，前の章で勉強した LM 曲線の関係がそのまま成り立つことになる．したがって，前の章の $IS\cdot LM$ 図表の方法がそのまま物価を内生化した場合にも使えるのである．

この物価を内生化した $IS\cdot LM$ 分析と総需要・総供給分析は，表現方法は異なるが内容はまったく同一である．$IS\cdot LM$ 分析は利子率を，総需要・総供給分析は物価を明示する点で表現が少し異なるだけである．両者は分析目的に応じてそれぞれ代替的に用いることができる．

10.4
貨幣賃金率の変化

名目賃金率の上昇が生産量や雇用，物価，利子率にどのような影響を及ぼすだろうか．この問題を総需要・総供給分析，および物価を内生化した $IS\cdot LM$ 分析の方法で調べてみよう．

名目賃金率の変化は (10.4) 式の総供給関数に影響する．名目賃金率が上昇すると，一定の生産量に対して物価が上昇，したがって総供給関数が上方にシフトする．なぜなら，賃金率が上昇すると，一定のマークアップ率を維持するためには物価を引き上げなければならないからである．

その結果，図10–6 (a) のように均衡点が E から E' にシフトし，物価は上昇し生産量は減少する．

賃金が上昇すると物価が上昇する．では，賃金と物価の比率である実質賃金率はどうなるだろうか．それを調べるためには (10.3) 式のマークアップ式

図 10-6 (a)　貨幣賃金率が上昇する場合（AD・AS 図表）

図 10-6 (b)　貨幣賃金率が上昇する場合（物価内生の IS・LM 図表）

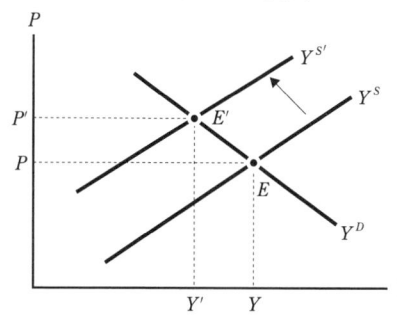

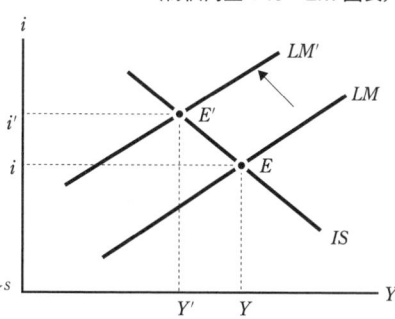

を見るのがよい．(10.3) 式を書き直すと次のようになる．

$$\frac{W}{P} = \frac{1}{1+\alpha} \frac{Y}{N} \tag{10.8}$$

左辺の実質賃金率はマークアップ率が一定のもとでは労働の平均生産性 Y/N と同方向に動く．すでに述べたように，平均生産性は限界生産性の逓減から生産量が減少すると増大するように逆方向に動く．すでに生産量が減少することがわかっているから，実質賃金率は増大する．すなわち，貨幣賃金率の上昇は物価の上昇をもたらすが，その上昇率は貨幣賃金率の上昇には及ばず，実質賃金率は上がるのである．では，労働者の実質所得への影響はどうだろうか．労働者の実質所得というのは，労働者が全体として受け取る実質所得の総額のことであり，実質賃金率 W/P と雇用量 N の積で表される．貨幣賃金率が上がると，実質賃金率は上昇するが，生産量が減るので雇用量も減少する．そこで，実質労働所得への影響は実質賃金率の上昇と雇用の減少のどちらが大きいかという問題になる．その結果は (10.3) 式を見ることで明らかになる．(10.3) 式を書き直すと

$$\frac{W}{P} N = \frac{Y}{1+\alpha} \tag{10.9}$$

と書けるが，企業のマークアップ率が一定である限り，生産量 Y は減少するので，左辺の労働者の実質所得は減少する．

最後に，利子率の動きはどうか．これを知るには，物価を内生化した IS・LM 分析が便利である．貨幣賃金率の上昇は (10.7) 式の修正された LM 曲

線を左方にシフトさせる．したがって，図10-6（b）のように利子率は上昇する．つまり貨幣賃金率が上昇すると，物価が上がり，実質貨幣残高が減少して，利子率の上昇と生産の減少が生じるのである．

　以上をまとめると，貨幣賃金率が上昇すると，物価と利子率は上昇し，生産と雇用は低下する．そして労働者の実質所得は実質賃金率の上昇にもかかわらず減少する．このように労働者が実質所得の増大を目指して貨幣賃金率を引き上げることは，一時的な効果を除けば，やがては雇用や生産が減少することで，初期の目的を達することができない．これは労働者にとっては不本意な結果であるが，これをどう考えればよいだろうか．それには，この分析が前提としている次の想定に注意することが必要である．
1) 企業は利潤極大を目指して生産と雇用を決定する．
2) 企業はマークアップ率を維持する．
3) 貨幣賃金率の経済への効果は企業の価格設定における単位生産費用のみである．

これらの想定は絶対的なものではない．たとえば，企業の雇用減少が直接に解雇につながるわけではない．雇用調整には短期長期のさまざまな調整コストがかかり，企業は残業を含む労働時間の変更や休業等による調整を先行させることが多いであろう．また，貨幣賃金率の増大だけでなく，労働者の力が同時に企業の価格設定行動にも影響するかもしれない．さらに，貨幣賃金率は企業の生産費用を構成するだけでなく，労働者家計の消費行動を通じて消費需要にも影響する．このようなルートを通じて，上とは異なった効果が生じる可能性がある．しかし，もし企業が生産や価格決定を掌握し，消費需要が国民所得だけから決まる場合には，貨幣賃金率の上昇という手段だけで労働者の実質所得を高めることはできないのである．

10.5 マークアップ率の変化

　企業の価格設定行動が変化する場合を考えよう．いま，マークアップ率αだけが単独に引き下げられたとしよう．すると，同一の生産を行うのに必要な価格は下落して，総供給曲線は下方にシフトする．他方で，総需要曲線はマーク

図 10-7 (a)　マークアップ率が低下する場合　図 10-7 (b)　マークアップ率が低下する場合
　　　　　　（AD・AS 図表）　　　　　　　　　　　　　　（物価内生の IS・LM 図表）

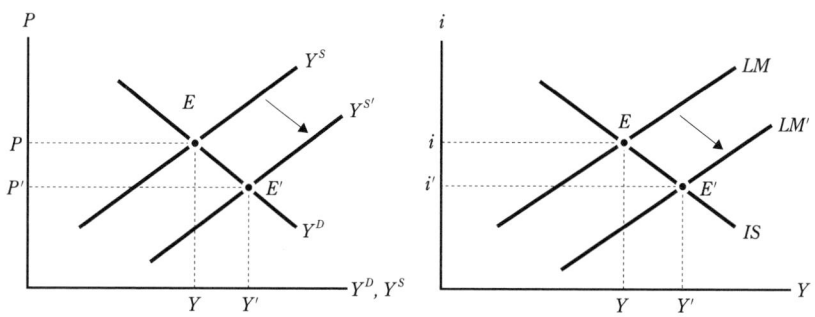

アップ率の影響は受けないので，均衡の生産量と物価は図 10-7（a）のように右下方に移動し，物価は下がり，生産や雇用は増大する．この場合，貨幣賃金率は一定と考えているので，労働者の実質賃金率も上昇し，雇用も増えることから，労働者の実質所得は増大する．

利子率はどうか．それを調べるために物価内生の IS・LM 図表を考えよう．マークアップ率の低下は物価を下げ，実質貨幣残高を増加させるので，物価内生の LM 曲線を右方向にシフトさせる．その結果，図 10-7（b）のように均衡点は右下方に移動し，利子率は低下することがわかる．

10.6
需要ショックと供給ショック

貨幣賃金率の変化もマークアップ率の変化もともに総供給曲線の変化であった．総供給曲線のシフトは，たとえばそれが左側にシフトすると生産量は低下し，物価は上昇する（図 10-6（a）の E' から E への均衡の移動）．逆に，総供給曲線が右側にシフトすると生産量は増大し，物価は下落する（図 10-7（a）の E から E' への均衡の移動）．このように生産量と物価は逆方向に動くが，それは均衡点が需要曲線の上を移動するからである．これに対して，基礎消費や独立投資のような需要ショックの場合は，均衡は総供給曲線の上を移動し，生産と物価は同方向に動く．

経済変化が生産や物価に及ぼす影響は，それが総需要に影響するのか，それ

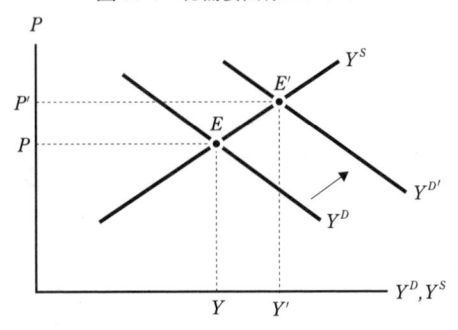

図 10-8　総需要曲線のシフト

とも総供給に影響を及ぼすのかが重要である．総需要曲線を右側にシフトさせる要因には次のようなものがある．

1) 基礎消費，消費性向の増大
2) 独立投資や政府支出の増大
3) 貨幣供給量の増大
4) 貨幣需要の減少

1) と 2) は IS 曲線を右にシフトさせる要因であり，さらに政府の財政政策なども含まれる．3) と 4) は LM 曲線を右にシフトさせる要因であり，貨幣供給を増やす金融政策や民間金融機関の貸出の増大，あるいはキャッシュレス経済への移行などの制度的な変化がこれに含まれる．これらは総需要曲線の右シフトだから，生産を刺激すると同時に物価水準も高める．

次に，総供給曲線を右にシフトさせる要因には次のものがある．

5) 貨幣賃金率の低下
6) マークアップ率の低下
7) 労働生産性の上昇

これらは生産水準を高める点では総需要曲線のシフトと同じだが，総供給曲線を右にシフトさせるので物価を引き下げる．これまでの伝統的な景気対策は，主として総需要政策であったが，1980 年代以降は次第に総供給重視の政策に重点を移している．

AD と AS のいずれに作用する要因かで，その生産や物価に及ぼす影響は異なる．たとえば，名目の貨幣供給量の増加による場合は総需要政策であり物価が上昇するが，貨幣賃金率やマークアップ率を下げる場合は総供給政策であり，

物価は下落する．生産や雇用を増やすのはどちらも同じだが，物価への効果は異なる．

また，政策効果は利子率についても異なる．物価を内生化した $IS \cdot LM$ 図表で考えると，1) と 2) は IS 曲線を右にシフトさせて利子率を高めるが，3) 以下の要因はすべて物価を内生化した LM 曲線を右にシフトさせることになるから，利子率を低下させる．このように総需要曲線を同じように右にシフトさせる要因も，利子率への効果は逆方向になる．

このように総需要を刺激するか，総供給を刺激するかで，同じ所得の増大でも物価や利子率が異なった動きをする．この違いは消費需要と投資需要のどちらを軸にして景気刺激を行うかという問題に関係する．また，外国との貿易や資金移動の影響を考える場合に重要な問題になる．

10.7
総需要曲線と総供給曲線の傾き

総需要曲線が右に移動して生産水準を高める場合，その効果は総供給曲線の傾きに依存する．たとえば，図 10-9 の左の図のように，総供給曲線の傾きが大きい場合は，右の図のようにそれが小さい場合に比べて，総需要曲線の右側へのシフトが生じたときに，物価水準の上昇が大きくなり，生産への効果は小さい．これは生産が増えるにしたがい，限界生産性の低下が著しい場合，あるいは労働が不足しており生産が増えるにしたがって貨幣賃金率が大きく上昇す

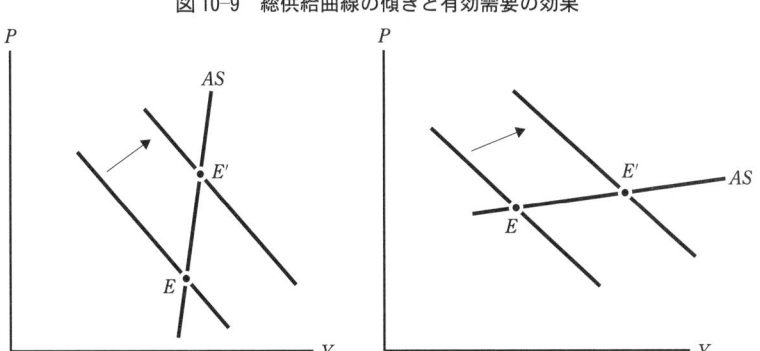

図 10-9　総供給曲線の傾きと有効需要の効果

る場合に相当する．このような場合，有効需要をが増大しても，物価上昇に吸収され，実質の生産増大の効果は弱くなるのである．

同様に，総供給曲線のシフトがもたらす効果は総需要曲線の傾きに依存する．総需要曲線や総供給曲線の傾きによっては，さまざまな政策が有効であったり，無効になったりするのである．この点については次の章で考えよう．

この章のまとめ

この章では物価がどう決まるかを考慮しながら国民所得の決定を学んだ．物価決定の理論として，競争企業の限界原理にもとづくもの，不完全競争企業のマークアップ原理にもとづくものなどがある．いずれの場合も，前の章の $IS・LM$ 図表の分析はそのまま物価を含む所得決定に使用できる．しかし，もう1つの分析装置として総需要・総供給分析（$AD・AS$ 分析）がある．この方が物価の動きを明示するには便利である．

$AD・AS$ 分析を使うと，総需要のシフトと総供給のシフトが異なる影響を及ぼすことがわかる．総需要曲線の右シフトは生産を増やすが，同時に物価を高める．他方，総供給曲線の右シフトは生産を増やすが，物価を引き下げる．たとえば，貨幣賃金率の上昇を考えると，それは総供給曲線を左にシフトさせる．物価は上昇するが，賃金の上昇には及ばす，実質賃金率は増大する．しかし，生産（雇用）が減少して，労働者の実質所得は低下する．実質賃金率の上昇と雇用の増大を同時に実現するためには，賃金を引き上げるだけでは不十分で，マークアップ率の引き下げが有効である．

練習問題

1. 消費関数を $C=10+0.8Y$，投資関数を $I=5-1000i$ とする．名目貨幣供給を3600，実質貨幣需要関数を $L=25+0.2Y-1000i$ とする．総需要関数を求めなさい．
2. 生産関数を，$Y=\sqrt{N}$ マークアップ率を20％，貨幣賃金率を10とする．総供給関数を求めなさい．

3. 均衡の生産量 Y, 物価 P, 利子率 i を求めなさい．
4. 次の事柄が生産量，利子率，物価，実質賃金率に及ぼす影響を $AD \cdot AS$ 図表や物価内生の $IS \cdot LM$ 図表を用いて考えなさい．
    (1) 不況や年金制度に対する不安から，家計の消費行動が慎重になった．
    (2) 対外競争の激化で企業のマークアップ率が低下するとともに，賃金が下落した．
    (3) 新しい技術が導入され，労働生産性が高まった．
    (4) 多額の不良債券を抱えて，金融機関の貸出し行動が慎重になった．

Column 新自由主義の政策

　新自由主義の政策というのは1970年代のケインズ政策に対する批判の後に現れた市場重視の経済政策である．これには歴史的な背景がある．20世紀の資本主義諸国は，市場だけではうまくいかない問題に対して国の公的介入を強める方向に進んでいった．たとえば，労働時間の短縮や最低賃金制，失業保険，医療，介護，年金などの社会保障，公的教育制度などである．日本でも1973年は「福祉元年」といわれ，老人医療費の無料化，医療保険の給付率の改善，年金の物価スライド制などが導入された．ところが，財政赤字が深刻になると，政府の積極的な介入を敵視し，「規制緩和」「市場重視」「小さな政府」を主張する新自由主義が猛威を振るうようになった．アメリカのレーガン，イギリスのサッチャーそして日本の中曾根内閣など各国で「小さな政府」を標榜する政権が樹立され，これまでの社会保障支出を削減し，企業活動や労働市場に対する規制を緩和して，グローバルな市場競争を強化する方向に進んだ．

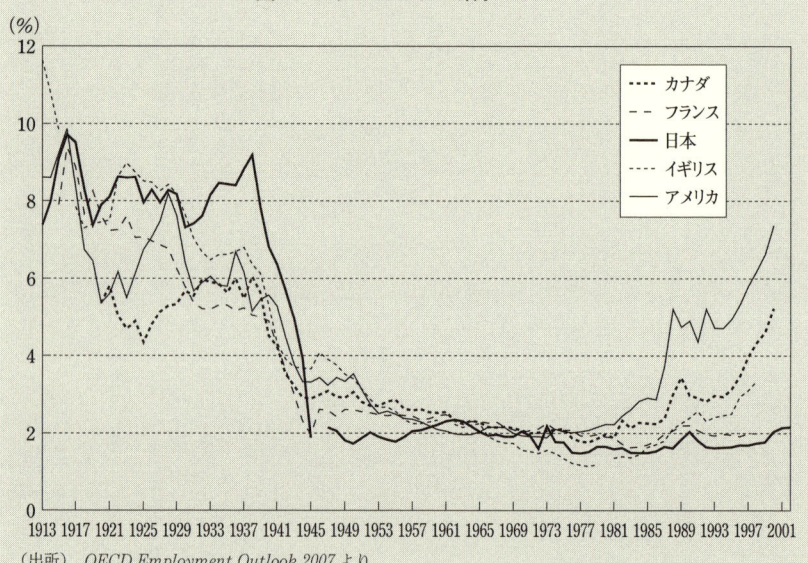

図1　トップ0.1％の所得シェア

（出所）　*OECD Employment Outlook 2007* より．

新自由主義の政策は，市場競争を強めて競争力の劣った部門から優れた分野に労働や資本の資源を振り向けて，経済全体の成長と発展をもたらす政策である．しかし，実際に30年間に生じたことは経済格差の拡大であった．

　市場競争は勝者と敗者を生む．市場メカニズムは敗者に再チャレンジの機会を与えるようにはできていない．図1に見るように80年以降，各国で所得格差は大きく拡大している．企業も同じで，対外競争力の強い産業は伸びても，農業や地場産業などは衰退し，地域間の格差が広がる．08年の経済危機の中で，極端な市場依存への批判がさらに広がっている．

第 11 章
金融政策と財政政策

この章で学ぶこと

　政府は不況期には生産や雇用を引き上げる景気刺激策をとり，好況期には景気の加熱やインフレーションを避けるために緊縮的な財政政策や金融政策を実施する．この章では政府のさまざまな経済政策について学ぶ．

　市場経済には優れた面があるが，企業倒産や失業，バブルやインフレの加熱といった不均衡や経済変動を避けることができない．それを緩和し順調な成長軌道に乗せるために，政府は古くから積極的な経済介入を行ってきた．政府の介入は，1960年代の世界的な高度成長の実現に大きな役割を果たしたが，70年代以降，その限界が指摘されるようになった．

　この章では，財政・金融政策の有効性と限界を，前の章で学んだ $IS \cdot LM$ 分析，総需要・総供給曲線の枠組みを使って考察する．そして，政府介入の有効性が家計や企業の行動，政府の財源調達のあり方に依存すること，また政策の効果が短期と長期で異なることを明らかにする．

キーワード

　流動性の罠，クラウディング・アウト効果，均衡財政乗数，自然失業率，インフレーション期待，フィリップス曲線，適応期待仮説

政府は民間経済活動に大規模に介入している．たとえばわが国では，財・サービス需要全体の約3分の1は中央政府や地方自治体が占め，約223万人（就業者総数の3.5%，2008年平均）が政府部門によって雇用されている．GDPに占める政府支出の割合は，OECD諸国平均で見ると約41%である（2004年）．わが国は約37%であり，アメリカの36%より少し高いが，ユーロ圏の49%に比べると低く，先進諸国の中でそれほど高い水準にあるとはいえない（図11-1）．しかし，内訳を見ると公共投資等の比重が高く，防衛・治安，保健・社会保障などの分野が比較的小さいという特徴が見られる．

　このように政府の活動が増大しているのは，それが資本主義経済にとって不可欠だからである．その理由として次の3つが挙げられる．第1は公共事業と社会保障である．用地用水，産業道路，港湾，空港等の産業インフラの整備，生活道路，上下水道，公園等の住環境の整備は多額の資金を要し，民間企業や

図11-1　OECD諸国の一般政府支出の規模（対名目GDP比）（2004年）

日本の支出規模は相対的に小さい

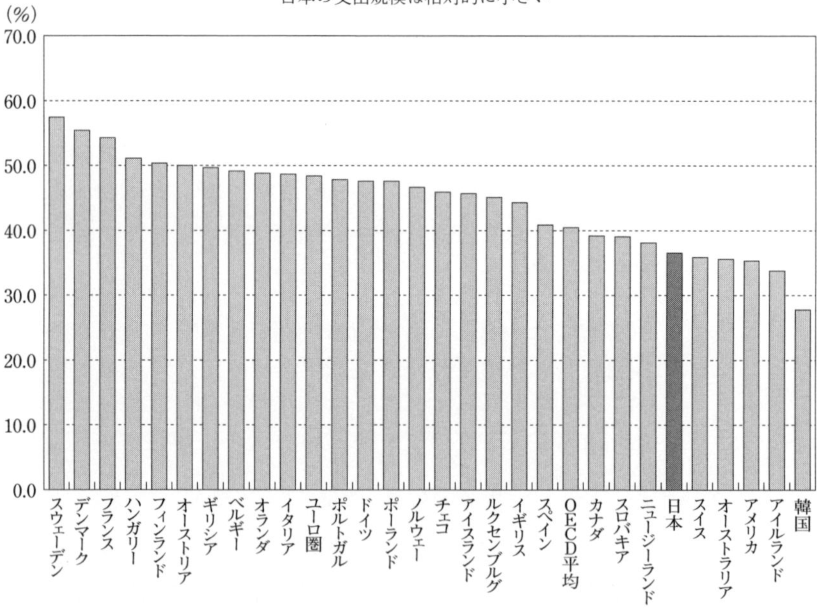

(備考)　1. OECD, *Economic Outlook*, databaseにより作成．
　　　　2. OECD平均は，名目GDP（2000年の購買力平価による）による加重平均．
(出所)　平成17年度年次経済財政報告（内閣府）より．

家計が実施するのは困難である．また，学校教育や基礎研究，医療・介護・年金等の社会保障の整備も政府の役割と考えられている．第2は，安定化政策である．資本主義経済では景気変動が避けられない．好況期にインフレーションが加熱しないように，また不況期に倒産や失業が深刻化しないように，政府の経済介入が行われる．第3は，所得再分配政策である．市場競争は勝者と敗者を生み，放置すれば所得格差が広がる．この格差が社会的に許容される限度を超えて広がることのないように政府の所得再分配政策が必要になる．

政府にはこのような経済活動を行えるように強い権限が与えられている．徴税権を持ち，必要な法律を定める，また中央銀行は貨幣発行権を独占している等である．

この章では，政府の経済活動がどのような効果を持つのか，それが有効に機能する条件は何か，また政策の有効性に限界はあるのか等の問題について，前の章で学んだ $IS \cdot LM$ 分析や $AD \cdot AS$ 分析のツールを用いて考えることにする．

11.1
金融政策の効果

金融政策は，資金の貸し借り市場に政府が介入することで民間の経済活動を刺激する政策である．第7章で学んだように，貨幣残高はさまざまな要因に依存して決まる．国内で流通する貨幣残高（M2+CD）の多くは民間銀行が発行する預金通貨であり，中央銀行が発行する中央銀行券は全体の約1割程度を占めるに過ぎない．しかし，中央銀行券は，市中銀行の貸出行動を左右することで，貨幣残高全体に大きな影響を与える．この章では，話を簡単にするために，政府（中央銀行）は名目貨幣残高を完全に決定できると仮定しよう．

さて，中央銀行が名目貨幣残高 M を増やすと経済にどのような影響が及ぶだろうか．第9章の $IS \cdot LM$ モデルをもう一度書くと次のようになる．

$$Y = C(Y) + I(i) \qquad (11.1)$$

$$\frac{M}{P} = L(Y, I) \qquad (11.2)$$

11.1 金融政策の効果

図11-2 金融政策の効果

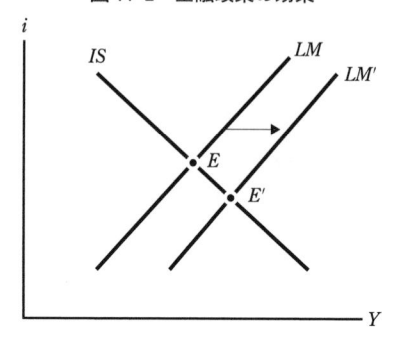

(11.1)式は財市場の需給均衡を表し，Y は純生産の供給量（国民所得）であり，それが右辺の消費需要 C，投資需要 I の合計に等しいことを示している．消費需要は所得 Y の増加関数であり，投資需要は利子率 i の減少関数である．(11.2)式は貨幣の需給均衡を表している．左辺は実質貨幣残高 M/P，右辺の L はそれに対する実質貨幣需要量である．実質貨幣需要量は所得 Y の増加関数，利子率 i の減少関数である．

中央銀行が実質貨幣残高 M/P を引き上げたとしよう．その効果は次のようになる．貨幣残高が増えると市中銀行は企業や家計に資金を貸し付けようとするが，その結果，貸付条件である利子率は低下する．企業は資金の借入コストが下がると投資計画を実行しやすくなるし，家計は住宅購入に踏み切るかもしれない．こうして，財やサービスに対する需要が増える．それが企業の生産活動を刺激し，雇用量も増大していく．この作用ルートをまとめると次のようになる．

貨幣残高の増大→利子率の低下→投資需要の増大→総需要の増大
　　　　　　　(イ)　　　　　(ロ)　　　　　　　　　　　　(11.3)

前の章の $IS \cdot LM$ 図表を使って，貨幣残高の増大の影響を考えてみよう．実質貨幣残高 M/P が増大すると，(11.2)式が成立するためには，一定の利子率 i に対して所得 Y を増大させるので，LM 曲線を所得軸に沿って図11-2の矢印のように右側にシフトさせる．他方で，財市場の需給を一致させる IS 曲線は貨幣残高によって影響されないから，動かない．その結果，均衡の所得と利子率は点 E から点 E' に移動する．すなわち，利子率は低下し，所得は増

大する．

　金融政策は民間の資金調達を容易にすることで経済を活性化する政策であるから，企業の投資意欲や家計の購買意欲が高くて，資金需要が旺盛な場合には有効である．たとえば，景気の回復局面や上昇局面ではしばしば資金不足が生じて，金利が上昇する．そのような状況で，中央銀行が貨幣残高を増やせば，ほぼ確実に財市場の需要増大につながる．しかし，いつも貨幣残高の増大が財需要に結びつくわけではない．

11.2
流動性の罠

　貨幣残高を増やしても財需要に結びつかない例としてよく知られているのが「流動性の罠」(Liquidity trap) である．たとえば，厳しい不況期に中央銀行が貨幣残高を増やしたとしよう．貨幣残高が増えると，金融機関の手持ちのベースマネーが潤沢になり，民間企業や家計の資金需要に容易に対応できるようになる．しかし，深刻な不況によって金融機関が将来の資金回収に自信が持てなくなっている場合には，企業に資金貸出を行わないばかりか，これまでの貸付金の回収を急ぐかもしれない（貸し渋り，貸しはがし）．また，株式や債券の値下がりを心配する企業や家計は債券購入をためらうかもしれない．そのような場合には中央銀行のベースマネーの供給は民間経済を刺激する効果を持たない．中央銀行券を増やしても貸出や債券購入を通じて民間経済に波及することはなく，信用乗数は低下する．最近のわが国の不況下で，このような流動性の罠が生じた．たとえば，1990年からの失われた10年間のベースマネーと貨幣残高の動きを見てみよう（表11-1）．

　1990年から2000年までベースマネーは47兆円から74兆円に1.6倍に増えているが，貨幣残高（M2+CD）は1.3倍に留まっている．この間に金利は6％から0.5％に低下したが，民間の資金需要は高まらなかった．中央銀行は金利を下げるだけでは限界があるので，民間の金融機関が中央銀行に保有する預金量を増やす「量的緩和政策」を採用した．しかし，これによっても市中銀行の貸出や企業の設備投資の増加にはつながらなかった．

　流動性の罠は，$IS \cdot LM$ 曲線を使えば，図11-3のように示すことができる．

表 11-1 ベースマネーと貨幣残高

(単位：10 億円)

年末	ベースマネー			M2 + CD	信用乗数
		現金通貨発行高 Cash currency issued	日本銀行当座預金 Current account balances		
1980	22,959	20,327	2,632	197,872	8.6
1990	47,865	43,017	4,848	483,119	10.1
2000	74,447	67,620	6,827	629,284	8.5
2007	95,978	85,855	10,123	723,571	7.5

(出所) 日本銀行調査統計局「日本銀行統計」．

図 11-3 流動性の罠

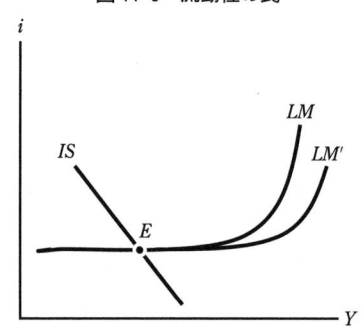

 流動性の罠では貨幣（流動性）に対する需要が非常に大きくなり，LM 曲線の傾きが水平に近くなっている．そのときに，中央銀行が貨幣残高を増大させると，LM 曲線は LM から LM' に右側にシフトするが，図からわかるように LM 曲線と IS 曲線が交差している均衡点 E は変化しない．ベースマネーを増やしても，利子率は低下せず，したがって所得も増大しないのである．増えたベースマネーは手元に保有され，債券の購入や財購入には向かわない．債券価格の下落が予想されるとき，経済主体がリスクの高い債券を手放して安全な貨幣を保有することを貨幣の投機的需要という．流動性の罠では，この貨幣の投機的需要が非常に大きくなっているのである．

 流動性の罠は経済におけるリスクの重要性を示している．市中銀行が民間の企業や家計に資金を貸し付けるリスク（貸し手のリスク）が生じた場合，流動性の罠に落ち込む．同じことが，企業や家計の側が資金を借りるリスク（借り

手のリスク）にも生じる．金融機関が貸出を抑制しなくても，借り手の側の将来収益の予想や所得期待が悪化しても流動性の罠が出現する．貸し手のリスクと借り手のリスクのいずれが生じても流動性の罠に落ち込むが，それから回復するには両方のリスクがともに解消される必要がある．

11.3
投資の利子弾力性

　流動性の罠は金融政策の図式（11.3）の（イ）が困難に陥る場合である．しかし，仮に利子率が低下してもそれで生産や雇用増大に結びつかない場合がある．それが，（ロ）の経路である．利子率が低下しても，それによって投資需要が増えなければ，金融政策は効果がない．利子率の変化に対して，どれほど投資需要が反応するかを示すのが投資の利子弾力性である．たとえば，利子率が1%下落して，投資需要が5%増大すると，投資の利子弾力性は5%/1%＝5である．第6章で学んだように，投資需要は投資の限界効率が利子率と等しくなるように決まる．利子率の低下は投資を刺激するが，不況で民間経済が冷え込んでいると必ずしも投資が増えるとは限らない．たとえば，金融当局が利子率を引き下げて景気刺激策をとるのに並行して，民間経済の将来期待がますます悪化していくとしよう．利子率の低下以上に投資の限界効率が低下して，投資需要は減少するかもしれない．このような場合，投資の利子弾力性は低くなり，極端な場合はマイナスになるかもしれない．

　$IS \cdot LM$曲線を使って投資の利子弾力性が低い場合を示してみよう．投資の利子弾力性が低い場合，利子率が下落しても投資需要が増えず，したがって所得は増大しない．このときIS曲線の傾きは大きくなる（図11-4）．

　金融政策によってLM曲線は右側にシフトするが，均衡点はEからE'に移る．IS曲線の傾きが大きいので，利子率は大きく低下するが，投資の反応は鈍く，所得はあまり増えない．

　以上から，経済が深刻な不況に落ち込んでいる場合，貨幣残高を増やしても利子率が下がらない，あるいは利子率が下がっても投資が増えないという事態が生じる．金融政策の有効性に限界があるのである．民間部門の将来期待が悲観的な場合，後ろから手綱を緩めても前に進むわけではない．民間経済が積極

図 11-4　投資の利子弾力性が低い場合

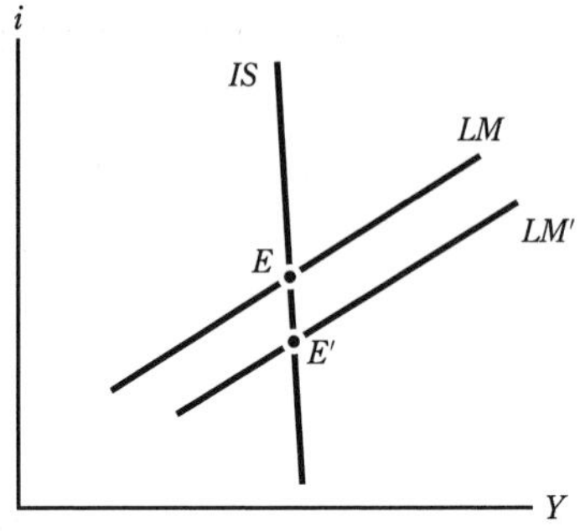

的に前に進もうとしている場合には，後ろから手綱を引き締めてブレーキをかけることは有効だが，逆は成り立たない．ここに景気対策として金融政策の限界がある．

11.4
財政政策の効果

　金融政策が資金市場を通じて財・サービス需要を間接的に刺激するのに対して，財政政策はより直接的な政策である．たとえば 2006 年の政府の支出は中央と地方を合わせて 112 兆円であり，総需要全体の約 22% を占める．政府が財・サービスを購入することで財需要を直接に刺激して，生産や雇用を高める政策を財政政策という．政府支出の大きさを G と書くと，財市場の均衡式は次のようになる．

$$Y = C(Y) + I(i) + G \tag{11.4}$$

国が政府支出 G を操作すると，財市場の均衡を示す IS 曲線は移動する．一定の利子率に対して，政府支出 G が増えると，財市場の需給が均衡するためには純生産（所得）Y は増大しなければならないので，IS 曲線は右側にシフトする．その結果，均衡所得は移動する．この財政政策の効果を $IS \cdot LM$ 図表で表すと，図 11-5 のようになる．

　均衡点は元の点 E から新しい点 E' に移動する．そこでは所得と利子率の両方が上昇している．ここで利子率が上昇することに注意しよう．政府支出の増

図 11-5　財政政策の効果

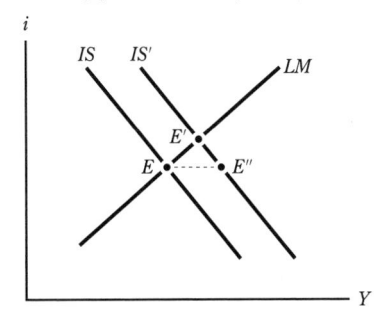

大によって財・サービスの取引が活発になるが，その取引を実現するために必要な貨幣量も大きくなる．取引に必要な貨幣需要が増えると，利子率が押し上げられる．この利子率の上昇は民間企業や家計の投資や住宅需要を抑制する．このように財政政策は財・サービス需要を刺激するだけではなく，資金市場を通じて民間の財・サービス需要を抑制するという反作用を及ぼす．これをクラウディング・アウト（crowding out）効果と呼ぶ．たとえば，図 11-5 において，もし利子率の上昇がなければ，財政政策によって所得は点 E'' で示されるところまで増大する．しかし，利子率の上昇によって実際には点 E' までの所得増大に留まるのである．

11.5
財政政策と財源

国の財政支出には財源が必要である．たとえ政府といえども財・サービスを購入するときには貨幣を支払わなければならない．政府は必要な資金をどのように調達するのだろうか．その方法は次の3つである．
　(1) 租税の徴収（tax finance）
　(2) 国債の発行（bond finance）
　(3) 貨幣の発行（money finance）
このいずれの方法で財源調達を行うかで，政策の効果が異なってくる．これを簡単に見ておこう．

租　税

　　租税の徴収によって財源がまかなわれると，企業や家計の可処分所得が減少して，民間の需要が減少する．消費は所得から租税を除いた可処分所得から行われる．たとえば可処分所得からの消費性向が70%だとしよう．1兆円の財政支出が全額増税によって調達されると，1兆円の増税分だけ可処分所得が減少する．その結果，消費需要は1兆円×0.7の7千億円分が，増税がないときに比べて減少する．財政支出のプラス効果と増税のマイナス効果の両方が生じている．総合効果はどうなるだろうか．生産物市場の需給均衡式は財政支出増大の前後で次のように書ける．

$$Y = C_0 + c(Y-T) + I + G \tag{11.5}$$
$$Y + \Delta Y = C_0 + c(Y + \Delta Y - T - \Delta T) + I + G + \Delta G \tag{11.6}$$

　(11.5)式は政府支出が増える前の需給均衡式で，右辺第1項の消費需要が可処分所得 $Y-T$ の一定割合（c は消費性向）となっている．(11.6)式は政府支出が増えた後の需給均衡式であり，Δ は変化分を表している．財政支出が ΔG だけ増え，それがすべて増税でまかなわれるので，$\Delta G = \Delta T$ となる．(11.6)式から(11.5)式の辺々を差し引くと

$$\Delta Y = \Delta G \tag{11.7}$$

であることがわかる．つまり，所得は政府支出分しか増えない．政府支出が全額税収でまかなわれることを均衡財政というが，均衡財政では財政乗数（$\Delta Y/\Delta G$）は1である（これを均衡財政乗数という）．ここでは投資需要 I は変わらないと仮定されているが，もし利子率が上昇して企業の投資需要が減少すると，財政乗数は1を下回ることになる．

国債の発行

　　国債の発行で財政支出がまかなわれる場合はどうか．政府は債券市場で国債を発行して資金を調達し，それを生産物の購入にあてる．この場合は租税のように可処分所得の減少は生じない．しかし，政府が民間部門から資金を借り入れることによって利子率の上昇が生じて，それが民間需要を抑制する．図11-5に図示した財政政策は，実は，国債発行によって財源をまかなった場合

の効果である．なぜなら，LM 曲線は変化していないからである．国債で資金調達すると民間経済に流通する貨幣残高は一定に留まる．一見すると，国債の発行によって民間部門から政府部門に貨幣が渡るので，貨幣残高は減少するように思うが，そうではない．国債発行によって得た貨幣を，政府は再び財政支出によって民間に戻すからである．

　国債による財政支出はクラウディング・アウト効果を生じる．すでに述べたように，民間の債券需要が旺盛であれば，国債の増発はさほど利子率を高めることなく吸収されるので，クラウディング・アウト効果は軽微に留まる．しかし，民間の債券需要が低迷している場合には，国債発行は国債価格を低下させ，利子率の上昇をもたらす結果，クラウディング・アウト効果は大きくなる．

貨幣の発行

　日本銀行券の新規発行によって財政資金をまかなうことは，財政法で厳しく規制されている．それは第二次世界大戦のときに軍需をまかなうため無制限に貨幣を発行したことが大きな経済混乱とインフレーションを招いた教訓からである．しかし，財政法の規定にもかかわらず，国債の中央銀行引き受けによる財政支出は，実質的には，現在でも可能である．たとえば，財政当局が国債発行で資金調達し，同時に中央銀行が既発国債を購入して民間部門に貨幣を供給した場合（買いオペレーション），事実上は，国債の中央銀行引き受けによって財政支出をまかなうことと変わらない．これは財政政策と金融政策を同時に実施した場合に相当する．

　これを図示したのが図 11-6 である．財政支出によって IS 曲線は右にシフトするが，同時に，貨幣残高の増大によって LM 曲線も右にシフトする．その結果，均衡点は E から E' に移動し，貨幣残高が増えることでクラウディング・アウトが生じない分だけ，国民所得を増やす効果は大きい．

　以上のように，財政政策の効果は財源調達の方法によって異なる．財源が貨幣発行である場合は，租税や国債の場合に比べて，所得効果は大きい．それは増税の消費抑制効果，国債増発の投資抑制効果というマイナス効果が少ないからである．では，財源は常に貨幣発行によるのが望ましいのだろうか．そうではない．貨幣残高は長期的にインフレーションと強い相関があるからである．

図11-6　貨幣発行による財政政策

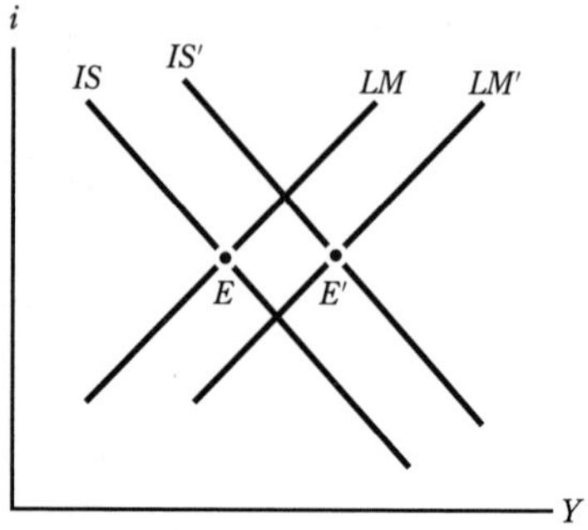

11.6
政策と物価

　政策効果を考える際に物価の動きが重要になる．もし中央銀行が貨幣残高を増やしても，物価が同率で上昇すれば，実質貨幣残高は変わらない．その場合は，利子率も所得も変化しないから，金融政策は無効になる．実際はどうか．第10章の図10-1をもう一度見ることにしよう．そこには貨幣残高と物価の動きが図示されている．この図から，貨幣残高が増えると確かに物価も上昇するが，名目貨幣残高の増大を完全に相殺するほど物価が上昇しているわけではない．その意味で金融政策は有効であったことがわかる．

　この節では物価の動きを明示しながら財政・金融政策を考えよう．物価の決定についてはマークアップ方式を仮定する．すなわち，企業は単位あたり費用に一定の利潤マージンを加えて価格設定を行う．物価の動きを明示的に議論するためには，第10章で学んだ，総需要・総供給曲線が便利である．

　総需要曲線（AD）はある物価水準に対応してどれだけの財需要が生じるかを表す右下がりの曲線である．なぜ右下がりかというと，物価が上昇すると実質貨幣残高が低下し，利子率が上昇する．その結果，投資需要が減り，総需要が低下するからである．さて，財政・金融政策はこの曲線にどう影響するだろうか．財政政策は直接に，また金融政策は間接に，財需要を高めるから，総需要曲線を右側にシフトさせる．他方で，総供給曲線（AS）はある物価に対して企業が決意する生産の大きさであるから，財政・金融政策によって直接変化

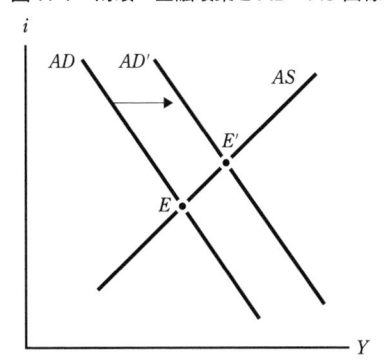

図 11-7 財政・金融政策と AD・AS 曲線

するわけではないので，総供給曲線は変化しない．

　財政政策や金融政策は AD 曲線を右にシフトさせ，均衡点は E から E' に移る．その結果，物価も上昇するが，生産や雇用も増大するのである．容易にわかるように，総供給曲線の傾きが小さくて，フラットに近くなるほど，物価の上昇は抑えられて，政策効果は大きくなる．つまり，生産が増えたときに労働の限界費用があまり上がらないことが，政策が有効である条件となる．

　ここで注意すべきことは，財政政策も金融政策もともに総需要曲線に働きかける政策だということである．直接か間接かの違いはあるが，いずれも企業の供給行動には一切手を触れずに，生産された財・サービスに対する需要を増やすための政策である．ケインズ政策が有効需要政策であるといわれる所以である．

　ところで，生産を増やす手段としては，総需要ではなく総供給曲線に働きかける方法もある．もし総供給曲線を右側にシフトさせることができれば，たとえ総需要曲線が一定であっても，物価が下がり生産は増大する．総供給曲線を右にシフトさせるとは，一定の物価に対してより多くの生産を行う，あるいは逆にいうと，一定の生産をより低い物価で実現することである．これはどのようにして可能だろうか．3つ考えられる．第1は，労働生産性を高めることである．一定の労働投入からより多くの生産が可能になれば，総供給曲線は右側にシフトする．第2は，名目賃金率を引き下げることである．生産効率が変わらなくても，賃金を下げれば価格を下げることができる．そして第3は，マークアップ率を引き下げることである．賃金や生産性が同じでも，企業の要求す

るマークアップ（利潤の上乗せ）が下がれば，価格を下げることができる．

わが国では1990年代の長期経済停滞の中で，大規模な構造改革が実施されてきた．その内容は，さまざまな規制を緩和して市場競争を強化することであるが，主たる目標は需要曲線ではなく，総供給曲線のシフトにあった．とくに，上述の3つの政策手段の中では，労働強度を強めて生産性を上昇させることと，賃金を削減することに重点が置かれた．労働分配率は1990年の53.6%から2006年には51.6%に低下している．賃金の低下はAS曲線を右にシフトさせ，もし需要曲線が変わらなければ生産を刺激する．しかし，実際には経済は停滞から脱することはできなかった．これは賃金抑制が消費需要を停滞させ，総需要を引き下げたからである．賃金抑制や社会保障の抑制は民間家計の将来不安を高めて，需要にマイナスに影響する．このような構造改革（リストラ）の負の需要効果が顕在化して，不況が長期化することになった．総供給曲線のシフトは，総需要曲線とは独立なのではなく，両者は相互に結びついている．賃金抑制が総供給曲線だけでなく総需要曲線にも同時に作用したことが，90年代不況の長期化から学ぶべき教訓である．

11.7
貨幣数量説とフィリップス曲線

長期の物価変動についてはこれまで多くの研究がなされてきた．その代表は古典派の貨幣数量説である．貨幣数量説というのは次のような考えである．実質の取引量をT，物価水準をPとすると，一定期間に市場で取引される金額はPTである．他方，貨幣ストックをM，貨幣の流通速度をVとすると，貨幣ストックMが媒介する取引総額はMVである．両者は等しくなるから

$$MV = PT \tag{11.8}$$

この関係は事後的な恒等式として常に成立するが，フィッシャー等の古典派は貨幣の流通速度Vはその社会の支払い制度等によって一定の大きさに決まっている，また取引量Tは労働などの生産要素の完全利用によって一定の水準に落ち着くとした．そうすると，物価は貨幣残高と比例関係を持ち，貨幣残高が2倍になると，物価も2倍になるという比例関係が成り立つ．その場合，実

質貨幣残高は一定となり，金融政策は物価のみを変化させて，生産や雇用に影響しない．これが貨幣数量説の考えである．

これに対してケインズ派は，経済が完全雇用になることはなく，資本制経済では失業が存在する不完全雇用が常態であると考えた．また貨幣の流通速度も景気の状況に依存して一定ではない．したがって，貨幣量は厳密に物価の動きを規定するわけではない．こうして貨幣と物価の直接的な因果関係を否定した．その後，アルバン W. フィリップスは物価の長期データの動きから重要な観察事実を明らかにする．1958 年に，失業率と貨幣賃金率の間にトレードオフの関係があることを示したのである．失業率が高いと賃金率が低下し，逆に，失業率が減少する好況期には貨幣賃金率が上昇する．この安定的なトレードオフ関係は多くの国で見出された．これをフィリップス曲線（Phillips curve）と呼ぶ．

その後，フィリップス曲線は貨幣賃金率と失業率の動きを物価水準と失業率の動きに置き換えて解釈するようになる．こうしてフィリップス曲線は古典派の貨幣数量説に代わる物価決定論として受け入れられる．貨幣数量説がマネーサプライを強調したのに対して，フィリップス曲線では失業率のような実物経済と物価との関係が強調された．古典派と異なって，インフレのコストを受け入れるならば失業率を低下させることは可能になる．

しかし，70 年代の原油価格の高騰はハイパーインフレを生じ，他方で不況が進行するという新しい現象が現れた．経済停滞下のインフレはスタグフレーション（stagflation）と呼ばれ，物価と失業率の安定的なトレードオフ関係が崩れる．この現象を説明する要因として注目されたのがインフレ期待である．こうして次のような期待インフレ率を含む修正されたフィリップス曲線が用いられるようになる．

$$\hat{P} = \alpha \hat{P}^e + f(u) \qquad \alpha > 0, f' < 0 \qquad (11.9)$$

現実のインフレ率 $\hat{P}$ は，失業率 u とは別に期待インフレ率 $\hat{P}^e$ によっても影響を受け，もし期待インフレ率が高ければ失業率が高くても物価は上昇する．α は期待インフレ率の影響を示す係数であり，これが 1 であるか否かが注目された．もし，α が 1 であれば，現実のインフレ率の大きさが期待インフレ率を高め，期待インフレ率が再び現実のインフレ率を上昇させるというインフレ・ス

図 11-8 フィリップス曲線

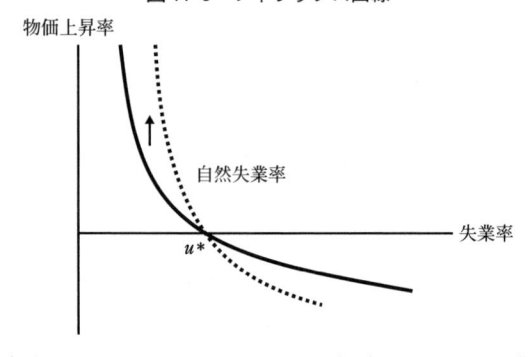

パイラルが発生するからである．このような場合，図 11-8 の矢印のようにフィリップス曲線はインフレ期待によって徐々に上方にシフトして，失業率を低下させる政策はインフレ期待を通じて加速的インフレを生じることになる．インフレ期待が現実のインフレ率に一致する状態（$\hat{P}=\hat{P}^e$）を考えると，$f(u^*)=0$ となり，失業率は一定の大きさをとることになる．この失業率 u^* が自然失業率（natural rate of unemployment）である．失業率を下げる恣意的な経済政策は逆に加速インフレなど経済に混乱をもたらすのみで有害無益だとした．実物経済は完全雇用（自然失業率）に収束する強い傾向を持っている．フリードマンらのマネタリストの主張はこのようなものであり，特異な古典派の主張の復活である．最近はこのような極端な主張は少なくなったが，小さな政府を主張する新自由主義の考えに今なお影響を与えている．

11.8 財政政策の限界

　財政政策は直接に生産物に対する需要を注入するために，民間需要が落ち込む景気後退期に有効な景気対策であると考えられてきた．しかし，財政政策には次のような問題点がある．
　第 1 は，財政政策は金融政策に比して機動性に欠ける．財政発動には政府や自治体の行政手続きを必要とし，それには一定の日時がかかる．公的な介入の必要性が認知されてから，所要の手続きを経て，実施に移されるまで，相当の時間ラグがともなうのである．その結果，実施に移されたときにはすでに遅き

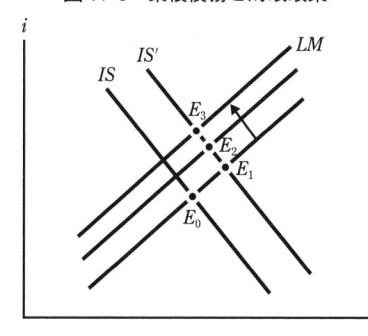

図 11-9　累積債務と財政政策

に失したり、あるいは経済状態がすでに変化してしまっている、などの問題点が指摘されている．

　第2は、財政支出がそれを実施する行政側とその恩恵を受ける利益団体との癒着を生みやすい．政府は今や民間の経済主体をはるかに越える絶大な権限と経済力を有する存在である．それをめぐって常に不公正な癒着が生じる恐れがある．民主的な決定メカニズムがいかにして保証されるか、またそのための情報公開や監視システムのあり方が重要になる．

　第3は、累積的な財政赤字の問題である．図11-5の分析は一度きりの国債発行の効果である．これが継続されて、赤字国債が累積していった場合はどうだろうか．赤字財政の継続で、国債が毎期新たに発行されると、国債残高が累積的に増大していく．その結果、国債の市場価格が低下し、民間の金融機関や家計は国債の保有に不安を抱くようになる．値下がりの恐れのある国債から安全な貨幣など他の資産に資産構成を変えるであろう．このような危険回避行動がさらに国債価格を下落させていく．これを $IS \cdot LM$ 図表で表すと図11-9のようになる．貨幣需要は国債残高の増加関数だとすると、国債残高の累積にともなって、安全資産としての貨幣需要が増大し、LM 曲線は次第に左上方にシフトしていく．そして均衡点は E_1 から E_2、E_3 へと徐々に移動していき、利子率の上昇と投資需要の減少が生じる．その結果、財政政策の効果は次第に弱まっていくのである．これが長期的なクラウディング・アウト効果であり、債務の累積によって財政政策は長期的には有効性を失う．

　この債務累積のマイナス効果を避けようとして、貨幣残高を増やしていくと、前の節で述べた恒常的なインフレーションが生じる．インフレを避けるために

増税に頼ると，人々の反発を招くし，消費需要が低下していく．このように財政政策は確かに直接的で有効な政策であるが，振ればいくらでも宝が出てくる「打ち出の小槌」ではないのである．必ず反作用をともなうことに注意しなければならない．

11.9 財政政策と利潤率

　財政政策が経済全体の利潤率にどのような影響を与えるだろうか．すでに第6章の6.6で利潤と投資の関係を学んだ．

$$\frac{\Pi}{K} = \frac{1}{s_\Pi} \frac{I}{K} \tag{11.10}$$

すなわち，資本家の貯蓄率 s_Π を一定とすると，資本蓄積率 I/K の大きさが利潤率を決める主要因であった．財政支出 G を考慮に入れると，純生産物 Y の需給均衡式は次のようになる．

$$Y = C + I + G \tag{11.11}$$

賃金所得 W に対する租税 T_W，利潤所得に対する租税 T_Π を差し引いた可処分所得を，労働者は全額，資本家は一定率を消費支出に振り向けると，消費需要は

$$C = W - T_W + (1 - s_\Pi)(\Pi - T_\Pi) \tag{11.12}$$

となる．国民所得 Y と租税額 T について

$$Y = W + \Pi$$
$$T = T_W + T_\Pi$$

が成り立つから，これらを (11.11) 式に代入すると

$$s_\Pi(\Pi - T_\Pi) = I + G - T \tag{11.13}$$

と変形できる．この両辺を資本ストック K で割ると

$$\frac{\Pi - T_\Pi}{K} = \frac{1}{s_\Pi}\left(\frac{I}{K} + \frac{G-T}{K}\right) \qquad (11.14)$$

となる．左辺は税引き後の利潤率で，それが資本蓄積率と財政赤字率に依存することがわかる．財政支出の大きさ G ではなく，租税収入を上回る財政支出，すなわち赤字支出の大きさが重要である．また，資本ストックは投資によって毎期増大するから，税引き利潤率を一定に維持するためにも，赤字財政支出は年々増大しなければならない．

この章のまとめ

　民間の市場取引は国民経済に必要な財・サービスの生産に資本や労働を移す調整機能を持つが，それは万全ではない．経済は常に過剰生産や過少生産に見舞われ，企業倒産や失業，あるいはデフレやインフレに直面する．そこで，経済を安定させて，雇用を維持し，物価変動を一定範囲に留める役割が政府に求められる．この章では政府の金融政策や財政政策について学んだ．

　金融政策は LM 曲線を右方にシフトとさせて経済を刺激する政策であるが，いつも有効とは限らない．その例として，流動性の罠がある．経済が流動性の罠に陥っていると，金融政策は効果を失う．また，投資の利子弾力性が小さければ，金融政策は有効ではない．1990年代以降のわが国の経済のように経済が停滞して，将来の見通しが悲観的であれば，流動性の罠や投資の反応が弱いという状況になりやすく，政府がゼロ金利や量的緩和などの金融的な刺激を行っても効果は限定的であった．

　金融政策が資金供給を通じて民間経済を刺激する間接的な政策であるのに対して，財需要に直接働きかけるのが財政政策である．財政政策の有効性は大きいが，現在の主要諸国が直面しているように，長期的な有効性には多くの問題がある．その1つが財源である．増税は民間の需要を抑制し，貨幣残高は長期的なインフレやバブルの暴発の危険がある．また，国債に過度に依存すると長期金利が上昇して，民間経済にマイナスの影響をもたらす．したがって，財政政策が有効であるためには，直接的な刺激が呼び水となって民間の企業や家計が自立的に経済活動を高めていくことが鍵になる．それには財政支出の中身に

無駄がなく，持続可能な社会に貢献する適切なものでなければならない．

練習問題

1. 国債発行による財政政策と貨幣発行による財政政策の効果を，総需要・総供給分析で試みよ．
2. 政府が減税を行ったとする．国民所得，雇用量，物価，利子率，および実質賃金総額はどう変化するか．
3. 政府が増税と金融緩和を同時に行ったとする．国民所得，雇用量，物価，利子率はどう変化するか．
4. 財政赤字による需要注入は現役世代のために後の世代を犠牲にすることだから避けるべきだという見解がある．この見解を論評しなさい．

Column　年金制度の持続性

　現役時代の貯蓄で退職後の生活を維持できる人はほとんどいない．また，家族に頼ることも難しい．退職後の生活を維持するためには公的年金制度が不可欠である．年金制度が将来にわたって持続されるためには，「年金は大丈夫」という信頼が絶対不可欠である．ところが，若者の年金制度に対する信頼は極めて低い．それは，①年金は将来なくなるだろう，②年金の給付と負担に関して世代間格差がありすぎる，③個人貯蓄の方が有利であるという理由からである．

　年金制度の将来像をはっきりさせるとともに，年金の世代間格差を是正することが大事である．厚生労働省の試算によると（2009年），払った保険額に対して標準世帯の厚生年金受給額の比率は表のようである．

　2010年時の年齢が70歳の人は本人負担のみで6.5倍，会社負担分（負担額は被保険者と会社が折半している）を入れると3.2倍である．30歳以下の人はそれぞれ2.3倍，1.1倍である．3倍近い不公平になっている．

表

2010年の年齢	負担（本人負担のみ）	給付	倍率	倍率（会社負担分を含む）
70歳	900万円	5600万円	6.5倍	3.2倍
60歳	1200万円	4700万円	3.9倍	1.9倍
50歳	1800万円	5100万円	2.9倍	1.4倍
40歳	2400万円	5900万円	2.5倍	1.2倍
30歳	3000万円	7000万円	2.3倍	1.1倍
20歳	3600万円	8300万円	2.3倍	1.1倍

（出所）『日本経済新聞』2009年5月27日朝刊．

　給付額・負担額比率が40年間で2.3倍とは，40年の複利で年率約3.3%の利回りであり，現在の超低金利のもとでは，個人貯蓄よりも年金の方が少し有利な程度である．会社負担分を入れると，年率0.47%ほどである．

　現在，年金を受け取っている世代の給付水準は将来においても維持し，世代間格差をある水準以下に是正することが不可欠である．

第 12 章

労働市場

この章で学ぶこと

　第4章では労働市場と実質賃金率の関係について学んだ．労働の需要と供給に不均衡が生じても，変化するのは貨幣賃金率であり，実質賃金率が需給を一致させるように運動するわけではない．実質賃金率は貨幣賃金率÷物価水準であり，労働市場だけではなく，財市場の需給の影響を受けるからである．したがって，財・サービスに対する有効需要が不足すれば失業が発生する．

　この章では，労働市場の中身をより詳しく検討する．労働供給は労働力人口，労働時間，労働効率の3つに分けることができる．また企業の労働調整もこの3つの項目に分けて見ることができる．マクロ経済学では一国の労働市場を同質的な労働サービスとして，需給調整や賃金率を扱うが，実際の労働市場は年齢，性，質などの異なる多様な市場の集まりである．また，賃金率の決定に関する労働組合の交渉仮説や効率賃金仮説のエッセンスを紹介する．最後に，わが国で近年大きな社会問題となっている雇用の非正規化について，その実態と意味について考える．

キーワード

　労働力人口，労働時間，労働効率，労働の限界生産性，効率賃金仮説，労働組合，非正規労働

12.1
労働供給

　労働供給は労働サービスの供給であり，頭数（あたまかず）としての労働力人口，各労働者の労働時間の長さ，労働時間あたりの効率（質）の3つの要因に依存する．以下ではこれらを順に見ていこう．

労働力人口

　第2章の2.4節でも述べたように，労働力人口というのは労働可能な年齢以上で，就業を希望する人数である．わが国では15歳未満は就学が義務づけられているので，15歳以上人口の中で就業を希望する者が労働力人口である．就業を希望しない者には，高校や大学等の高等教育機関で教育を受けている者，家事や育児に従事する女性や高齢者などが含まれる．これを非労働力人口という．15歳以上人口に占める労働力人口の割合を労働市場参加率（労働力率）といい，わが国では約60%（2009年）である．労働市場参加者はさらに2つに分かれる．第1は，なんらかの仕事に就いている就業者であり，企業等に雇われる雇用者と農業等の自営業者である．第2は，働きたくても就業先のない失業者である．就業の意思があって，求職活動を行っているが，職に就いていない人を完全失業者という．以上をまとめると次のようになる．

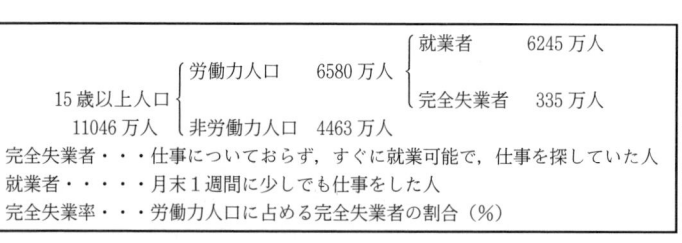

```
                    ┌ 労働力人口  6580万人 ┌ 就業者      6245万人
15歳以上人口 ┤                              ┤
11046万人           └ 非労働力人口 4463万人 └ 完全失業者    335万人

完全失業者・・・仕事についておらず，すぐに就業可能で，仕事を探していた人
就業者・・・・・月末1週間に少しでも仕事をした人
完全失業率・・・労働力人口に占める完全失業者の割合（％）
```

（出所）　総務省「労働力調査」数字は2009年3月．

　労働力人口を決めるのは総人口と労働市場参加率である．
○　総人口：世界の人口は途上国を中心に増えており，世界平均で年々約1%の率で増大している．現在約68億人（2009年）の世界人口は2050年には90億人に達すると予測されている．しかし，先進諸国に限って見ると人口

増加率は徐々に低下しており，少子化と高齢化が進んでいる．とくに日本は少子高齢化のスピードが速く，65歳以上人口が全人口に占める割合（高齢化率）は先進諸国の中では目立って上昇している．また，成人女性が一生のうちに産む子供の数を合計特殊出生率というが，わが国の合計特殊出生率は2005年に1.26にまで下がり，1.26ショックといわれた．すでに，わが国の人口は2005年から絶対的に減少し始めている．人口構成の高齢化は労働力人口の確保，高齢者の医療や社会保障負担など多くの問題を引き起こす．

○ 労働力率：男性と女性で異なる．男性の場合は高齢者を除いてほとんどが労働市場に参加するが，女性の場合は結婚や育児のために労働市場から離れ，子供が成長して教育から手が離れると再び労働市場に戻る．その結果，20歳代後半と40歳代後半の2つの年代にピークを持つM字型の労働市場参加率の曲線が女性特有の現象として表れる．この特徴は多くの国に見られたが，近年ではアメリカや欧州ではM字型の底が浅くなり，男女の違いはほとんどなくなっている．しかし，わが国を含むアジア諸国では依然としてM字型が観察されており，日本の場合，労働力率は男性の68％に対して女性が46％で，約20ポイントの差がある．もし保育所や託児所，あるいは育児休暇や男性の育児参加など，女性の就業を支える環境が整備されるならば，女性の参加率は上がる可能性がある．

労働力率は男女のほか，年齢によっても異なる．高齢化が進むと全体としての労働市場参加率は低下するが，他方で平均寿命が延びて，健康で意欲と能力の高い高齢者も増えている．高齢者の条件に配慮した労働条件や労働環境を整備することができれば，高齢者の労働参加率を高めることができるかもしれない．高齢者の社会参加は，高齢者が医療や社会保障等によって支えられる側から支える側に回り，社会全体の負担の軽減につながる．また高齢者が就業することにより，長年の労働経験と技能を若年者に継承する役割も期待できる．

労働時間

労働サービスの供給量は一人あたり労働時間数に依存する．総労働を労働時間の長い少数の労働者で担うこともできれば，逆に一人あたり労働時間を減らして，より多くの労働者でシェアすることもできる．かつて1980年代に，日

本の高い国際競争力は長時間の低賃金過重労働に原因があるという批判が諸外国から寄せられた．日本の長時間労働は，今なお事実であるが，欧米との格差は縮小しているようである．労働省の『毎月勤労統計調査』によると1960年の年間労働時間は約2,500時間であったが，1990年には約2,000時間強，2008年はさらに1,800時間弱にまで短縮した（厚生労働省『毎月勤労統計調査』）．しかしこの間，諸外国の労働時間も一層短縮している．わが国の労働時間は現在アメリカやイギリスとほぼ同じ長さであるが，フランスやドイツ等の1,500時間と比べると歴然とした差があり，依然として長時間労働の国なのである．

さらに次の点に注意する必要がある．第1は，この労働時間の統計には「サービス残業」[1]が含まれていないことである．サービス残業を考慮すると，わが国の長時間労働はさらに顕著であるという批判がある．もう1つは，この間，パート等の非正規雇用が増大していることである．全体の労働時間の低下はパート等の短時間労働者の増大が影響しており，正規労働者の長時間労働はなくなっていない．たとえば，ILOの調査では，2004年から2005年の男性の長時間労働者（週49時間を超える労働）の割合は，主要11ヵ国の中で韓国に続いて2番目に高く，男性労働者の約40％にも達している．一方でパート・アルバイト等の非正規労働者の短時間労働，他方で正規労働者の長時間労働という労働時間の二極化が進んでいるのである．

労働時間の長さには生理的な限界がある．限度を超えた長時間労働は健康を損ない，労働効率も低下する．昭和22年制定の労働基準法では1週40時間，1日8時間を法定労働時間とし，それを超える労働は特定の職種を除いて原則として禁じている．ただ，法定労働時間を超える時間外労働を就業規則に明記して労働基準監督署に届け出ること，そして企業が一定の割増賃金を支払うことを要件に，労働時間の延長を認めている．実際には法定労働時間を超える労働が一般的に行われている[2]．

1) 「サービス残業」とは労働者に残業申請を行わせない違法な「賃金不払い残業」である．労働基準監督署はサービス残業をなくすように指導を強化しているが，依然なくなっていない．
2) 法定労働時間とは別に，各企業が就業規則で決める所定内労働時間は傾向的に減少している．とくに1988年の国家公務員の4週6休制，92年の週休2日制の採用など労働時間を短縮する国全体の制度変更が有効であった．これに対して，所定外労働時間（残業）は景気上昇期には増大し，逆に景気下降期には減少して，景気変動に対する調整弁の役割を果たしている．

労働効率

　労働の質を決める第1の要因は教育である．教育レベルが高いほど，同じ1時間の労働でもより質の高い労働用役を提供できる．先進諸国では，初等中等教育が全員に公教育として提供され，さらに大学，大学院等の高等教育が公的に国の負担で，あるいは私的に家計等の負担で提供されている．その結果，教育期間は長期化して，15歳以上人口の労働参加率を引き下げているが，同時に労働サービスの効率（質）を高めている[3]．

　第2は，労働現場での経験の蓄積である．OJT（on the job training）といわれる現場での技能修得は，学校教育と並んで，労働の質を高める大きな役割を果たしてきた．わが国の終身雇用制度は，企業内で労働者が経験を蓄積し，自己の技能や能力を長期的に高めると同時に，その知識と経験を若い世代に継承する企業内教育メカニズムとして機能してきた．最近の雇用の流動化によって勤続年数が短くなる傾向が現れているが，これが長期雇用者の技能形成と技能継承の役割を弱体化させることが危惧される．

　労働の質を決める第3の要因として，労働インセンティブがある．労働者が将来の所得増大や昇進に希望を持ち，意欲的に労働に参加することは，労働者が自分の能力を高め，高い生産性を発揮するうえで重要である．外部に失業者がいることを理由に，企業が長期雇用者の賃金を引き下げないのは，労働インセンティブの重要性を考慮しているからである．しかし，近年のグローバル化と非正規雇用の増大によって，勤続年数が短くなり，賃金も低下している．これが続くと労働者の労働インセンティブが弱まり，労働サービスの質が低下する恐れがある．

労働供給と実質賃金率

　労働供給が人口，労働参加率，労働時間，労働効率に依存することを説明した．ここでは人口 L を一定として，労働参加率や労働時間，労働効率が家計の選択行動の結果としてどう決まるかを説明する．労働参加率，労働時間，労

---

[3]　基礎教育や高等教育には労働サービスの質の向上だけでなく，国民一人一人の生活の質（quality of life）を高め，社会構成員としての満足度を高める．教育効果は，短期ではなく，長期的に発揮される．教育の果たす多面的な外部効果を重視しなければならない．

12.1 労働供給

働効率はその社会の法律や制度，教育や文化等に依存するところが大きい．これらの諸制度をさしあたり与えられたものとすれば，各家計は働くことから得る便益と，働くことから生じるコストの両者を勘案して望ましい労働供給量を決める．

働くことから得られる便益は実質賃金率である．労働者は働いて得た賃金を食事や旅行等の財・サービスに支出して楽しむ．また，将来の住宅取得や老後の生活のために貯蓄に振り向ける．したがって，労働の便益は名目賃金の大きさだけではなく，それによって現在や将来にどれだけ多くの財・サービスを取得できるかに依存する．名目賃金率が高いほど，また物価が安いほど便益は大きい．

次に労働することのコストは何か．それは労働に時間を費やすことで失うすべての逸失利益である．たとえば，労働時間を増やせば，家族と旅行に出かけて余暇を楽しむことができない，好きな本や音楽に接して充実した時をすごすこともできない，クタクタになるまで働き過ぎるとデートをする時間も余裕もなく，人生の喜びの1つを失うかもしれない．また，主婦の育児や家事，介護など家庭内労働が減ると，家族は困るかもしれない．これらのさまざまな可能性の中で最も大きなコスト，これが家計の労働供給のコスト（労働の機会費用）である．

さて，労働コストを一定とすれば，家計の労働供給は貨幣賃金率の増加関数，物価の減少関数となる．言い換えると，実質賃金率の増加関数となる[4]．すべての家計を総計した労働供給も同じ性質を示すので，労働供給を N_S，貨幣賃金率を W，物価を P，人口を L とすれば

$$N_S = H(W/P, L) \tag{12.1}$$

となる．

---

[4] 実はこの結果は家計の効用関数に依存する．家計効用は賃金所得（実質賃金率×労働供給量）の増加関数であるが，一般に限界効用は逓減する．逓減の程度が大きければ，実質賃金率が上昇すると，労働供給は逆に減少することもある．

12.2
労働需要

　労働需要の決定は企業が行う．すでに第4章で見たように，労働需要は企業が予想利潤を最大にするように決定する．この章では，この企業の雇用決定をもう少し詳しく説明する．議論を簡単にするために競争的な企業を想定する．ここで競争的というのは，企業の規模が全体の中では小さく，その企業の生産や雇用の決定が生産物価格や賃金率にまったく影響しない状態を指す．競争的な市場では，各企業は市場で成立する価格や賃金を所与として行動するほかはない．市場価格以上の価格では売れないし，市場の賃金以下の賃金では労働者を雇用できないからである．

技術選択
　資本制経済の企業は，与えられた条件の中で利潤を最大にするように行動する．与えられた条件として，まず利用可能な技術がある．生産を行うには労働や資本など生産要素の投入が必要である．しかし，その組合せは1つではなくさまざまな代替的な組み合わせ（技術）が可能である．たとえば，米の生産を考えると，かつては多くの人間労働の投入が必要であった．しかし，現在では田植え機やトラクター等の資本の使用によって農耕作業は大幅に軽減されている．自動車の生産でも賃金が安い場合には労働者を大量に使用するが，賃金が高い場合にはロボットを始め労働を節約する機械化された生産方法を採用する．企業はこれらの技術の組み合わせの中から最もコストの安い技術を採用する．生産量を Y，労働用役の投入量を N，資本量を K として，生産関数を次のように書こう．

$$Y = F(N, K)$$

同一の生産 Y を行うのに最もコストの少ない労働 N と資本 K の組み合わせは資本 K を一定と考える短期と K も変化する長期では異なる．資本量 K は変更可能であるが，その増大には工場建設や設備投資，順調な稼働のための配置変更やならし操業など一定の時間を要する．これに対して，労働用役は，人の追

加は固定的な要素が大きいが，労働時間の調整は比較的短期でも可能である．したがって，短期では主として労働 N による調整が行われ，長期では労働 N だけでなく資本量 K の調整も行われるのである．

利潤最大化

　雇用決定に重要な第 2 点は，企業行動の目的である．企業の目的は生産の最大化でも労働者の完全雇用でもなく，予想利潤である．利潤を最大にするには，与えられた資本量 K のもとで，労働を 1 単位増やしたときの限界収益と限界費用が等しくなるようにしなければならない．限界収益は労働を 1 単位増やしたときの限界生産量 $\Delta Y/\Delta N$ に価格 P を掛けたものである．他方で，労働 1 単位を増やす限界費用は賃金率 W である．したがって，企業利潤を最大にする条件は

$$P\frac{\Delta Y}{\Delta N}=W$$

となる．これは労働の限界生産性が実質賃金率 W/P に等しいと読むことができる．ところで，労働の限界生産性 $\Delta Y/\Delta N$ は，資本量が一定ならば労働を増やすにつれて徐々に低下していく（限界生産性の逓減）．資本設備の存在量が制約となって，労働を追加してもやがて労働効率は下がらざるをえないからである．したがって，図 12-1 のように，右下がりの限界生産性曲線 B が実質賃金率 A と等しくなるように労働需要 N_1 が決まる．実質賃金率が A から A' に下がると，労働需要は N_1 から N_2 に増大する．

　この右下がりの労働の限界生産性曲線 B では，資本設備はある大きさに与

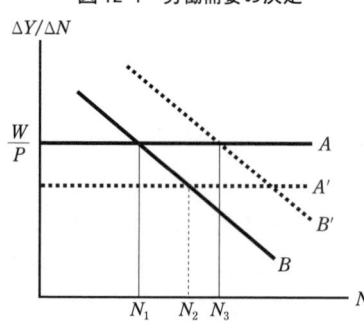

図 12-1　労働需要の決定

えられている．資本蓄積によって，資本設備が増えると，労働の生産性も高まって，限界生産性曲線は B から B' に右上方にシフトする．その結果，実質賃金率が下落しなくても労働需要量は N_1 から N_3 に増大する．このように労働需要は短期的には実質賃金率の大きさによって，また長期的には資本蓄積によって影響されるのである．以上から，労働需要 N_D は実質賃金率と資本ストックに依存して決まることがわかる．

$$N_D = G(W/P, K) \tag{12.2}$$

12.3
貨幣賃金率の決定と失業

　家計の労働供給量と企業の労働需要量が出会う場が労働市場である．労働市場の需要と供給が貨幣賃金率を決める．

労働市場

　労働市場は株の売買を行う東京証券取引所のように1箇所でまとめて取引されているわけではない．大学を卒業する新卒者は3年生の後期から4年生の前期にかけて企業説明会に出かけ面接を受け就職活動を行う．主婦が家計の足しにとパートをするために新聞広告や知人を頼って職を探すこともある．すでに雇われている労働者がもっと給料の高い，やりがいのある職種を求めてこっそり他の会社を訪問することもある．不本意ながら職を失った労働者が毎日ハローワークに通って求人企業を調べる．労働供給は年齢，教育水準，技能や熟練度，経験の有無など条件の異なる多数の男女が行っている．同様に労働需要も技能や経験，熟練度の異なるさまざまな形で行われている．このように実際には労働市場は条件の異なった重層的な市場から成り立っているが，マクロ経済学では労働市場の需要と供給を1つの同質的な需要量，供給量とみなして，その価格である賃金率がどのように決まるかを考える．

貨幣賃金率の決定と失業

　すでに述べたように労働需要 N_D は人口 L を一定とすると実質賃金率 W/P

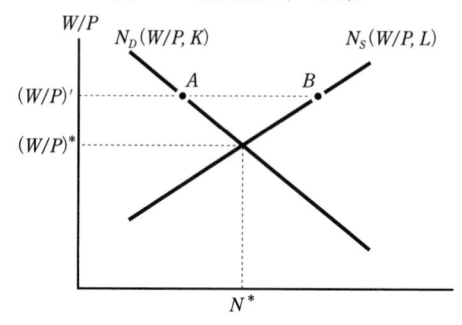

図12-2 実質賃金率と失業

の減少関数であり，労働供給 N_S は資本 K を一定とすると実質賃金率の増加関数である．労働需要と労働供給を，実質賃金率を軸に図示したのが図12-2である．実質賃金率が $(W/P)^*$ であれば労働市場の需給は一致して，完全雇用が達成される．これは実現可能だろうか．第4章で述べたように，労働市場の需給調整はそのような望ましい結果をもたらさない．その理由をまとめておこう．

○ 賃金の硬直性：労働市場の需給に反応して変化するのは貨幣賃金率である．大多数の労働者の貨幣賃金率は，通常は，企業と労働者の長期契約によって前もって決まっている．わが国では春闘などの労使交渉で年に一度賃金水準が見直されるが，頻繁に変化するわけではない．パートや新卒採用の賃金は景気状況の影響を受けやすいが，さまざまな規制が存在して，また既存労働者とのバランスから，それほど大きく変化しない．つまり賃金の硬直性が存在して，実際には賃金の需給調整機能は制約されているのである．

○ 財市場の影響：仮に貨幣賃金率が伸縮的に変動するとしても，実質賃金率は労働市場を均衡させるとはいえない．労働市場に影響されるのは貨幣賃金率であり，物価は財市場の需給に依存するからである．不況下で貨幣賃金率が低下しても，財市場で有効需要が不足すれば，物価も低下し，実質賃金率は均衡水準まで低下しないし，場合によっては上昇するかもしれない．第4章で見たように，貨幣賃金率が伸縮的でも，労働市場を均衡させる実質賃金率 $(W/P)^*$ に到達するとはいえないのである．

以上から労働市場の不均衡は貨幣賃金率の変化によって解消することはなく，長期にわたって失業が持続する．実際，資本制経済で失業は常に存在しており，

労働の能力と意欲を持ちながら就業できない一定の労働者群が存在する．これは市場メカニズムによっては解決できない資本制経済の欠陥である．

短期と長期の労働調整

　労働需要が労働供給を下回ると失業が発生する．実際の雇用量は労働需要で制約されるのである．ところで，景気が良くなって労働需要を増やす場合，企業は，雇用人数を増やすか，それとも雇用者数は増やさずに一人あたり労働時間を延長するかを選択する．景気の上昇期には，企業はまず残業（所定外労働）時間の延長で対応し，景気上昇が持続すると雇用者の増大に踏み込む．雇用を増やす場合も，さしあたりは固定費の少ないパート等の非正規雇用を増やし，さらに景気上昇が続くと予想すれば，正規雇用者の採用に踏み切る．これは企業が最も安いコストで労働調整を行おうとするからである．雇用者の増大は時間調整に比べるとコストがかさみ，また，正規雇用に比べると，非正規雇用の調整（採用と雇い止め）は容易である．反対に，景気が悪化した場合には，まず残業等を減らす時間調整を優先する．その後，非正規雇用を削減し，さらに悪化が続けば最後に正規雇用の削減に手をつける．この企業の労働調整を労働者の側から見ると，正規労働者の労働時間が景気変動の影響で大きく増減し，またパート等の非正規労働者は好況期には急速に増大し，不況期には逆に大きく削減される．雇用や労働時間が景気の調整弁となり，正規・非正規労働者の中に異なった不安定性をもたらす．

　わが国の労働調整は欧米に比較して雇用調整が緩やかである点が指摘される．好況期にも雇用はそれほど増大しない代わりに，不況期にも大きく落ち込むことがない．これは経済成長率の変動に対して失業率の変動が少ない事実として観察されている．失業率の変化と経済成長率の変化が逆方向に動くことを数量的に観察した結果はオークンの法則といわれる．たとえば，アメリカの経済成長率2％の低下は失業率1％の上昇に対応する．ところがわが国の場合は，失業率はこれよりはるかに小さな変動しかもたらさない．これはわが国が長期雇用を軸にして雇用や失業率の変化が小さいこと，超過労働に対する低い割増賃金やサービス労働などによって労働時間調整が比較的容易であることに原因がある．

　人口や資本ストックが一定の場合，労働市場の需給作用で貨幣賃金率が変動

しても失業はなくならない．それでは，人口変化や資本蓄積を考慮すると，失業はどうなるだろうか．資本制社会は好況から不況へ，そして不況から好況へと景気循環を繰り返しながら運動していく．そこでは失業率も上昇と下落が繰り返しながら，平均的には一定の失業が存在している[5]．労働供給量のうち長期的に一定の割合が失業すると仮定すると，図12-2の労働供給曲線は失業者を除いた労働供給量，すなわち労働供給量×(1－失業率)を指すと考えることができる．

　人口変動と資本蓄積を考慮した長期で，実質賃金率や雇用はどうなるだろうか．仮に人口が減少していくとすると，図12-2の（失業者を除いた）労働供給曲線 N_S は左側にシフトする．また，資本蓄積によって資本 K が増えると，労働需要曲線 N_D は右側にシフトする．その結果，雇用はあまり増えずに，長期的に実質賃金率は上昇していく．労働制約が実質賃金率を高め，利潤を圧迫していくのである．資本制経済が，人口が減少する中で長期的に成長していくことが可能なためには，実質賃金率の上昇が利潤を圧迫して生産や雇用を低下させることのないようにしなければならない．それには，労働の効率（質）を高める新しい技術進歩を絶えず導入することで労働制約を突破していくことが重要になる．

12.4
労働組合の存在と効率賃金仮説

　前の節では賃金率が伸縮的に動く場合を考えたが，実際の賃金率はそれほど伸縮的ではなく，変動の遅れや規制や契約等の存在などによる硬直性がある．さらに賃金率に影響する要因として労働組合の存在，労働効率を考慮した企業の賃金決定の2つがある．

労働組合の存在
　労働者はどの企業を選ぶかについて選択権があるが，企業全体に対しては選択権はない．失業の脅威は労働者を企業に対して弱い立場に置く．そこで労働

---

[5] 資本制経済で景気循環が必ず発生すること，そして景気循環を通じて経済が成長していくことは第15章と第16章で詳しく説明する．

者は個々バラバラではなく集団的に行動して労働条件の改善を図ろうとしてきた．もちろん労働者全員が労働組合に組織されているわけではないが，労働組合は組織構成員だけでなく労働者全体の利益を考えて企業と交渉することが多い．このような労働組合の存在が賃金や雇用にどのような影響を及ぼすかを考えよう．

　労働組合が貨幣賃金率の引き上げを要求して行動すると，図 12-2 の労働供給曲線が上方にシフトする．一定の労働供給に対応する実質賃金率が高まるからである．実質賃金率や雇用にどのように影響するだろうか．この問題はすでに第 10 章 10.4 節の「貨幣賃金率の変化」で議論した．企業の設定するマークアップ率，利潤最大化行動が変わらないとすると，貨幣賃金率の引き上げは実質賃金率を高めるが，雇用や生産は減少する．企業が生産や雇用に関する決定を完全に掌握しているもとでは，貨幣賃金率の引き上げは一時的には労働者にプラスをもたらすが，やがて物価の上昇，雇用の削減によってプラス効果は弱まる．したがって，実質賃金率の上昇だけでなく，安定した雇用の確保を目標とするなら，雇用決定や物価を視野に含める必要があり，労働組合の行動は 1 企業の賃金上昇の枠を超えて広がらざるをえない．こうして労働組合の要求行動は，単なる賃金交渉から，国民経済全体の労働時間や解雇規制，最低賃金制などに範囲が広がってきたのである．

　わが国の労働組合の特徴として，産業別組合，職種別組合と違って，企業別組合として組織されていることが指摘される．企業別組合は企業の収益状況に左右されやすい．これは企業収益が上昇する好景気ではボーナス等を通じて賃金上昇の形で成果の配分が行われる一方で，不況下で企業収益が低下すると労働組合が自ら要求を抑えて賃金上昇を自粛する．こうして企業別組合という形態は，企業収益の変動を労働コストに転化することを可能にして，企業経営にとって有利な条件として作用してきた．しかし，労働者の視点からは，低成長率が低下して企業収益が悪化するもとでは，労働分配率の低下や格差の拡大に十分有効に対応できない恐れがある．

　労働組合の組織率は主要諸国で傾向的に低下している（表 12-1）．わが国でも労働組合の組織率は低下しており 20% を割り込んでいる．戦後の賃金交渉の舞台であった春闘も 1980 年以降は成果を収めることなく役割を低下させている．この背景にはグローバル化による世界的な企業競争の激化と非正規労働

12.4 労働組合の存在と効率賃金仮説

表 12-1 労働組合組織率（各国公式統計）

(単位：%)

国	1995年	2000年	2002年	2003年	2004年	2005年	2006年	2007年
日本	23.8	21.5	20.2	19.6	19.2	18.7	18.2	18.1
アメリカ	14.9	13.5	13.3	12.9	12.5	12.5	12.0	12.1
イギリス	32.6	29.7	29.2	29.3	28.8	29.0	28.4	28.0
ドイツ	36.0	29.0	26.6	25.8	24.8	24.4	23.6	
フランス	—	—	—	8.2	—	—	—	—
韓国	—	12.0	11.6	11.0	10.6	10.3	10.3	10.8
オーストラリア	32.7	24.7	23.1	23.0	22.7	22.4	20.3	18.9

（資料出所）　労働政策研究・研修機構データブック国際労働比較 2009.

の増大による格差の広がりがある．このような状況で，労働組合が企業内の雇用者のみを対象に行動すると，労働組合の行動が国民や労働者全体の合意を得ることが難しくなってくる．グローバル化の進展，少子高齢化という新しい変化の中で，労働組合が国民全体の要求を実現する有効な交渉主体として再興できるかどうかは重要な課題となっている．

効率賃金仮説

　労働効率が実質賃金率の影響を受ける点を考慮した賃金決定理論は効率賃金仮説と呼ばれている．労働効率は労働者の素質や能力のほかに，職場の労働環境やチームワーク，あるいは労働成果の評価と報酬制度などにも依存する．労働成果は労働時間よりもむしろ労働者の労働インセンティブの方が重要かもしれない．これは学生の学習効果が勉強時間の長さよりも，学習意欲や動機付けといった勉強の集中度が大切であるということと似ている．この点を考慮した効率賃金仮説のエッセンスを説明しよう．

　労働者の労働効率が実質賃金率の大きさに依存すると仮定する．給料が高いほどやる気も出るというわけである．そうすると，企業は外部に失業があるからといって，常に賃金を引き下げようとはしない．確かに賃金を下げれば企業収益にはプラスであるが，他方で労働者はやる気を失って生産効率は低下し，売り上げも落ちるかもしれない．したがって，企業利潤の最大化という観点から，企業は外部労働市場で労働者を雇用できる賃金よりも高い水準の賃金を設定するほうが有利だということになる．たとえば，賃金率を1%引き上げたときに労働効率が2%上昇するならば，企業は賃金を引き上げる．逆に賃金を

1％下げたときに労働効率が0.5％しか下落しないのであれば，企業は賃金を下げるであろう．こうして，利潤極大化の企業行動から，実質賃金率は低ければ低いほどよいのではなく，実質賃金率はある水準以下には下がらないことが説明できる．正確にいえば，労働効率を考慮したときに企業に最も望ましい実質賃金率は，実質賃金率の増加率が労働効率の上昇率とちょうど一致するような値である．失業者は現行の実質賃金率あるいはそれより少し低い実質賃金率でも働きたいと考えているかもしれないが，企業はそのために賃金率を下げたりはしないのである．この仮説はある程度の現実説明力を持っている．

では，外部労働市場での失業の存在は賃金には影響しないのだろうか．そうではない．失業率が高いことは雇用されている労働者にとって失業することのリスクが高いことを意味する．彼らがもし失業すれば，なかなか新しい職に就けないからである．このことは雇用労働者に対する脅しとして作用し，彼らが労働効率を引き上げる要因となる．資本主義経済では，失業の存在は労働者に対して雇用主の権威を維持する有効な手段なのである．

12.5
非正規雇用

非正規労働が急速に増えている．表12-2のように正規職員（正社員）が1995年から2008年まで380万人も減少したのに対して，非正規労働者はこの間に760万人も増大している．

とくに女性の半分以上はこの非正規労働であり，年齢を問わずパートやアルバイトに従事している．男性でも20代の若手と55歳以上の年齢層では非正規が多く，平均して5人に1人が非正規雇用に従事している．非正規雇用はパート・アルバイト，派遣，嘱託などの労働者を指すが，正規労働者（正社員）に比べて賃金も低く昇給や昇進の可能性も少ない．企業にとって，非正規労働は正規労働と比べて簡単に増減できる調整弁であるが，労働者には大きな不安要因である．実際，2008年の経済危機で派遣労働者の解雇（派遣切り）が大きな社会問題となった．

非正規労働は必ずしも短時間労働ではない．正規労働と変わらない労働に従事しながら，パートやアルバイトであるという理由で賃金や社会保険等に大き

表 12-2 正規・非正規雇用の推移

雇用形態別雇用者数 (単位:万人)

	雇用者 (男女計)	役員を除く雇用者	正規の職員・従業員	非正規の職員・従業員	パート・アルバイト	パート	アルバイト	労働者派遣事業所の派遣社員	契約社員・嘱託	その他	非正規の職員・従業員の割合 (%) (男)	(女)
1985年	4259	3999	3343	655(16.4)	499	360	139	—	156		7.4	32.1
1990年	4690	4369	3488	881(20.2)	710	506	204	—	171		8.8	38.1
1995年	5169	4780	3779	1001(20.9)	825	563	262	—	176		8.9	39.1
2000年	5267	4903	3630	1273(26.0)	1078	719	359	33	161		11.7	46.4
2005年	5407	5007	3374	1633(32.6)	1120	780	340	106	278	129	17.7	52.5
2008年	5539	5159	3399	1760(34.1)	1152	821	331	140	320	148	19.2	53.6

(注)「労働力調査特別調査」,「労働力調査詳細集計」. 割合は,役員を除く雇用者の内訳の合計に対するものである.

年齢別の非正規の職員・従業員比 (%)

	(男女計)	(男)	(女)
平均	34.1	19.2	53.6
15〜24歳	46.4	44.4	48.3
うち在学中	32.0	28.6	35.4
25〜34歳	25.6	14.2	41.2
35〜44歳	27.9	8.2	55.0
45〜54歳	30.5	8.0	57.5
55〜64歳	43.0	27.6	64.0
65歳以上	68.6	67.9	70.1

な格差が生じている.この雇用の非正規化は,1995年の日経連(当時)の『新時代の「日本型経営」』という新しい雇用戦略とかかわっている.この戦略は,終身雇用,年功序列という従来の日本型雇用を修正して,さまざまな雇用のポートフォリオを実現して労働コストを削減しようとするものである.雇用のポートフォリオというのは種類や役割の違った雇用形態を適切に組み合わせることであるが,具体的には「長期蓄積能力活用型」「高度専門能力活用型」「雇用柔軟型」の3つ雇用形態がある.長期安定雇用は第1のタイプには適切であるが,第2,第3の形態にはふさわしくない.これらの形態にはパート,アルバ

イト，派遣等の柔軟な雇用形態が望ましいと主張した．しかし，この3つの雇用形態の境界は必ずしも明確ではなく，安易な雇用調整弁として非正規労働が拡大している．労働者にとって，ライフサイクルに合った多様な雇用形態は必要であるが，短期雇用，長期雇用の選択の前に同一労働同一賃金というフェアな処遇を原則として確立することが前提条件として重要である．

この章のまとめ

　労働供給は労働力人口，労働時間，労働効率の3つの要因に分解できる．労働力人口は人口，教育期間，女性や高齢者の労働参加率に依存する．労働時間は労働時間法制や超過労働に対する割増賃金などに依存する．労働効率は教育，OJT，労働インセンティブシステムなどがかかわる．このように労働供給量は，さまざまな社会制度を所与とすると，人口と実質賃金率に依存する．

　労働需要は資本と労働の代替可能性，実質賃金率などに依存するが，資本ストックが与えられた短期と，資本量も変化する長期では異なる．また，企業がおこなう労働調整は労働時間の調整，非正規雇用の調整，そして正規雇用の採用といった選択があり，それが労働者の間に雇用不安や格差を生む可能性がある．

　労働市場は年齢，教育，熟練，経験などさまざまな条件の異なる求人と求職が出会う場であり，重層的な構造をしている．マクロ経済学では，これを集計的な労働需要と労働供給にまとめて，賃金の決定や雇用の変動を論じる．

　労働市場の需給が決めるのは貨幣賃金率であり，実質賃金率ではない．貨幣賃金率がいかに伸縮的に動いたとしても労働の需給が均衡して，完全雇用が実現するわけではない．

　賃金に影響する要因として労働組合の存在，効率賃金仮説がある．労働組合は貨幣賃金率の引き上げに影響力を及ぼしてきたが，実質賃金所得を引き上げるためには貨幣賃金率だけでなく，企業の生産決定や価格決定にも関わる必要がある．効率賃金仮説は企業の最適決定から，失業が存在しても賃金率が下落しないことを説明するが，これも貨幣賃金率の硬直性を説明する仮説として有効である．

最後に，近年の雇用の非正規化は急速に進行し，労働者全体の3分の1に及んでいる．主婦，高齢者などさまざまな条件の異なる労働者の多様な雇用形態は必要であるが，同一の労働に対しては同じ労働条件を保証することが必要である．

練習問題

1. 労働市場が均衡して完全雇用が実現しないのは，賃金が硬直的で，労働市場の需給に反応しないからであるという見解は正しいだろうか．
2. 少子高齢化は労働供給にどのような影響を与えるだろうか．労働供給を減少させないために，どのような対応が考えられるだろうか．
3. 効率賃金仮説では，実質賃金率は外部労働市場に失業者がいても下落しない．それは何故かを説明しなさい．
4. 雇用量を N，労働効率を E として，生産関数が $Y=\sqrt{EN}$ で表されるとする．労働効率は実質賃金率 R の増加関数として，$E=\sqrt{R-1}$ とする．効率賃金仮説では実質賃金率はいくらになるか．
5. 非正規雇用が増大した理由は何かを，労働供給側と労働需要側の両方からその理由を挙げなさい．それについて私見を述べなさい．

Column 非正規労働者の満足度

　契約・嘱託・出向社員，派遣労働者，臨時的雇用者，パートタイム労働者などに分類される非正規労働者が増えていることは，よく知られている．では当事者の意図，気持ちはどうか．非正規労働の積極面である「流動的な雇用条件」に，どの程度満足しているのだろうか．

　雇う側の理由は，賃金の節約，一時的な仕事の繁忙，が最も多い2つである．雇われる方は，どうか．現在の就業形態を選んだ理由は，自分の都合のよい時間に働けるから，家計の補助，学費等を得たいから，家庭の事情（家事・育児・介護等）や他の活動（趣味・学習等）と両立しやすいから，自分で自由に使えるお金を得たいから，等が多い（図1）．

図1　現在の就業形態を選んだ理由（労働者割合，複数回答3つまで）

（正社員・出向社員以外の労働者のうち，回答があった労働者＝100）

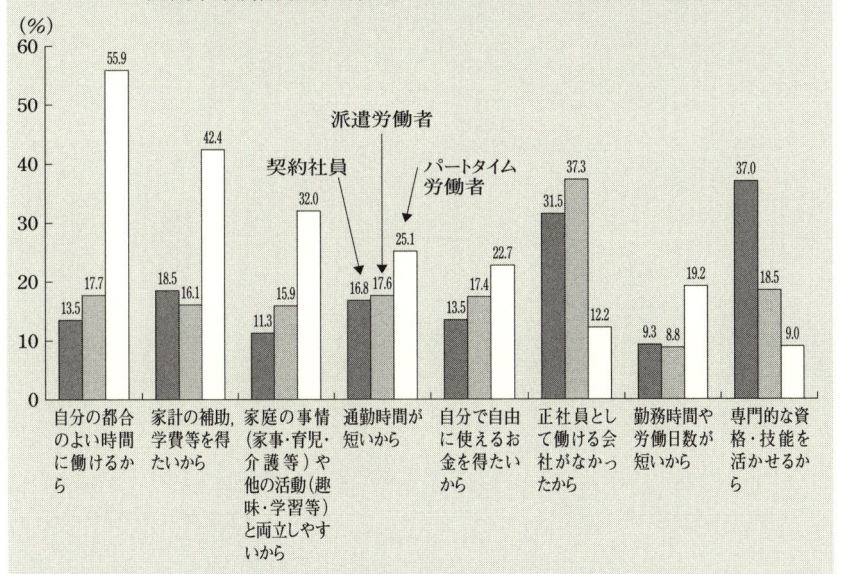

理由	契約社員	派遣労働者	パートタイム労働者
自分の都合のよい時間に働けるから	13.5	17.7	55.9
家計の補助，学費等を得たいから	18.5	16.1	42.4
家庭の事情（家事・育児・介護等）や他の活動（趣味・学習等）と両立しやすいから	11.3	15.9	32.0
通勤時間が短いから	16.8	17.6	25.1
自分で自由に使えるお金を得たいから	13.5	17.4	22.7
正社員として働ける会社がなかったから	31.5	37.3	12.2
勤務時間や労働日数が短いから	9.3	8.8	19.2
専門的な資格・技能を活かせるから	37.0	18.5	9.0

　では当事者は，雇用契約を結んだから十分満足しているか．必ずしも，そうではない．非正規労働者の66.7％が現在の会社で働きたい，68.8％が現在の就業形態を続けたいと希望している．次に多い30.6％を占める「他の就業形態に変わりたい」労働者のうち，90％以上がより安定した雇用，あるいはより多くの収入を求め，またその他の理由で正社員になることを希望している（図2）．

Column 非正規労働者の満足度

図2 正社員になりたい理由（労働者割合，複数回答3つまで）

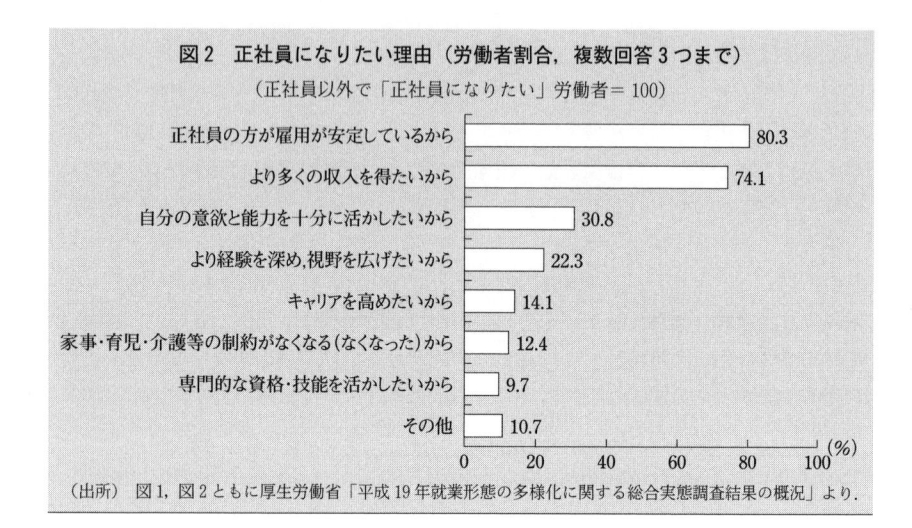

(正社員以外で「正社員になりたい」労働者＝100)

理由	%
正社員の方が雇用が安定しているから	80.3
より多くの収入を得たいから	74.1
自分の意欲と能力を十分に活かしたいから	30.8
より経験を深め，視野を広げたいから	22.3
キャリアを高めたいから	14.1
家事・育児・介護等の制約がなくなる(なくなった)から	12.4
専門的な資格・技能を活かしたいから	9.7
その他	10.7

（出所）図1，図2ともに厚生労働省「平成19年就業形態の多様化に関する総合実態調査結果の概況」より．

第 13 章

国際収支と為替レート

この章で学ぶこと

これまでは,いわゆる閉鎖経済(closed economy)を対象としてきた.この章と次の章では,外国との関係を考慮した開放経済(open economy)を扱う.この章は本格的に開放マクロ経済学(open macroeconomics)を展開する次の章の準備である.

まず財・サービスの輸出,輸入が,なぜ重要かを述べる.そして輸出,輸入の決定要因として,異なる通貨の交換比率(名目為替レート),さらに実質為替レートが新変数として登場する.名目為替レートは,通貨の需給で決まる.逆に各国通貨の需給を決める主要因は財・サービスの輸出,輸入にともなう支払であるが,金融的投資目的の国際資金移動の影響が強まっていることを強調する.

最後に金融的投資目的の国際的資金移動を説明する理論と,近年の現実に触れる.

キーワード

国際収支,輸出・輸入,為替レート,交易条件,購買力平価,金利裁定

13.1
貿易依存度

　日本の外国との関係の深さの程度を，2，3の側面で見ることから始めよう．この点について私たちは，すでに次のような貿易の重要性を強調する主張に慣れ親しんでいる．

　「日本は天然資源の乏しい島国である．外国から原材料を買って，付加価値を付けて外国へ高く売る．この差額で外国から必要なものを買う．日本人は，こうしてやって生きていくしかない．したがって技術，教育が大切である．」

　統計を見よう．日本の一人あたり貿易額，貿易依存度（輸入依存度＝輸入/GDP，および輸出依存度＝輸出/GDP）の推移を見ると，図13-1のように着実に上昇している．今後グローバル化は進展し，日本にとって貿易は，ますます重要になるだろう．

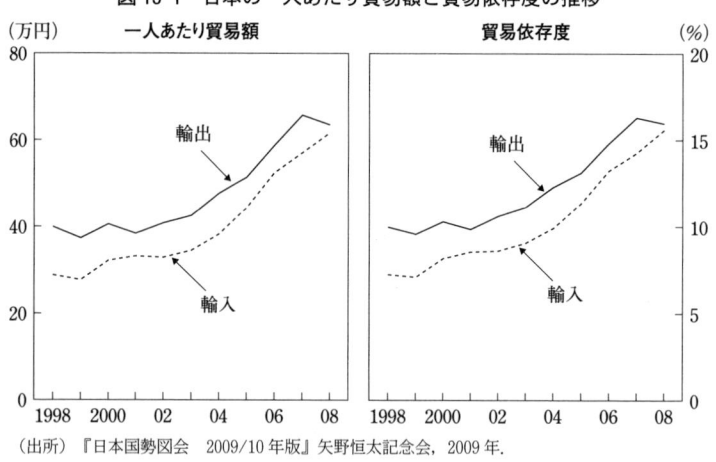

図13-1　日本の一人あたり貿易額と貿易依存度の推移

（出所）『日本国勢図会　2009/10年版』矢野恒太記念会，2009年．

13.2
国内生産物の需給一致と実現利潤率

では本論に入り，なぜ貿易（輸出と輸入）が重要か．それを資本主義の最重要変数である利潤に与える影響という側面から説明しよう．

生産された財・サービスが，予定の儲け（利潤）が得られる価格で売り切れるかどうかは，閉鎖経済であれ開放経済であれ，資本主義の基本である．開放経済では，生産物が売り切れる（需給一致）条件は，どのように変わるだろうか．

閉鎖経済での純生産物の需給の一致は，第9章（(9.1) 式，128 ページ）で見たように，

$$Y = C + I \tag{13.1}$$

で表される．ここで Y：純生産，C：消費需要，I：新投資需要である．あらためて Y：国内純生産，C：国内消費需要，I：国内新投資需要，IM：輸入，EX：輸出と定義する．すると開放経済での生産物の供給は $Y+IM$，需要は $C+I+EX$ である．したがって国内での生産物の需給一致，あるいは国内生産物が売り切れる条件は，

$$Y+IM = C+I+EX, \text{あるいは } Y = C+I+EX-IM \tag{13.2}$$

である[1]．

(13.2) 式は，異なる角度から見ることができる．たとえば，貯蓄・投資のバランスの面に注目しよう．貿易収支を TB と書くと，

$$TB = EX - IM \tag{13.3}$$

である．貯蓄 S は，

$$S = Y - C \tag{13.4}$$

---

1) I が粗（総）投資需要を表す場合，Y は国内総生産（GDP）と解釈すれば，話は変わらない．

であるから，(13.3)，(13.4) 式を (13.2) 式へ代入して，

$$S - I = TB \tag{13.5}$$

を得る．

(13.5) 式は，貯蓄－新投資需要>0，あるいは国内生産物が国内からの需要を上回っても（$Y>C+I$），その分，輸出が輸入を上回れば，生産物の需給は一致することを意味する．開放経済では，貿易が貯蓄・投資のアンバランスを吸収することができる．

さらに生産物は，売れること自体が重要なのではない．肝腎なのは，当初予定した利潤が実現するような価格で売れるかどうかである．閉鎖経済では，実現利潤率（Π/K）は，

$$\frac{\Pi}{K} = \frac{1}{s_\Pi} \frac{I}{K} \tag{13.6}$$

で決まり，その主な決定要因は資本蓄積率（I/K）である（第 11 章，(11.10) 式，178 ページ）．

開放経済では，実現利潤率の決定要因として貿易収支率（TB/K）がプラス要因として付け加わり，

$$\frac{\Pi}{K} = \frac{1}{s_\Pi} \left(\frac{I}{K} + \frac{TB}{K} \right) \tag{13.7}$$

と変わる[2]．貿易収支率（TB/K）>0 は，実現利潤率を引き上げる．だから輸出，輸入が重要なのである．貿易摩擦の渦の中心には，実現利潤率がある．

13.3
交易条件

輸出，輸入は実現利潤率の決定要因だから，重要である．では輸出，輸入は，どのように決まるか．

---

[2] 賃金は全額消費され，利潤は一定割合 s_Π（$0<s_\Pi<1$）が貯蓄されると想定する．(13.5) 式に，$Y-C=S=s_\Pi \Pi$，$0<s_\Pi<1$ を代入し，両辺を資本ストック K で割ると，$\frac{\Pi}{K} = \frac{1}{s_\Pi}\left(\frac{1}{K} + \frac{TB}{K}\right)$ を得る．

まず輸入については，細かい論点を横に置くと，①国内生産の大きさ，および②輸入品と国内生産物の相対価格，によって決まると考えられる．なぜなら国内生産が拡大すると，原材料，機械・設備など，生産のために必要なもの（生産財）の輸入が増える．また国内生産の拡大によって国内所得が増えるから，消費需要も増え，その一部は輸入品に向かう．輸入は，輸入品と国内生産物の相対価格に影響され，輸入品が国内生産物に比して安いほど，輸入は増えるだろう．

　輸出については，逆に考えればよい．すなわち輸出は，①外国での生産の大きさ，および②輸出品（国内生産物）と外国品の相対価格，によって決まる．外国での生産拡大は，輸出を増加させ，また輸出品が外国品に比して安いほど，輸出を促進すると考えられるからである．

　以上をまとめると，輸入の決定要因として国内生産の大きさ，輸出の決定要因として外国での生産の大きさ，輸出，輸入に共通の決定要因として，外国品と国内生産物の相対価格が浮上した．外国品と国内生産物の価格の比較は，それぞれ異なる通貨で表されているから，少し複雑である．

　外国品（輸入品）はドル，国内生産物は円で表されているとしよう．外国品と国内生産物の価格を比較するには，同じ通貨で表す必要がある．この役目を果たすのが，ドルと円の交換比率，すなわち名目為替レート（foreign exchange rate）である．たとえば1ドル＝120円，あるいは1ドル＝110円という表現は，1ドルと交換される円の数量であり，自国通貨建て名目為替レートと呼ばれるが，これをeと書こう．するとeの下落（120円→110円）は，ドルと交換される円が減ること（ドルの減価，ドル安），すなわち円の増価（円高）である[3]．

　さて，外国品（輸入品）のドル価格をP_F，国内生産物（輸出品）の円価格をPと書くと，外国品の円価格は$P_F e$である．したがって外国品と国内生産物の相対価格を，国内生産物と交換される外国品の量で表すと，$P/(P_F e)$である．これが実質為替レート，あるいは交易条件（terms of trade）である．

---

[3] 表現が紛らわしいが，120円から110円への下落が，円高であることに注意しよう．1円で買えるドルの数量は増加するからである（1/120ドル→1/110ドル）．

13.3 交易条件

外国車と日本車の価格比較		
外国車のドル価格	外国車の円価格	実質為替レート
3万ドル	3万ドル×120円=360万円	360万円/200万円=1.8台
P_F →	$P_F e$ →	$P/(P_F e)$

　交易条件の定義（$P/(P_F e)$）からわかるように，輸入品の価格 P_F が上昇したり，為替レート e が上昇したり（110円→120円；円安，ドル高），あるいは国内生産物の価格 P が下落すると，国内生産物1単位と交換される外国品の量が減る（逆は逆）．関係する変数の変化の方向を，次のような表にまとめると便利であろう．

表13-1　輸出，輸入と交易条件の決定要因

	λ	P	P_F	e
		+	−	−
EX	−			
IM	+			

（注）2つの変数が交差する欄の符号が+は同方向への変化，−は反対方向への変化を表す．

　これで輸出，輸入の決定要因に関する結論を，まとめることができる．輸出 EX は，外国での生産の大きさ X_F の増加関数であり，交易条件の減少関数である．したがって交易条件を λ と書くと（$\lambda = P/(P_F e)$），

$$EX = EX(X_F, \lambda), \partial EX/\partial X_F > 0, \partial EX/\partial \lambda < 0 \quad (13.8)$$

である．

　輸入は IM，国内での生産の大きさ X の増加関数であり，輸出とは反対に交易条件の増加関数である．したがって，

$$IM = IM(X, \lambda), \partial IM/\partial X > 0, \partial IM/\partial \lambda > 0 \quad (13.9)$$

である．

　最後に，純輸出（輸出−輸入）を計算するために，輸出，輸入の単位をそろえよう．あらためて輸出 EX を実物単位の国内生産物，輸入 IM を実物単位の外国品としよう（何台の車，何トンの米，等々）．したがって円表示の輸出（輸

出額）は，$EX \times P$ である．

では輸入品（外国品）を円で表すには，どうすればよいか．$IM \times P_F$ が輸入品のドル表示価格であるから，円表示価格は $IM \times P_F \times e$ である．したがって，円表示の純輸出額は，

$$純輸出額（円）= EX \times P - IM \times P_F \times e \tag{13.10}$$

である．これを国内生産物価格 P で割ったのが，実質純輸出（実質貿易収支）TB である．すなわち，

$$TB = EX - \left(\frac{eP_F}{P}\right)IM \tag{13.11}$$
$$= EX(X_F, \lambda) - IM(X, \lambda)/\lambda$$

である．

このように結局，実質純輸出 TB の決定要因は，外国での生産 X_F，国内生産 X，交易条件 λ となる．外国での生産 X_F，国内生産 X が実質純輸出に与える影響は（13.11）式より，それぞれプラス，マイナスと容易にわかる．しかし交易条件は第2項に2回登場し，その影響は相殺的であるから，少し複雑である．

13.4
マーシャル＝ラーナーの条件とJカーブ効果

交易条件 λ が実質純輸出（貿易収支）TB に与える影響の正負は不確定であるから，これを技術的に場合分けする基準が分析上，重宝である．これが正，すなわち交易条件の変化が実質輸出，あるいは実質輸入を十分大きく変化させ，したがって円高が日本の実質純輸出を減少させる条件が，マーシャル＝ラーナーの条件（Marshall-Lerner condition）である（補論参照）．

交易条件が実質純輸出に与える影響は，（13.11）式からわかるように，輸出と輸入に与える影響，および輸入の評価に与える影響の2つに分けることができる．前者は交易条件の変化に対する経済主体の反応，行動を経由するから，これに対する交易条件の影響は時間差（time lag）をともなう．

今，円安（λ の下落）を想定しよう．当初，実質の輸出量，実質の輸入量へ

図 13-2　J カーブ効果

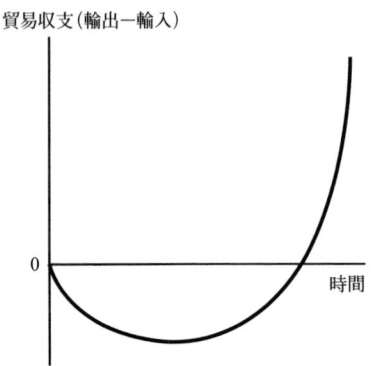

貿易収支(輸出−輸入)

の影響はすぐに表れないが，ドル表示の輸入額を円で表示に変換すると，輸入額は大きくなるので，実質貿易収支（実質純輸出）は減少する．しかしその後，円安の影響が表れ実質の輸出量は増加し，また実質の輸入量は減少するので，実質純輸出は増加に転じる．

つまり円安が起きると当初，貿易収支は悪化するが，やがて改善に転じる．これが J カーブ効果である（図 13-2）．以後，とくに断らない限りマーシャル＝ラーナーの条件を仮定する．

13.5 国際収支

国際的な取引，それにともなう貨幣の移動には財・サービスの輸出，輸入の他に証券もあり，さらに対外援助等の送金もある．ある国について一定期間（通常 1 年）内の，これらすべての対外支払額と受取額をまとめたものが国際収支（balance of payments）である．ある国の対外関係を貨幣の面から集約した重要な統計であるから，実際に最近の日本について見ていこう．

国際収支は表 13-2 のように，1. 経常収支，2. 資本収支 3. 外貨準備増減，からなる．本論の理論的な部分で中心的に扱った，貿易収支（財の取引）は経常収支の主な一項目である．貿易収支はプラスであるのに対し，サービス収支（輸送，旅行，特許等使用料等）はマイナスである．所得収支（利子・配当金等の受払等）は，外国からの所得の純受取であるが，結構大きいプラスである．経

表 13-2 国際収支総括表（2007年度）

（単位：億円）

1. 経常収支	245,444
貿易サービス収支	90,902
貿易収支	116,861
輸出	809,446
輸入	692,584
サービス収支	−25,960
所得収支	167,544
経常移転収支	−13,002
2. 資本収支	−223,531
投資収支	−219,675
その他資本収支	−3,856
3. 外貨準備増（−）減	−40,839
4. 誤差脱漏	18,926

（出所）財務省ホームページ，外国為替・国際通貨制度＞統計＞国際収支状況＞国際収支＞国際収支総括表，より．

常移転収支は，国際機関への分担金や贈与・寄付等である．また輸出，輸入の額は大きいが，貿易収支（輸出−輸入）は相殺されるので，絶対値は小さい．

資本収支の主な構成要素である投資収支は，直接投資，証券投資等からなる．直接投資は，外国での子会社設立，増資である．証券投資は外国の株式，債券の購入である．両者の区別は投資家が企業の経営に有力な発言権を有しているかどうかであり，形式的には株式の 10% 以上の持ち分があれば直接投資に分類される．

資本収支，およびその大部分を占める投資収支はマイナスである．これは，純（ネット）で外国証券の購入（円の流出）が起こっていることを意味する．資本収支の場合も，経常収支の場合と同様，円の流出をともなう場合マイナス（流入の場合はプラス）表示されている．

さて，経常収支＋資本収支は概念的には外貨準備増減である（経常収支＋資本収支＞0 が外貨準備増加）が，外貨準備増加はマイナス表示（外貨準備減少はプラス表示）されているから，必ず，経常収支＋資本収支＋外貨準備増減＝0 が成り立つ．

国際収支から見た日本の特徴は，いわば外国へ「もの」を売ってお金を稼ぎ，外国にお金を投資している，それでもなお，お金が余っているということであ

る．

13.6
国際通貨制度

　名目為替レートは，各国通貨の交換（売買）比率であるから，それらの需給によって決まる．現在，名目為替レートの動向は常時放送されているが，このような変動為替レート制は，歴史的経緯の結果である．

　かつて第二次世界大戦前，図13-3のように主要国は金本位制（gold standard）を採用していた．金本位制は，19世紀初頭，イギリスで始まり，19世紀後半から第一次世界大戦まで，国際的な通貨制度となった．金本位制のもとでは，各国通貨は金との交換比率（金平価）が固定される．したがって為替レートは，各国の金平価によって決まる[4]．

　したがって金本位制は，各国が自国の輸出拡大を図り自国の金平価を切り下げ，遂には切り下げ競争に至る可能性を内包している．実際，金本位制は，第

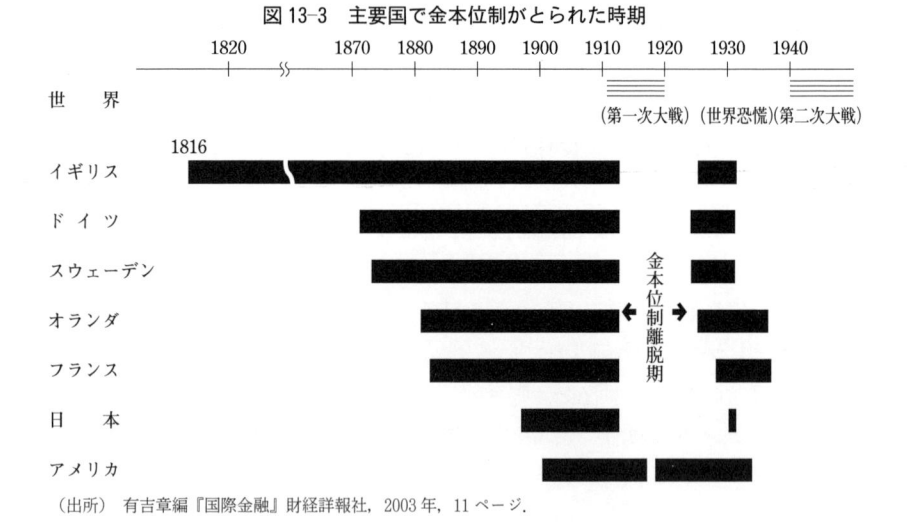

図 13-3　主要国で金本位制がとられた時期

（出所）　有吉章編『国際金融』財経詳報社，2003年，11ページ．

---

4)　これが実現する過程については，練習問題3.を参照．

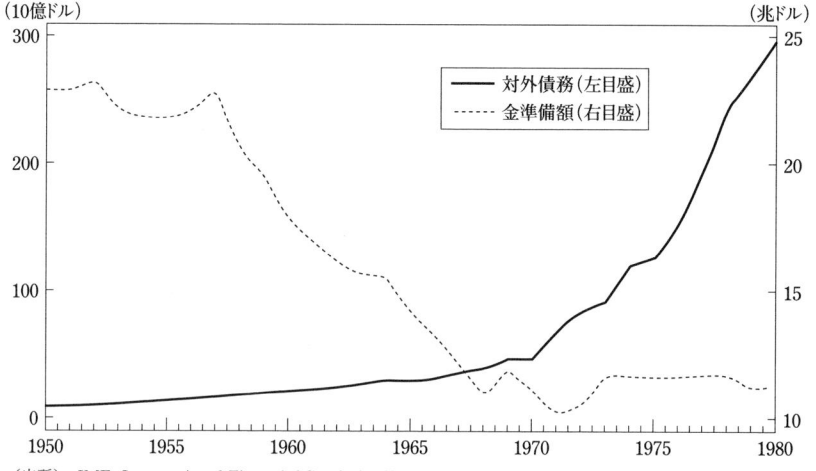

図 13-4 アメリカの対外流動債務と金準備額の推移

（出所）IMF, *International Financial Statistics Yearbook 1980*.

一次世界大戦による中断を経て戦後復活したが，1929年に始まった大恐慌によって各国が次々に金兌換を停止し，崩壊した．

第二次世界大戦後の国際通貨制度は，ブレトン・ウッズ体制，あるはIMF体制と呼ばれるが，国際為替制度については，次のように協定された[5]．

IMF加盟国は，自国通貨をドルに対して一定の率で固定（上下1%の幅に維持）する義務を負う．たとえば，1ドル＝360円．これに対しアメリカは自国通貨であるドルを，金1オンス＝35ドルで金と兌換することを各国に保証する．この固定為替レート制は，ドルの金との兌換が保証されているから，ドル為替本位制と呼ばれる．ドル為替本位制は，アメリカは自国通貨が世界通貨であるという特別な利益を得，代わりに他の資本主義国を経済的，政治的に支える，いわゆる冷戦体制に対応した国際為替制度である．

この体制のもとで，他の資本主義国は第二次世界大戦の被害から復興，発展するが，それは当該制度にとって新しい問題を生む．ヨーロッパ・日本の国際収支が黒字，したがってアメリカの国際収支が恒常的な赤字に落ち込み，ドル（アメリカの債務）が他国へ流出し滞留するようになると，アメリカによるドル

---

[5] 戦後の国際通貨制度の構想については2案あったが，力の強い国の案に決まった．この間の経緯については，浜田宏一『モダン・エコノミックス15 国際金融』岩波書店，1996年を参照．

13.6 国際通貨制度

図13-5 アメリカの国際収支の推移

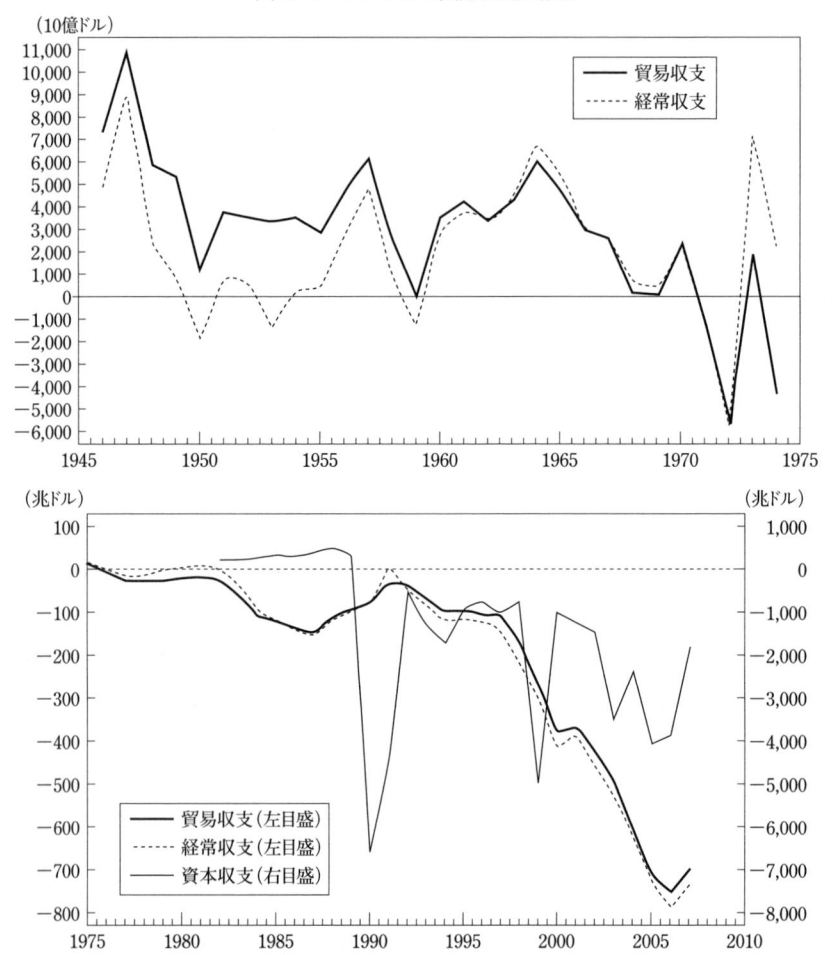

(出所) Economic Report of the President: 2009 Report Spreadsheet Tables, http://www.gpoaccess.gov/eop/tables09.html

の金兌換保証への信頼が揺らぐ．

実際，図13-4のようにアメリカの金準備は1960年代急減し，対外債務は増加を続け，とくに70年代には急増する．そして1960年に続き，1968年再び金価格が急騰する．いわゆるドル危機である．これに対しドル防衛対策が採られたが，その後もドル流出は続く．ついに1971年8月アメリカは，ドルと金

の交換停止を宣言し，ドル為替を基礎とする固定為替レート制は終わった．

　金準備の推移の背景であるアメリカの国際収支を見てみよう．図13-5のように1950年代には公的援助，軍事支出を貿易収支が相殺して余りあったが（貿易収支－経常収支＝所得収支＋経常移転収支＞0），1960年代にはカバーしきれなくなる．さらに70年代以降，貿易収支自身が赤字基調になる．そして資本収支は90年代以降，赤字（ドル流出）に転化する．これらの傾向は，現在まで続いている．

　1973年以降，主要通貨は変動為替レート制に移行し，現在に至っている．この制度のもとでは為替レートの決定は市場に任せられる．国際通貨市場における市場メカニズムによる調整は順調なものではない．実際，各国政府は1985年におけるドル高是正のプラザ合意のように，利害を調整しつつ外国為替市場に政策的介入を行っている（いわゆる協調介入）．また1997年には，アジア通貨危機が起こった．

　今後，グローバル化の一層の進展にともない，1つの国際通貨の必要性は増す．他方でアメリカの国際的地位は相対的に低下を続け，かつてのように，ある強国が覇権を握る可能性は小さい（コラム「アメリカの地位」，221ページ）．またIT技術の進歩を背景に，国際的資金移動はより大規模，より高速になり，国際金融不安のキッカケ，増幅要因となる．したがってアメリカ主導の政策協調，協調介入の必要性も増すだろう．

13.7
金利裁定と購買力平価

　為替レートは各国通貨の需給によって決まるが，各国通貨の需給は，どのような要因によって決まるのか．国際通貨ドルに対する需要は輸入代金の支払，および外国のドル建て金融資産の購入によって生まれる．他方，ドルの供給は，ドルで受け取った輸出代金を自国通貨（円）に換えるために，あるいはドル保有者が日本の円建て金融資産を購入するために行われる．この節では，近年重要性を増す金融資産の国際的売買の基本について述べる．

　国際的な金融資産の売買，とくに短期的な動機による場合は，金融資産の収益性を比較して行われる．ある金額で金融資産を買うとして，日本の金融資産

を買う方が有利か，アメリカの金融資産を買う方が有利か．このとき考慮されるのが，両国の利子率格差である．最も簡単な場合を考えよう．

今，日本国内の利子率を i とする．国内通貨1単位（1円）を，日本国内で運用したとき，1期後の元利合計は $(1+i)$ 円である．これをアメリカで運用した場合と比べる．

まず1円をドルに換えると，$1/e$ ドルである．e は，円建て為替レートで，たとえば110円/ドルである．これをアメリカで運用すると，1期後の元利合計は $(1/e)(1+i^F)$ ドルである．ここで i^F は，アメリカの利子率である．これを再び，円に換えると，$(1/e)(1+i^F)(e_{+1})$ 円となる．ここで，e_{+1} は，1年後の予想為替レートである．

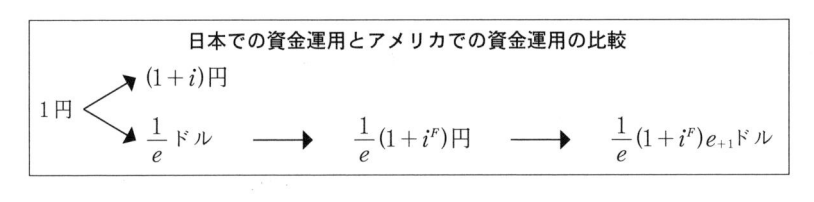

日本での資金運用とアメリカでの資金運用の比較

1円 → $(1+i)$ 円
1円 → $\frac{1}{e}$ ドル → $\frac{1}{e}(1+i^F)$ 円 → $\frac{1}{e}(1+i^F)e_{+1}$ ドル

したがって

$$1+i=(1+i^F)\frac{e_{+1}}{e} \tag{13.11}$$

のとき，日米間で収益性の格差はない．(13.11) 式は，

$$i=i^F+\frac{e_{+1}-e}{e} \tag{13.12}$$

と近似できる[6]．ここで，$(e_{+1}-e)/e$ は為替レートの予想変化率である．(13.12) 式が成立することを金利裁定（arbitrage）という．

為替レート e の十分な上昇（円安）が予想される（$e_{+1}-e>0$）ときは，アメリカの利子率が低くても（$i-i^F>0$），アメリカでの運用が有利である．なぜならドルの収益を円に換えるとき，換算比が有利になるからである（逆は逆）．

---

[6] (13.11) 式を

$$1+i=(1+i^F)+\frac{e_{+1}-e}{e}+i^F\frac{e_{+1}-e}{e} \tag{13.11}$$

と書き換えて，最後の項 $i^F\frac{e_{+1}-e}{e}$ は十分小であるとして，捨象すると (13.12) 式を得る．

繰り返し述べているように，名目為替レートは，通貨の需給によって変動する．そして通貨の需給は貿易，および国際的資金運用で決まる．これで為替レート決定論は十全か．そうではない．名目為替レートは通貨の需給次第で，どのような水準にでも決まるわけではない．その水準を制約する異次元の力が働いているからである．すなわち為替レートは，両国の貨幣の購買力が同じ水準に制約される．これが購買力平価（PPP: purchasing power parity）説である．

簡単な例で説明しよう．ハンバーガーが大阪では500円，同じようなものがニューヨークでは3ドルであるとしよう．この場合，ハンバーガーで測った購買力平価は1ドル＝166.7（＝500÷3）円である．他方，為替市場では1ドル＝100.0円であるとする（為替市場での円の過大評価）．このとき何が起こるか．

500円でドルを買うと，5ドルである．5ドルでニューヨークでは，1個3ドルのハンバーガーを買うと，1.67個買える[7]．したがってハンバーガーの需要は，大阪からニューヨークへ移動する．もちろん需要変化により，両都市でのハンバーガー生産も変化する．この過程は，1ドル＝166.7円となるまで続く．

場所が大阪とニューヨークでなく，商品がハンバーガーでなくても，2つの経済における一連の商品についても，同じメカニズムが働く．これが購買力平価説のエッセンスである．購買力平価と現実の為替レートの乖離が引き起こす国際資金移動は，前述の利子率格差による場合に比し，経済主体の反応の時間差が非常に大きい．

以上は理論，現実を見るときの指針である．現実については，近年における国際的な資金移動の大きな特徴を見ておこう（図13-6）．日本は，直接投資の形態でも証券投資の形態でも，世界のあらゆる地域に資金を提供している．この原資は，13.5節で見たように，経常収支，とくに貿易収支の黒字である．いわば財を売って得た外貨で，外国から証券を買っているのである．

アメリカは，どうか．アメリカへは，世界中から資金が流入している．ただし直接投資の形態では，結構ヨーロッパへ流出している．アメリカは全体としては，お金を借りて（証券を売って），財・サービスを買っている．これはアメ

---

[7] 500円→500円÷100円（1ドルあたり）＝5ドル→5ドル÷3ドル（1個）＝1.67（個）．

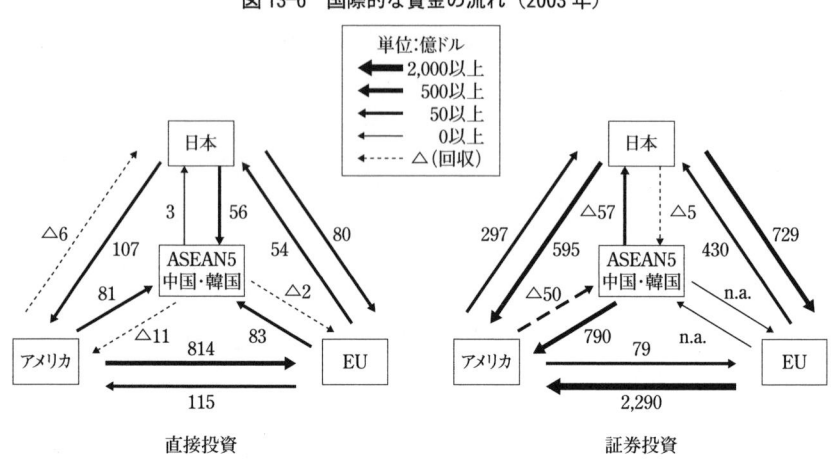

図 13-6　国際的な資金の流れ（2003年）

単位：億ドル
← 2,000以上
← 500以上
← 50以上
← 0以上
←-- △(回収)

直接投資

日本 → ASEAN5 中国・韓国: 56
ASEAN5 中国・韓国 → 日本: 3
日本 ← アメリカ: △6
アメリカ → 日本: 107
日本 → EU: 80
EU → 日本: 54
アメリカ → ASEAN5 中国・韓国: 81
ASEAN5 中国・韓国 → EU: △2
アメリカ ←-- ASEAN5: △11
ASEAN5 → EU: 83
アメリカ → EU: 814
EU → アメリカ: 115

証券投資

日本 → ASEAN5 中国・韓国: △5
ASEAN5 中国・韓国 → 日本: △57
アメリカ → 日本: 297
日本 → アメリカ: 595
日本 → EU: 729
EU → 日本: 430
アメリカ ←-- ASEAN5: △50
アメリカ → ASEAN5: 790
ASEAN5 → EU: 79
EU → ASEAN5: n.a.
EU → アメリカ: 2,290

（出所）　財務省国際局「最近の国際市場の動向について」（第7回　外国為替等分科会　資料, 平成17年3月）

リカが超大国であるから可能なことであるが，その立場を掘り崩すような事態でもある．

この章のまとめ

　ある国にとって貿易や国際金融が重要であることは，貿易論や国際金融論がマクロ経済学と並列されていた時代も今も変わらない．しかし開放マクロ経済学が普遍的となったのは，それらの重要性の程度がある限度を越えたからであろう．

　マクロ経済学から開放マクロ経済学への具体的展開は，貿易論や国際金融論の成果を受容することから始まる．その第一歩を，理論的な部分について確認しておこう．

　①貿易が重要なのは，財・サービスの需給一致条件について，輸出が需要に，輸入が供給に付け加わり，実現利潤率に影響するからである．

　②輸出，輸入の重要決定要因として，内外の生産規模とともに，交易条件（内外価格比と名目為替レート）が新しく登場する．

　③名目為替レートは各国通貨の需給によって変動し，各国通貨の需給を決定

するのは，貿易・サービス収支，および資本収支（金融資産の売買）であり，後者の重要性が増している．ただし名目為替レートは，長期的には購買力平価に制約される．

補論
マーシャル＝ラーナー条件

(13.11) 式を λ で微分すると，

$$\frac{dTB}{d\lambda} = \frac{dEX}{d\lambda} - \left(\lambda \frac{dIM}{d\lambda} - IM\right)\frac{1}{\lambda^2} \tag{1}$$

である．したがって，輸出と輸入の交易条件に関する弾力性を，それぞれ

$$E_{EX} = -\frac{dEX}{d\lambda}\frac{\lambda}{EX} > 0, \quad E_{IM} = \frac{dIM}{d\lambda}\frac{\lambda}{IM} > 0 \tag{2}$$

と短く書き換えると，(1) 式は，

$$\frac{dTB}{d\lambda} = \frac{IM}{\lambda^2}\left(-\frac{\lambda EX}{IM}E_{EX} - \frac{E_{IM}}{\lambda} + 1\right) \tag{3}$$

である．したがって，貿易収支が十分ゼロに近いとき ($EX \fallingdotseq IM$)，

$$\lambda E_{EX} + \frac{E_{IM}}{\lambda} > 1 \text{ のとき } \frac{dTB}{d\lambda} < 0$$

が成立する．したがってマーシャル＝ラーナーの条件は，$\lambda E_{EX} + \frac{E_{IM}}{\lambda} > 1$ と表すことができる．これは輸出と輸入の交易条件に関する弾力性が十分大きいことを正確に表しているから，感覚的にも自然である．

練習問題

1. 国内純生産物の需給均衡条件，

$$Y = C + I + EX - IM \tag{13.2}$$

において，消費需要，および輸入が国内純生産によって，次のように決まると仮定する．

$$C = C(Y), \quad 0 < C' < 1, \quad IM = IM(Y), \quad 0 < IM'$$

このとき投資乗数 $\Delta Y/\Delta I$ を計算せよ．ただし輸出 EX は一定とする．

ヒント：仮定より，$\Delta Y = \Delta C + \Delta I - \Delta IM$ が得られる．

2. 自国建て実質為替レートが上昇する，あるいは交易条件が好転すると，実質輸出は増加し実質輸入は減少するが，実質貿易収支（実質輸出－実質輸入）が好転するとは限らない．なぜか．

ヒント：輸出と輸入を同じ単位で表す必要がある

3. 金本位制で，為替レートが金平価で決まることを説明せよ．

ヒント：たとえば，アメリカの金平価が金1オンス＝18.85ドル，イギリスの金平価が金1オンス＝3.87ポンド・スターリング（以後，ポンドと略称）なら，為替レートは，18.85ドル÷3.87ポンド＝4.78ドル（1ポンド），あるいは，3.87ポンド÷18.85ドル＝0.21ポンド（1ドル）である．市場での為替レートが，この水準から乖離したとき，乖離が持続しない理由を考える．

4. 金利裁定が実現し，国内外の金融資産運用の収益性が均等であるとしても，その状態が持続しない内的要因は何か．それを強調する学説は何と呼ばれるか．

ヒント：金融資産を運用する他に利益を上げる途がある．その収益性との格差を考える．

Column　アメリカの地位

　第二次世界大戦後，社会主義に対抗して資本主義を支え，ついにその挑戦を退けたアメリカ．その圧倒的な経済力の一端は，国際通貨の保有量に垣間見ることができる．1950年代初頭には，なんと全世界の外貨の半分を保有していた（表1）．その後，その相対的地位は低下し，1970年代初頭には外貨保有の割合は1割以下となり，金準備も同じ期間に半分以下となる（図1）．

　にもかかわらずドルの国際通貨としての地位は，現在でも他に代わる候補がないという意味で，圧倒的である．すなわち外国為替市場で取引される通貨では，200％中85％以上（表2），また世界の通貨別外貨準備では65％を占める（図2）．

表1　アメリカの外貨保有の推移

	外貨保有（100万SDR）	全世界に占める割合（％）
1952	24,714	50.0
1962	17,220	27.4
1972	12,112	8.2
1982	29,918	8.3
1992	52,995	7.3
1994	52,510	6.2

（出所）　Economic Report of the President 1996 (TABLE B-107).

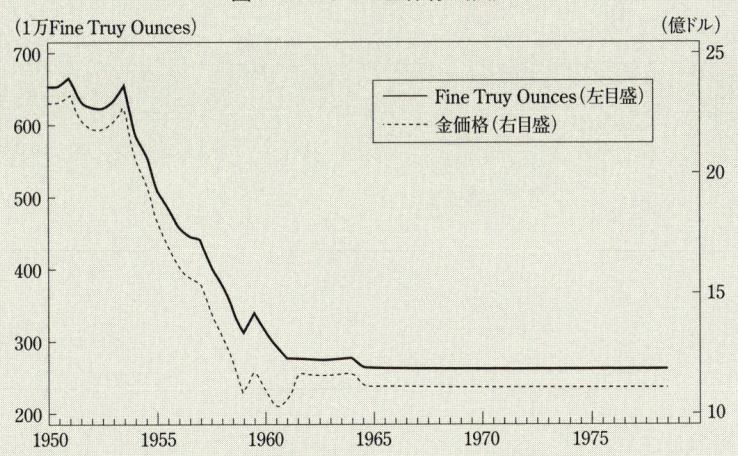

図1　アメリカの金保有の推移

（注）　Fine Troy Ounces: 金取引で使われる純度の高い金の重量単位，金価格：National Valuation.
（出所）　IMF, *International Financial Statistics Yearbook 1980, 2002, 2008* の各号より．

一見矛盾するようではあるが，一国では全世界を仕切れ切れないが，諸国の中では抜群であるということであり，とくに逆説的な現象ではない．

表2　外国為替市場で取引される通貨

	2001	2004	2007
米ドル	90.3	88.7	86.3
ユーロ	37.6	36.9	37.0
円	22.7	20.2	16.5
ポンド　スターリング	13.2	16.9	15.0
スイス　フラン	6.1	6.0	6.8
すべての通貨	200.0	200.0	200.0

(注)　主な通貨のみ．1つの取引に2つの通貨が現れるから合計は200%．
(出所)　BIS, "Triennial Central Bank Survey", December 2007.

図2　世界の通貨別外貨準備

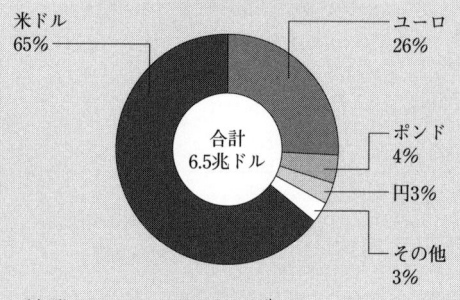

- 米ドル 65%
- ユーロ 26%
- ポンド 4%
- 円 3%
- その他 3%
- 合計 6.5兆ドル

(出所)　*The Economist*, July 11th, 2009, p. 67.

第14章

国際マクロ経済政策

この章で学ぶこと

閉鎖経済の枠組の中で，実物経済と貨幣経済の相互作用によって所得と利子率がどのように決まるかをこれまで学んできた．それを明らかにしたのが IS・LM 分析であった．この章では，開放経済における所得，利子率，為替レートの決定を学ぶ．

この問題について，IS・LM 分析の枠組みの中で理解できるように工夫したのがマンデル＝フレミングモデルである．それをこの章で学ぶ．

さらに，国際的な関係を考慮した際に，マクロ的な財政金融政策の効果はどうなるかを閉鎖経済の場合と比べながら学ぶ．為替レート制度の違いによって政策効果が変わることを学ぶ．

キーワード

マンデル＝フレミングモデル，利子率裁定，為替レート制度，小国と大国，為替リスク，政策効果

14.1
マンデル＝フレミングモデル

　マンデル＝フレミングモデルは，①自国の経済活動は直接世界に影響を及ぼさないという小国モデル，②資本移動の完全性によって利子率は瞬時に均等化されるという利子率裁定，③為替レートに関して，今の水準が将来も続くという静態予想，④物価一定にもとづいており，一定の限界を持つが，国際マクロ経済学と国際マクロ経済政策を考える基本的な指針を与えてくれる．このモデルを説明しよう．

商品市場均衡（IS 式）
　今，世界は自国と外国（小国モデルでは世界）の2国から成り立っている，としよう．自国における商品市場の均衡式は

$$Y = C + I + G + EX - IM \tag{14.1}$$

である．ここで，各変数は実質値であり，Y は所得，C は消費需要，I は投資需要，G は政府支出，EX は輸出，IM は輸入である．
　すでに学んだように，消費は所得に比例する部分（cY）と所得に依存しない基礎消費がある．ここでは基礎消費はないものとする．また，投資は利子率（i）の減少関数である．（輸出－輸入）は純輸出（貿易黒字，TB とする）であり，それは自国所得の減少関数，外国所得（Y_W）の増加関数，自国通貨建て為替レート（円建て，e）の増加関数である．また，所得から消費を引いたものが貯蓄であり，それは所得に貯蓄率（$s=1-c$）をかけたものに等しい．したがって，(14.1) 式は次のようになる．すなわち，

$$sY = I(i) + G + TB(Y, Y_W, e) \tag{14.2}$$

であり，これが商品市場における需給均衡式である．純輸出を決める式の中に為替レートが入っている点が閉鎖経済と異なっている．

貨幣市場均衡（LM式）

貨幣に対する需給均衡式は閉鎖経済の場合と同じであり，

$$M/P = L(Y, i) \tag{14.3}$$

である．M は名目貨幣供給，P は物価，L は貨幣需要である．貨幣需要は所得の増加関数，利子率の減少関数である．

資本の完全移動性

マンデル＝フレミングモデルにおいては，利子率は世界利子率 i_W で決まると仮定されている．すなわち，

$$i = i_W \tag{14.4}$$

である．

国内利子率が世界利子率より少しでも高くなれば，世界から資金が流入し国内利子率を低下させ，瞬時に世界利子率に等しくさせるというのである．自国と世界がこの利子率裁定式で接続されているところにモデルの特徴がある．

14.2
開放経済のもとでの所得決定

固定為替レート制度

固定為替レート制度の場合から始めよう．現在，日本やアメリカなどの発達した資本主義国では変動為替レート制度が採用されているのに，固定為替レート制度から始めるのは，①現在でも発展途上国の多くは，その通貨をドルと結び付けている，②固定為替レート制度と比較することによって変動為替レート制度の特徴をよりよく理解できるからである．

マンデル＝フレミングモデルは (14.2)，(14.3)，(14.4) 式によって構成されている．それでは未知数は何か．為替レート制度によって異なる．固定為替レートの場合，為替レートは固定であるから外生的に決められている．体系によって決められるのは所得，利子率，貨幣供給量である．この点を説明しよう．

固定為替レート制度においては，為替レートは固定されているが，それは政

図14-1　固定為替レート制度

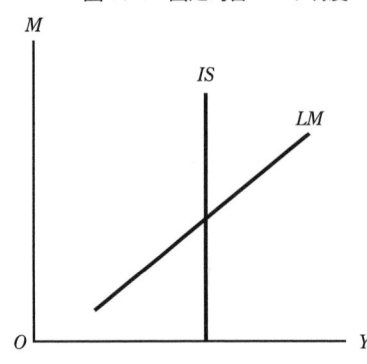

図14-2　変動為替レート制度

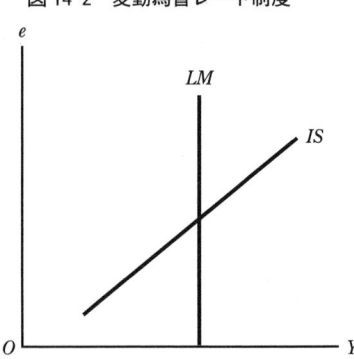

府が外国為替市場に介入しているからである．たとえば，日本の外国為替市場において，民間がドル売り・円買い（ドル債券の売り，円債券の買い）を行う，としよう．そのままではドル安・円高になり固定為替レートが崩れるから，政府はドル買い・円売りでドル価値を維持しなければならない．したがって，その際は民間保有貨幣すなわち貨幣供給は増加し，日本の外貨保有も増加する．逆に，民間がドル買い・円売りを行う際には，貨幣供給と外貨保有の減少となる．このように，貨幣供給は内生的に決められるのである．

マンデル＝フレミングモデルにおいては，利子率は利子率裁定によって外生的に決められているのであるから，実質的には (14.2) 式と (14.3) 式の2つの式によって2変数（YとM）が決まるのである．すなわち，(14.2) 式によって所得が決まり，(14.3) 式によって貨幣供給量が決まるのである．

図14-1のようにIS式つまり (14.2) 式は所得Yだけの式であるから垂直線であり，LM式は所得と貨幣量の式であり右上がりの曲線となる．

変動為替レート制度

この制度のもとでは，政府は外国為替市場に介入しない．貨幣供給は内生的に決まるのではなく，政策によって決められるのである．このとき，為替レートが変数となる．

(14.3) 式によって所得が決まり，(14.2) 式で為替レートが決まるのである．利子率一定のもとでは投資も一定になるから，貯蓄（供給）が増えると，需給均衡のためには輸出が増えねばならず，そのためには為替レートが円安

(e の上昇，円の減価）にならなければならないから，IS 曲線は右上がりになるのである．LM 曲線は垂直である（図14-2）．通常の IS 曲線は右下がりなのに図14-2では右上がりになっているのは，縦軸が利子率ではなく為替レートだからである．つまり，利子率が下がると資本流出が起こり為替レートが減価する（e の上昇）から，利子率と為替レート（e）は逆関係にあり，図も逆になっているのである．

14.3
国際マクロ経済政策

マンデル＝フレミングモデル（開放小国モデル）における経済政策の効果を考えてみよう．

固定為替レート制度における政策効果
○財政政策の効果

財政支出が増えたとしよう．当初の均衡点を E_0 とする．財政支出が増えても LM 曲線は変わらないが，IS 曲線は商品需要増によって IS' のように右方にシフトする（図14-3）．新しい均衡値は E_1 であり所得と貨幣供給量は増える．

閉鎖経済においては，財政支出の増加は利子率を上昇させるので，利子率上昇による投資減効果（クラウディング・アウト効果）が生じるが，開放経済では利子率が一定なのでクラウディング・アウト効果は生じない．その分，財政効果は大きくなっている．

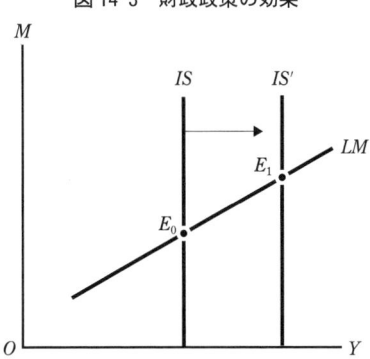

図14-3　財政政策の効果

○金融政策の効果

固定為替レート制度においては,貨幣供給量は内生的に決められるので,均衡においては貨幣供給量を増やすこと(金融政策)はできない.

説明しよう.一時的に貨幣供給量が増えても,それが利子率を低下させ,その結果,自国の資金が流出する.そのままではドル買い・円売りによって為替レートが減価するから,政府は固定為替レートを維持するためにドル売り・円買いを行う.これは,自国利子率が世界利子率に等しくなるまで実施される.その結果,民間保有の貨幣量は減少し,元の値になるのである.したがって,小国開放経済においては,金融政策は効果がない.

閉鎖経済の場合,金融緩和によって利子率が下落し所得を増やすのだが,開放経済の場合,利子率は元の水準に戻り,利子率下落→所得増という効果がなくなってしまうのである.

以上のように,固定為替レート制度の場合には,財政政策は有効だが金融政策は効果がないのである.

変動為替レート制度のもとでの政策効果
○財政政策の効果

拡張政策を例にとろう.当初の均衡点は E_0 である.財政支出を増やすと,LM 曲線は変化しないが,IS 曲線は右下方にシフトする.すなわち,一定の Y(供給)に対して需要も一定でなければならず,財政支出が増えた分だけ純輸出の減少,したがって為替レートの増価が生じなければならないから,IS 曲線は右下方にシフトするのである.

変動為替レート制度のもとでは,図14-4のように新しい均衡では所得は増えない.為替レートは増価(e の下落)している.

一時的に財政効果によって所得が増えても,その際は利子率が上昇し,高い利子率を求めて資本が流入し,為替レートは増価する(円高).そして,円高によって貿易収支が悪化し所得は低下する.この動きは利子率に格差がある限り続き,結局,所得は元の水準に戻ってしまうのである.このとき,

$$\Delta G + \Delta TB = 0 \qquad (14.6)$$

図 14-4 財政政策の効果

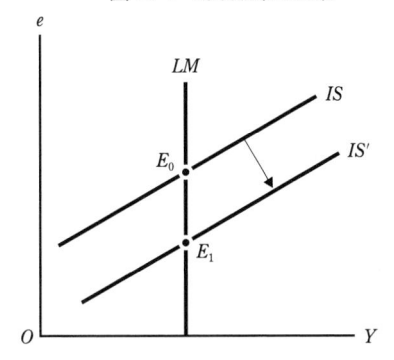

図 14-5 金融政策の効果

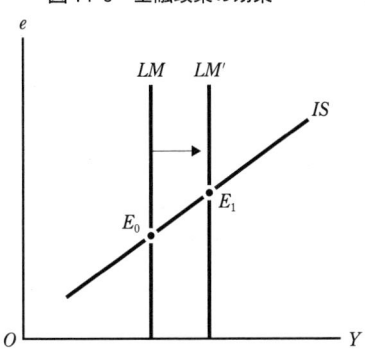

となり，財政支出増（$\Delta G>0$）は円高にもとづく貿易収支悪化（$\Delta TB<0$）によって完全にクラウディグ・アウトされ，財政効果はなくなるのである．

○金融政策の効果

金融緩和政策を考えよう．貨幣供給が増加しLM曲線がLM'のように右方にシフトする（図14-5）．所得は増え為替レートは減価する．金融政策は，円安効果によって閉鎖経済の場合よりも所得を増やすのである．

このように，変動為替レート制度の場合，金融政策は効果があるが，財政政策は効果がない．固定為替レート制度とまったく異なった結果になっている．これらの結果は，14.1節の冒頭で述べた仮定に基づいたものであり，それを変えれば結論も変わってくるのである．

14.4
マンデル＝フレミングモデルの修正

為替変動を考慮した場合

今の為替レートが将来も続くわけがない．為替レートは変動するのである．為替変動を考慮したとき，つまり14.1節で述べた仮定③をはずしたとき財政金融政策の効果はどうなるだろうか．

資本移動は金融資産の保有によって行われる．そこで，自国債券と外国債券の資産選択を考えてみよう．これは第13章で述べられているが，大切なので

再述しておこう．

　今，1億円の自国債券を購入したとしよう．期末には $(1+i)$ 億円を手にできる．1億円で外国債券を買う場合はどうか．期首の為替レートが e_0 であったとしょう．そのとき，1億円によって $1/e_0$ 億ドル分を購入でき，期末には $(1+i_W)/e_0$ 億ドルとなる．これを円に換算すると，期末の予想為替レートが e_1 ならば，$(1+i_W)e_1/e_0$ 億円になる．

　自国債券と外国債券のどちらが有利かは，$(1+i)$ と $(1+i_W)e_1/e_0$ の大きさに依存する．すなわち，自国利子率が大きいほど，外国利子率が小さいほど，e_1/e_0 が小さいほど，つまり円高予想が強くなり外国債券の為替リスクが大きいほど，自国債券が選択されるのである．

　以上の点を考慮すれば，為替変動を考えたときの利子率裁定式は，

$$(1+i) = (1+i_W)e_1/e_0$$
$$= (1+i_W)(1+\alpha) \qquad (14.7)$$

となる．α は $(e_1-e_0)/e_0$ であり，為替レートの予想減価率（円安予想）である．つまり円資産の為替リスクである．各変数の数値は小さいから，変数と変数の積（たとえば i_W と α の積）をゼロとすれば，(14.7) 式は (14.8) 式に近似できる．すなわち，

$$i = i_W + \alpha \qquad (14.8)$$

である．したがって，予想為替変動分だけ利子率格差が残るのである．

　次に，為替レートに関する予想はどのようにしてなされるのか．予想が当たれば一夜にして大富豪になれる．一概にいえないのであるが，ここでは，ケインズが貨幣と債券の資産選択に関して行った想定，すなわち，利子率が下がれば下がるほど（債券価格が上がれば上がるほど），多くの人々は，利子率は反転し上がるだろう（債券価格は下がるだろう）と予想するようになる，という想定を適用しょう．そのような想定のもとでは，円高になればなるほど（低い e），人々は，いずれ円安になるだろう（α の上昇）と予想するのである．したがって，

$$\alpha = \alpha(e), \quad d\alpha/de < 0 \qquad (14.9)$$

図14-6　財政政策の効果　　　図14-7　金融政策の効果

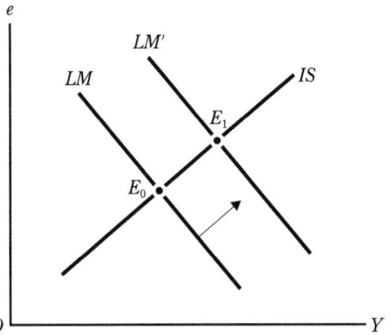

となる（第13章参照）．(14.9) 式を (14.8) 式に代入すれば，

$$i = i_W + \alpha(e) \tag{14.10}$$

となる．

　マンデル＝フレミングの体系は (14.2)，(14.3)，(14.10) 式であり，変数は所得，利子率，為替レートである．(14.10) 式を (14.2) 式に代入すれば，結局，所得と為替レートを変数とする連立2次方程式の体系になり，図14-6のようになる．すなわち，IS曲線は右上がり，LM曲線は右下がりである．通常のIS曲線は右下がりでLM曲線は右上がりであるが，その際は縦軸が利子率であった．図14-6の縦軸は為替レートあり，為替レートと利子率は逆関係にある（為替レートが減価すなわち e が上昇すると利子率が下落する）から，曲線の傾きも逆になっているのである．

○財政政策の効果

　財政を増やすと，IS曲線は右方向にシフトするが，LM曲線は変わらない．均衡点は E_0 から E_1 に移り，所得は増加し為替レートは増価する（円高）．円高は将来の円安予想（α の上昇）を強め，α がプラスのところで利子率裁定されるから，利子率は上昇している．利子率が上昇しているので財政効果は閉鎖経済の場合よりも小さいけれども，円高によるクラウディング・アウト効果の一部はなくなり，所得は増えるのである（図14-6）．

○金融政策の効果

　金融緩和は，LM 曲線を右上方シフト（$LM \to LM'$）させ，所得増・為替レートの減価（円安）になる．円安によって円高予想が生じ，利子率は下落する．所得は，閉鎖経済の場合よりも上昇するけれども，為替変動を予想しない開放小国経済モデルの場合よりも低くなる[1]．このように，将来の為替変動を考慮した場合には，財政・金融政策はともに有効である．

物価変動がある場合

　物価の決定は第10章で述べたように所得の増加関数であるから，(14.3) 式は，

$$M = P(Y)L(Y, i) \qquad (14.11)$$

となる．これが物価変動ある場合の LM 式である．(14.11) 式からわかるように，所得が増えると，貨幣需要が増えるから，(14.11) 式は結局，

$$M = L(Y, i) \qquad L_Y > 0, L_i < 0 \qquad (14.12)$$

となる．(14.11) 式の L 関数と (14.12) 式の L 関数とは異なっているが，ここでは便宜上，同じ記号を使っている．$L_Y > 0$ は所得が増えると貨幣需要が増えることを示している．$L_i < 0$ は利子率が上昇すると貨幣需要が減少することを示している．

　(14.12) 式は物価一定の際の (14.3) 式と同じ効果を持っている．したがって，物価変動を考慮してもマンデル＝フレミングモデルの結論は変わらない．

大国の場合

　これまでの議論は，外国における変数を所与としてきた．すなわち，小国の仮定である．しかし，現実の国際経済関係はそうではない．自国の経済活動が外国に影響を及ぼし，それが逆に自国にはね返ってくる．これが大国のケースである．日本を分析対象にする場合には，小国の仮定は非現実的である．

　大国モデルを全面的に解くのは煩雑である．そこで，世界は自国（たとえば

---

[1] 為替変動を予想しない場合に比べて利子率は下落している．それにともなう貨幣需要増があり，貨幣需給均衡を満たすための所得は利子率が一定の場合よりも低くなるのである．

日本）と外国（アメリカ）の2国から成り立っているとし，またマンデル＝フレミングの仮定①を外すが，その他は成立するとしよう．すなわち，資本移動の完全自由によって自国利子率と外国利子率は裁定されているものとしよう．簡単化のために物価は1とする．

　IS式は，それぞれの国の通貨で計って

$$sY = I(i) + G + TB(Y, Y_W, e) \tag{14.13}$$
$$s_W Y_W = I_W(i_W) + G_W + TB_W(Y, Y_W, e) \tag{14.14}$$

である．自国貿易収支と外国貿易収支の合計は，共通通貨たとえば自国通貨建て為替レートで計ってゼロであるから，

$$TB + eTB_W = 0 \tag{14.15}$$

である．(14.15)式を用いると，(14.14)式は

$$s_W Y_W = I_W(i_W) + G_W - TB(Y, Y_W, e)/e \tag{14.16}$$

となる．

　LM式は，

$$M = L(Y, i) \tag{14.17}$$
$$M_W = L_W(Y_W, i_W) \tag{14.18}$$

である．そして，利子率裁定式は，

$$i = i_W \tag{14.19}$$

となる．モデルは(14.13)式，そして(14.16)式から(14.19)式によって構成されている．方程式は5つ，未知数は変動為替レート制度の場合，両国の所得，両国の利子率，為替レートの5つである．

○財政政策の効果

　変動為替レートの場合の政策効果を調べよう．

　(14.19)式を考慮すれば，(14.18)式より外国所得 Y_W は利子率 i と外国貨幣供給量 M_W の増加関数である．

また，(14.16)，(14.19)式から，為替レートは，

$$e = e(\overset{+}{Y}, \overset{-}{i}, \overset{+}{G_W}, \overset{-}{M_W}) \tag{14.20}$$

となる．(14.20)式右辺の上に付けられた符号（+，-）は，e が説明変数（たとえば Y, i) の増加関数，減少関数であることを示している．したがって，(14.20)式は，所得が増えると貿易収支が悪化し為替レートが減価する（円安）こと，利子率の上昇は資本導入を増やし円高になることを示している[2]．

以上の関係を前提して自国の IS 曲線（14.13）と LM 曲線（14.17）を図示しよう．LM 曲線は必ず右上がりだが，IS 曲線は右下がりの場合も右上がりの場合もある．右下がりの場合は図 14-8 のようになる．図において当初の均衡点は E_0 である．いま，自国で財政拡張政策が行われたとしよう．LM 曲線は変化しないが，IS 曲線は IS' のように右上方にシフトする．自国の所得と利子率は上昇している．外国所得は利子率の増加関数だから増加している．

小国開放経済の場合には，すでに述べたように利子率格差→資本流入→円高→貿易収支の悪化→ IS 曲線の左下方シフトによって，元の均衡値に逆戻りしてしまった．すなわち，財政支出増は利子率上昇によって完全にクラウディング・アウトされてしまった．しかし，大国経済の場合には，日本の所得増によってアメリカの貿易収支が改善され，アメリカの所得と利子率が上昇する．そして，アメリカの所得上昇は日本からの輸入を増やし，日本の IS 曲線の左下方への逆戻りを押しとどめる．その結果，日本の所得と世界利子率は以前よりも上昇するのである．

閉鎖経済と比べるとどうか．閉鎖経済においては，利子率格差→資本流入→円高→貿易収支の悪化が生じないので，開放大国経済よりも財政効果は大きいのである．

開放大国経済での財政政策は両国の所得を上昇させる．日本の財政拡張政策は外国（アメリカ）に対してプラスの波及効果を持っているのである．日本の財政拡張政策による日本の所得増は，閉鎖経済の場合よりも低いが，小国の場

---

[2] ここでは，マーシャル=ラーナー条件が仮定されており，円安（e の上昇）になると，自国（日本）の貿易収支が改善されると仮定している．その際，外国（アメリカ）の貿易収支は悪化するのである．

図 14-8　財政政策の効果　　　　図 14-9　金融政策の効果

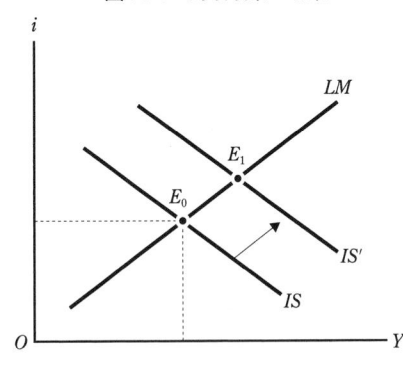

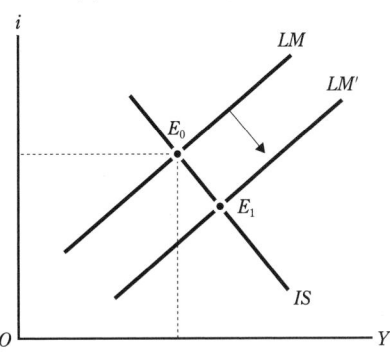

合よりも高くなっている．

外国の財政拡張政策も両国の所得ならびに利子率を上昇させる．

○金融政策の効果

金融緩和によって，図 14-9 のように LM 曲線は右下方にシフトする．自国の所得は増えるが，利子率は下落する．外国の所得は利子率の増加関数なので減少するのである．

説明しよう．アメリカにおいては，日本の所得増によって貿易収支が改善されるが，他方，利子率低下による円安・ドル高によって貿易収支は悪化する．このような動きは新たな利子率裁定が行われるまで続く．新しい均衡利子率は，日本の金融緩和が世界金融市場への資金供給を増やすので低下している．利子率の低下は外国所得を低下させるのである．

金融緩和政策の自国への影響はプラスである．開放小国経済の場合よりも効果は小さいけれども，円安効果が生じているだけ閉鎖経済よりも効果は大きいのである．しかし，アメリカの所得は低下していることに留意すべきである．

次に，IS 曲線が右上がりの場合はどうか[3]．財政政策の効果は，図 14-10 のように両国の所得と利子率を上昇させる．

金融緩和政策を行えば，両国の所得と利子率は上昇する（図 14-11）．IS 曲線が右下がりの場合と異なる結果が生じるのである．すなわち，自国の金融政

3）　IS 曲線の傾きが LM 曲線の傾きよりも大きい場合は不安定になり，比較静学の意味がないので，ここでは安定の場合，つまり IS 曲線の傾きが LM 曲線の傾きよりも小さい場合を考える．

図 14-10 財政政策の効果

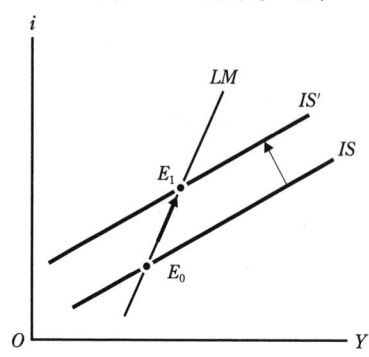

図 14-11 金融政策の効果

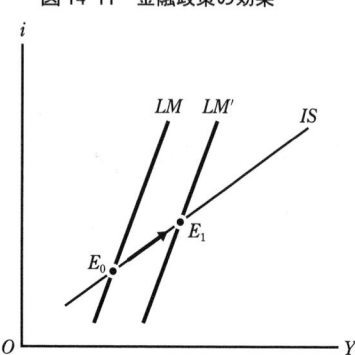

策が外国に対してマイナスの影響を与えることはないのである．

この章のまとめ

1. $IS \cdot LM$ 分析を開放体系に応用したのがマンデル＝フレミングモデルである．それは，小国の仮定，利子率裁定，為替リスクなし，物価一定に依存している．
2. マンデル＝フレミングモデルによれば，固定為替レート制度の場合，財政政策は効果があるが，金融政策は効果がない．変動相場レート制度の場合には，金融政策は効果があるが，財政政策は効果がない．この結論はマンデル＝フレミングモデルの仮定に依存している．
3. 為替リスクがある場合には，財政政策・金融政策ともに効果がある．効果の大きさを閉鎖経済と比較すると，財政政策の場合には閉鎖経済効果の方が大きく，金融政策は閉鎖経済効果の方が小さい．
4. 物価が変動してもマンデル＝フレミングの結論は妥当する．
5. 大国モデル．利子率裁定が行われており，為替リスク・物価変動なしのもとでの財政政策は効果がある．自国の金融緩和政策は自国の所得を増やすが，外国の所得が低下する場合もある．

練習問題

1. 各国がそれぞれ自国の利益最大化を求めて行動したとき,世界全体も利益最大化するだろうか.
2. 利子率裁定がなされない場合,この章の(14.4)式をどのような式に変える必要があるか.
3. ケインズの有効需要政策の限界を国際マクロ経済政策の立場から考えてみよう.

Column　円キャリートレード

　円キャリとは，金利の安い円を借入し，円を売って金利の高い外貨建ての資産（預金，国債，株式など）を購入することである．すなわち，金利差を利用して儲けようとすることである．円キャリが活発になったのは，日本の金利が低金利に抑えられているからである．

　円キャリには為替リスクがある．今，1ドル100円，日本の金利が0％，アメリカの金利が5％，手数料ゼロとしよう．このとき，100万円を借り入れて1万ドルのドル債券を買うと1期後には1万500ドルになる．もし円安になり1ドル120円になると，円に換えて126万円，100万円を返済して26万円の利益となる．しかし，円高になり1ドル80円になると16万円損をする．

　それでは，円キャリの為替レートへの影響はどうか．円キャリが行われると，さしずめ円売り・外貨買いなので円安になり，円借入は有利になる．しかし，円返済などの何らかの事情で逆円キャリ（円買い・外貨売り）が生じると円高になり為替差損になる．

　金融危機が生じる以前の2004年第1四半期（1Q）から07年2Qまでは，『日銀レビュー』（2009年6月）によると，豪ドルなどの高金利通貨の為替レートが増価し，低金利の円が減価していた．しかし，金融危機以後の07年3Qから08年4Qまでは高金利通貨が減価し，円が増価したのである．これは金融危機以前には円キャリが行われたが，危機以降，逆円キャリが生じたことを示している．

　また，金融危機以降，各国は金利引き下げを行った．これは内外金利差を縮小し，円キャリのうまみをなくしている．

　FXは個人の円キャリである．しかも一定の証拠金をいれると，その何十倍もの通貨売買を行える．しかし，これは大儲けできる反面，大損もするのである．

第 15 章
景気循環

この章で学ぶこと

これまでおかれていた資本設備量が一定という仮定をはずし，経済活動水準が時間をつうじてどのように変化するかを学ぶ．経済活動水準は循環的に運動しながら，趨勢的には成長してきた．この章では循環の側面に焦点を絞る．これまでに4種類の循環が発見されている．循環の観点から日本経済の歴史的動きを整理する．どのようなメカニズムをつうじて循環が発生するのかという問題が理論的に明らかにされる．経済の変動の基礎には資本家の投資行動がある．資本主義経済で投資が果たす役割の大きさを理解する．

キーワード

景気の基準日付，4つの循環，ハロッド=置塩型投資関数，稼働率，資本蓄積率，正常生産と現実生産，成長経路の不安定性，保証成長

15.1
景気循環の実際

　国内総生産，鉱工業生産，稼働率などの単一データ，複数の経済データを合成して作成される景気動向指数，企業家へのアンケート結果をもとに作成される指標（たとえば「日銀短観」）などを利用して景気判断がなされている．内閣府は景気循環の山・谷の時期を公式に定めている（景気基準日付)[1]．それにしたがえば，戦後混乱期を脱して自律した国民経済として機能し始めてから現在（2009年7月）までに13の景気循環が観察されている．

　周期に注目すると，最も長い景気循環は，1986年11月を谷とするバブル景気の第11循環（山：91年12月→谷：93年10月）であり，83カ月（拡張期間51カ月＋後退期間32カ月）に及んだ．逆に最も短かった景気循環は2度の石油危機にはさまれた1970年代後半期の第8循環（31カ月）であった．

　景気を拡張局面と後退局面に分けてみると，最長の拡張局面は「いざなぎ景気」と呼ばれた1960年代後半の第6循環である（57カ月)[2]．最も短命に終わった拡張局面は1973年の第一次石油危機後である（22カ月）．最長の後退局面は第二次石油危機後の不況であり，3年にも及んだ．最短は第8循環の9カ月である．1960年代までの景気循環は約3年の好況期と約1年の不況期と特徴づけられる．しかし70年代以降は，好況期が短くなり，不況期が長くなる傾向が見られる[3]．戦後の全循環（第2～13循環）を単純に平均すると好況期と不況期の長さの比は約2対1（33.2カ月対17.1カ月）になる．

　ところで，景気循環には周期の異なる4つの波の存在が知られている．循環を引き起こす主な要因あるいは発見者にちなんで，長期波動（コンドラチェフの波），建築循環（クズネッツの波），設備投資循環（ジュグラーの波），在庫投資循環（キチンの波）と呼ばれる．「景気の基準日付」による循環は，ほぼ在庫投

---

[1]　内閣府経済社会総合研究所内におかれた景気動向指数研究会の議論を経て，所長が設定する．

[2]　2009年1月に第14循環の山が2007年10月と暫定的に定められた．一循環終了後にこのままの日付が確定すれば，拡張期間が69カ月となり戦後最長＝「いざなぎ超え」となる．

[3]　第2循環から第6循環の前半と第7循環から第11循環の後半に分けて，それぞれの拡張期間・後退期間の長さを平均する．前半では36.2カ月対12.2カ月であるのに対して，後半期では30.4カ月対22カ月となる．

表 15-1　景気基準日付

	谷	山	谷	拡張	後退	全循環
第1循環		1951年6月	1951年10月		4カ月	
第2循環	1951年10月	1954年1月	1954年11月	27カ月	10カ月	37カ月
第3循環	1954年11月	1957年6月	1958年6月	31カ月	12カ月	43カ月
第4循環	1958年6月	1961年12月	1962年10月	42カ月	10カ月	52カ月
第5循環	1962年10月	1964年10月	1965年10月	24カ月	12カ月	36カ月
第6循環	1965年10月	1970年7月	1971年12月	57カ月	17カ月	74カ月
第7循環	1971年12月	1973年11月	1975年3月	23カ月	16カ月	39カ月
第8循環	1975年3月	1977年1月	1977年10月	22カ月	9カ月	31カ月
第9循環	1977年10月	1980年2月	1983年2月	28カ月	36カ月	64カ月
第10循環	1983年2月	1985年6月	1986年11月	28カ月	17カ月	45カ月
第11循環	1986年11月	1991年2月	1993年10月	51カ月	32カ月	83カ月
第12循環	1993年10月	1997年5月	1999年1月	43カ月	20カ月	63カ月
第13循環	1999年1月	2000年11月	2002年1月	22カ月	14カ月	36カ月
第14循環	2002年1月	2007年10月（暫定）		69カ月		

（出所）　内閣府経済社会総合研究所.

図 15-1　民間企業設備/GDP 比率の推移（1980〜2007 年，暦年）

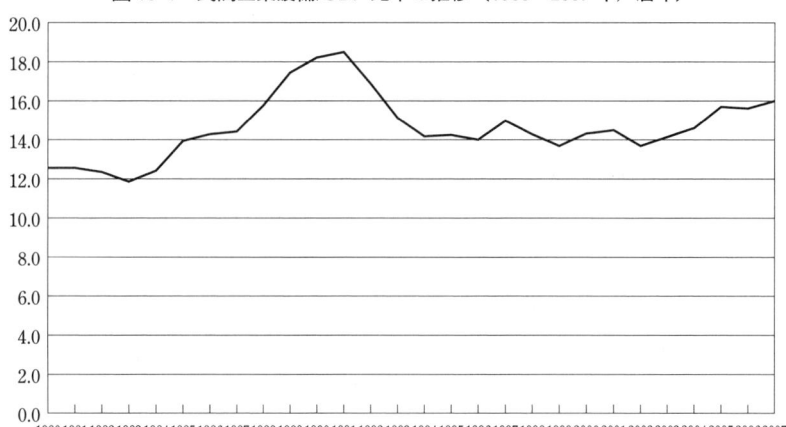

（出所）『国民経済計算年報（2007 年度）』.

資循環に対応するといわれる．日本でも設備投資対 GDP 比率を観察すると，1961 年，70 年，80 年，90 年が景気の山になっており，ほぼ 10 年周期の設備循環が存在している．また建設投資対 GDP 比率は 1966 年の谷から 1985 年の谷まで 19 年の周期が認められている[4]．

15.2
成長経路の不安定性

順調な成長経路

　政府・海外部門が存在しない最も簡単な経済を想定しよう．第1期に生産設備が100存在し，その設備を正常稼働すると100の生産物が得られる（生産物/生産設備＝1とする）．生産物（所得）の80%が消費され（消費性向＝0.8），残りが貯蓄（＝投資）されるならば，80が消費され，20が貯蓄されることになる．生産物市場が均衡するように貯蓄と同額（＝20）の投資が受動的になされるとしよう．簡単化のために設備は減耗しないと仮定すれば，第2期の設備量は100＋20＝120となる．120の設備からは120の生産物が得られ，……，というように，存在する設備は正常に稼働され，生産物は売り尽くされ，つまり生産物市場は均衡しながら経済は成長していく．

	第1期	第2期	第3期	第4期	第5期
生産設備	100	120	144	172.8	207.36
生産	100	120	144	172.8	207.36
消費	80	96	115.2	138.24	165.888
貯蓄（投資）	20	24	28.8	34.56	41.472

　投資が受動的に決定されるならば，数値例が示すように生産，投資，消費はすべて20%の率で増加している．このことを一般的に確かめてみよう．

　経済に存在している生産設備量がK_tであり，生産設備1単位を正常稼働するときにσ単位の生産物が得られるとする（σは正常産出資本比率と呼ばれる）．このときの生産量を正常生産量Y_t^*と呼ぼう．

$$Y_t^* = \sigma K_t \tag{15.1}$$

I_tの大きさの投資が実行されれば，生産設備は投資した分だけ増加する．

$$\Delta K_t = I_t \tag{15.2}$$

---

4) たとえば横溝雅夫（1991）を参照．

投資されれば生産設備が増加し，正常生産量も増加していく．生産物市場が均衡するように投資が決定されるならば

$$I_t = sY_t^* \qquad (15.3)$$

でなければならない．(15.1) 式と (15.3) 式より

$$\frac{I_t}{s} = \sigma K_t \qquad (15.4)$$

となる．(15.2) 式を用いて書き改めると

$$\frac{\Delta K_t}{K_t} = s\sigma \qquad (15.5)$$

となる．すなわち，生産設備は毎期 $s\sigma$ に等しい率（「保証成長率」と呼ばれる）で増加し続けねばならない．このとき生産，投資，消費なども同じ率で増加していく．こうした順調な成長経路に沿って経済が運動していくためには投資行動に厳しい条件が求められる．先の数値例では，生産物市場の均衡が維持されるように投資が受動的に決定され，毎期 20% で増加していた．

現実的な投資行動

資本家は私的観点から最適と判断する投資を行っている．毎期 $s\sigma$ に等しい率での投資拡大が最適となる理由は一般的には存在しない．また企業家がその率で投資を増加し続けられるという保証もないならば，現実生産量と正常生産量の関係はどうなるのであろうか．はたして現実の成長過程はどのような特徴をもつのであろうか．

家計・企業は，それぞれの個別的観点から望ましい消費量，投資量を決定する．それらを集計して得られる総需要に規定される現実の生産量が，生産設備を正常に稼働したときに得られる生産量に等しくなる保証はない．ミクロ的に合理的な意思決定が必ずしもマクロ的に最適であるとは限らない．総需要に規定される現実生産量と正常稼働生産量が常に等しくなるためにどのような条件が必要であろうか．

貯蓄率を s とすれば，現実の経済活動水準 Y_t は，次式を満たすように決定される．

15.2 成長経路の不安定性

$$Y_t = \frac{I_t}{s} \tag{15.6}$$

他方で正常生産量は（15.1）式のように決まるので，現実生産量と正常生産量が等しくなるためには

$$\frac{I_t}{s} = \sigma K_t \quad \text{あるいは} \quad \frac{I_t}{K_t} = s\sigma \tag{15.7}$$

が満たされねばならない．投資は毎期 $s\sigma$ の率で増加し続けねばならない．現実の投資はどのように行われるであろうか．すでに第6章でいくつかの投資関数を学んだが，ここでは資本家の投資行動をハロッド＝置塩型投資関数でとらえよう[5]．

$$g_{t+1} = g_t + \beta(\delta_{t-1}) \quad \beta > 0 \tag{15.8}$$

ここで g_t は設備存在量に対する投資の比率 I_t/K_t（＝資本蓄積率）である．δ_t は設備稼働率，β は稼働率に対する投資の反応係数をそれぞれ表している．設備稼働率，現実生産量，正常生産量との間には

$$\delta_t = \frac{Y_t}{Y_t^*} \tag{15.9}$$

という関係が成り立っている．現実生産量が正常生産量に等しいときに設備は正常に稼働（$\delta_t = 1$）されている．

ハロッド＝置塩型投資関数では，稼働率が正常水準を上回っているか否か，言い換えれば現存設備量の過不足の状態を参照しつつ，投資が決定される．ここで設備の稼働状態によって決定されるのは投資需要の「絶対水準」ではなく，「現存設備量に対する比率」であることに注意しておこう．同一の稼働率水準のときでも，現存設備量が多い場合と少ない場合では実行される投資量は異なるはずである．つまり現存設備量が多いほど実行される投資の絶対量は多いと考えられる．資本の過不足がない状態，つまり設備が正常稼働されているときには，

$$\frac{I_{t+1}}{K_{t+1}} = \frac{I_t}{K_t} \quad \text{すなわち} \quad g_{t+1} = g_t \tag{15.10}$$

---

[5] R. Harrod, *Trade Cycle*, 1936（宮崎義一・浅野栄一訳『景気循環論』東洋経済新報社，1955年）．R. Harrod, *Economic Dynamics*, 1973. 置塩信雄『現代経済学』筑摩書房，1977年．

となる．設備が正常に稼働されているという意味で資本家にとって望ましい状況のもとでは，たんに投資需要の絶対水準を維持するのではなく，投資の拡大テンポ（＝資本蓄積率）を維持するという態度が想定されている．

成長経路の不安定性

ハロッド＝置塩型の投資行動を想定すると現実経済はどのように運動するだろうか．(15.1)，(15.6) 式を考慮すると稼働率は

$$\delta_t = \frac{Y_t}{\sigma K_t} = \frac{I_t}{s\sigma K_t} = \frac{1}{s\sigma} g_t \tag{15.11}$$

となるので，投資関数 (15.8) 式は

$$g_{t+1} = g_t + \beta\left(\frac{1}{s\sigma} g_t - 1\right) \tag{15.12}$$

と書き換えられる．ここで s，σ，β を所与とすれば，t 期の資本蓄積率を基礎に $(t+1)$ 期の資本蓄積率が決定される．次に $(t+1)$ 期の資本蓄積率がわかれば，$(t+2)$ 期の資本蓄積率が求められる．$(t+2)$ 期の資本蓄積率が……というように資本蓄積率が順次求められていく．

はたして資本蓄積率はどのような動きを示すのだろうか．(15.12) 式を g_t で微分すると

$$\frac{dg_{t+1}}{dg_t} = 1 + \frac{\beta}{s\sigma} > 1 \tag{15.13}$$

を得る．s，σ，β はすべて正の定数なので，上式の右辺は明らかに 1 より大きい．この結果を考慮して，t 期と $(t+1)$ 期の資本蓄積率の関係を図示すると図 15-2 のようになる．投資関数の傾きは 1 より大きいので 45 度線を下から切ることになる．

45 度線と投資関数の交点を E としよう．点 E は 45 度線上にあるので

$$g_{t+1} = g_t (\equiv g^*) \tag{15.14}$$

となっている．(15.12) 式より g^* の値は

$$g^* = s\sigma \tag{15.15}$$

である．

15.2 成長経路の不安定性

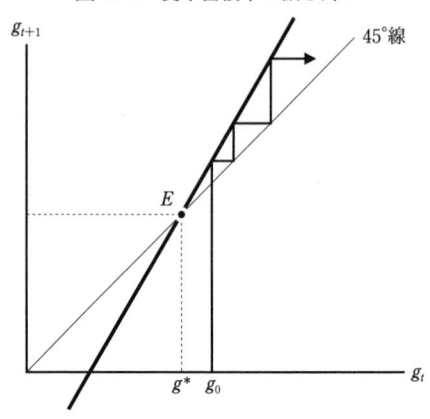

図 15-2 資本蓄積率の振る舞い

仮にゼロ期に現実の資本蓄積率が g^* に等しかったとすれば，第1期の蓄積率も g^* に等しい．そうすると第2期の蓄積率も g^*，第3期の蓄積率も g^* …… というように毎期同一率をとり続ける．稼働率は1になっているので，現実生産量は正常生産量に等しい．点 E では正常に稼働されている生産設備から生み出された生産物が需要され尽くす．つまり，生産能力と有効需要のバランスが維持されている[6]．このような成長経路を順調な拡大再生産経路（あるいは「保証成長経路」）と呼ぶ．この経路上では，資本設備と投資は同じ率で増加する．その際，生産量，消費等も同一の率で増加していく．先の数値例で示された状況が実現されている．

現実の成長経路がなんらかの理由で順調な拡大再生産経路から離れてしまうと，その乖離の程度は拡大してしまうという意味で現実の成長経路は不安定である．生産物需要が極めて旺盛で，それを充足するために生産設備が正常水準を上回って稼動されねばならなくなったとしよう．設備を過度稼動しなければ生産が需要に追いつかない，つまり「現有の設備では足りない（資本不足）」と判断した資本家は蓄積テンポを引き上げていく．投資需要増加→総需要増加→稼働率上昇→さらなる資本不足，……，という過程が続いていく．

図15-2で変動過程を見ておこう．稼働率が正常水準を上回り，初期の資本

---

[6] ハロッドの言葉を用いれば，この g^* が「保証成長率」である．

蓄積率 g_0 は g^* より大きくなっている．図に描かれているように第1期の蓄積率 g_1 は g_0 より大きくなる．ついで g_2 は g_1 をさらに上回る．さらに g_3 は……というようにひとたび g_t が g^* から離れると g^* に戻っていくのではなく，逆に g^* から乖離し続ける．

生産物需要が低迷しており，生産設備が正常水準を下回って稼働されるようになったとしよう．このときには蓄積テンポが引き下げられ，稼働率低下→資本過剰→稼働率低下→さらなる資本過剰，……，という過程が続いていく．

いずれにしろ，順調な拡大再生産経路から乖離してしまうと，発生した不均衡（設備の過不足など）は解消されることなく，累積していってしまう．市場で発生した不均衡はスムーズに解消されるのではなく，累積していく性質を持っている．上方への不均衡累積過程（好況過程）および下方への不均衡累積過程（不況過程）は持続しえない．なぜならば，たとえば稼働率には物理的な上限があるので，上昇を続けることは不可能である．したがって，なんらかの契機で反転させられねばならない．

資本制経済の蓄積過程を分析する際に不均衡の累積性を理解することは必要不可欠である．

現実生産・正常生産・完全雇用

現実成長経路が順調な拡大再生産経路に沿って運動していれば，何の問題も生じないのだろうか．財の生産には労働も必要である．このことを忘れてはならない．そこで生産量と雇用量との間に

$$Y_t = bN_t \qquad b > 0 \quad 一定 \tag{15.16}$$

という関係が成立していると想定しよう[7]．係数 b は労働生産性を表しているが毎期一定率で上昇している $\left(\frac{\Delta b}{b} = \mu\right)$ と想定しよう．そのとき雇用増加率は生産増加率から労働生産性上昇率を差し引いた率に等しくなければならない．他方で経済に存在する労働 L_t は一定率 n で増加している．

---

7) 労働生産性は技術的にすべてが規定されるものではない．同じ労働が費やされるにしても，生産組織，労働管理のあり方の違いによって得られる生産量は異なる．いわば b は「社会的」関係と技術的関係を集約する性格を有していることに留意しよう．

15.2 成長経路の不安定性

$$\frac{\Delta L_t}{L_t} = n \tag{15.17}$$

労働をすべて雇用したときに実現できる生産量を完全雇用生産量 Y_t^f とすれば

$$Y_t^f = bL_t \tag{15.18}$$

という関係が成立している．労働供給が n の率で増加しているので，完全雇用生産量は n に労働生産性上昇率を加えた率で増加していく．この完全雇用生産量が現実生産量，正常生産量と等しくなる必然性は何もない．常に三者が等しくなるためにはどんな条件が必要であろうか．

経済は順調な拡大再生産経路上を歩んでいる．現実生産と正常生産は等しく，g^* の率で成長している．もし g^* が $n+\mu$ より大きければ，労働需要増加率は労働供給増加率を上回る．このときには，当初失業が存在していても遅れ早かれ労働供給に制約されることになろう．つまり g^* の率での成長は持続できなくなる．逆に g^* が $n+\mu$ より小さければ，労働需要増加率が労働供給増加率を下回ることになるので，失業が累積的に増加していく．初期に労働の需給量が等しく，g^* が $n+\mu$ に等しければ，それ以降も完全雇用が維持される．

以上より，現実生産量，正常生産量，完全雇用生産量の三者が時間をつうじて等しくなるためには

$$g^* = n+\mu \quad \text{すなわち} \quad s\sigma = n+\mu \tag{15.19}$$

が満たされねばならない．

ところで現実の経済は循環を繰り返しながら成長してきた．その成長過程では設備の遊休，失業の発生，生産物の売れ残りなどが起きている．こうした現実に発生する不均衡がすべて解決されたときに，どのような成長経路を歩むだろうか．現実の成長経路が長期・平均的に実現する経路はどのようなものであろうか．その経路上では，生産物市場の需給は一致し，生産設備は正常に稼働されている．しかし労働が完全雇用されているとは考えられない．もしそうであれば，平均的に実現される経路上で完全雇用が実現されていることになり，景気がさらに上昇する余地はない．したがって長期平均的に実現される経路上では，失業率が一定でなければならない．このように生産物市場の需給一致・設備の正常稼働・失業率一定の3条件を満たし続ける経路は，それに沿って経

済が運動する限り内的に矛盾がないという意味で持続性をもっている．この経路を均衡蓄積軌道と呼ぶ．

すでに述べたように現実の経路は極めて不安定な性格をもっている．ひとたび順調な拡大再生産経路から離れれば，ますますそこから乖離していく．ではなぜ不均衡はこのような累積性を持つのだろうか．生産が資本制的におこなわれていることがその根拠である．資本制経済では生産物は商品として生産されている．売ることを目的として生産されることがなければ，商品が売れる，売れない（商品の実現問題）は発生しない．

しかし不均衡が累積し続ければ，1つの経済システムとして資本制経済は存続できなくなってしまう．それゆえ，なんらかの契機で不均衡累積過程は逆転されねばならない．上方で不均衡累積過程を逆転させる契機として，消費財部門における過剰生産，生産財部門でのボトルネック，労働の制約，実質賃金の下限，資金の枯渇が考えられる．下方での契機としては，ボトルネックの解消，消費財部門の活況，資本家の個人消費，新生産方法の導入のための投資などが考えられる[8]．このようにして資本制経済での生産，雇用，投資などの経済活動は循環という形態をとらざるをえない．

15.3
循環を生み出す1つのメカニズム

経済の変動はさまざまな要因によってもたらされる．たとえば，技術革新，人口変化，自然環境の変化，政治的出来事，国際収支，経済政策など経済システムにとって外的な要因が挙げられる．循環を形成する経済システム内の自律的メカニズムもある．

有効需要論（乗数理論）によれば，投資の大きさが与えられれば生産水準が決まる．他方で加速度原理によれば投資は生産量の変化に応じて決定される．「投資→生産，生産→投資」の2つの関係を結合することで生産の動きを把握できるという考え方が生まれる．サミュエルソン，ヒックスらの乗数・加速度モデルである．

---

[8] 詳細については，置塩信雄『蓄積論』筑摩書房，1976年を参照．

15.3 循環を生み出す1つのメカニズム

所得を得てから消費支出までに時間的ラグ（所得‐消費ラグ）が存在していれば，所得と消費の関係は次のようなる．

$$C_t = cY_{t-1} \tag{15.20}$$

投資は前期の生産量の変化量に比例して決定されるとしよう．

$$I_t = a\Delta Y_{t-1} = a(Y_{t-1} - Y_{t-2}) \quad a：加速度係数（一定） \tag{15.21}$$

基礎的消費，独立投資を含む独立的支出は一定であると仮定すれば，生産物市場の需給一致条件は

$$Y_t = C_t + I_t + A_t \tag{15.22}$$
$$A_t = A（一定）$$

となる．以上の諸関係より

$$Y_t = cY_{t-1} + a(Y_{t-1} - Y_{t-2}) + A = (c+a)Y_{t-1} - aY_{t-2} + A \tag{15.23}$$

前々期，前期の所得 Y_{t-2}, Y_{t-1} を上式に代入すれば，今期の所得 Y_t が決まる．得られた Y_t と前期の所得 Y_{t-1} から次期の所得 Y_{t+1} が計算される．以下同様の計算を続ければ国民所得の動きがわかる．所得はどのように振る舞うか，その振る舞いを規定している要因は何であろうか．

$$Y_t = Y_{t-1} = Y_{t-2} = Y^*$$

とおくと (15.23) 式より

$$Y^* = \frac{A}{1-c} \tag{15.24}$$

が得られる．容易に確かめられるように，$(t-2)$ 期，$(t-1)$ 期の所得水準が Y^* に等しければ，t 期以降も Y^* であり続けるので，所得は変動しない（定常状態）．

定常状態で独立的支出が一時的に増えたならば，その後所得はどのような動きを示すだろうか．その後の動きは図15-3に示されている[9]．

独立的支出の増加（需要増加）が所得の増加をもたらし，それが消費需要・投資需要の増加を生む．再び所得が増加し，……，というように所得が変化し

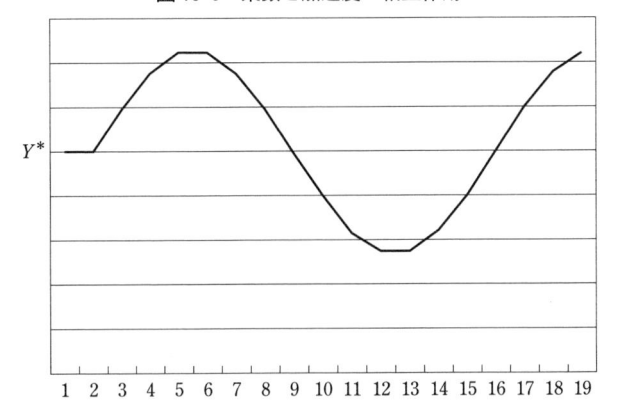

図 15-3　乗数と加速度の相互作用

ていく．当初定常状態にある経済に独立的支出の増加という「外的なショック」が加えられると所得の変動が生み出されるのである．加速度係数が 1 の場合には図 15-3 に示されているように規則的な循環になる[10]．加速度係数の値を変えると，定常状態に一様に収束，循環しながら収束，定常状態から一様に発散，循環しながら発散というように 4 つのパターンが現れる．

乗数理論と加速度原理の相互作用の検討から，現有の資本設備量と最適量のギャップを埋める調整速度（加速度係数），生産の変化から投資へのタイムラグの存在，所得－消費ラグの存在，外生的ショックが自律的な変動を生み出すことが明らかにされた．しかし投資が利潤に大きく左右されるという資本主義経済のコアを十分にモデル化しえているとはいえない．

この章では，投資の不安定性を基礎とする循環メカニズムを説明してきたが，これまでに数多くの景気循環モデルが提起されてきた[11]．

---

9) 加速度係数は 1 と仮定して，数値計算されている．
10) 所得が減少した場合に投資が負になるとして数値計算をしていることに注意しておこう．設備を物理的に破壊しない限り投資が負になることはない．ゼロ以下にはなりえない．この点を考慮（加速度原理の非線形性）して循環モデルを提示したのが Hicks である．
11) たとえば，足立英之『経済変動の理論』日本経済新聞社，1982 年，和田貞夫『動態的経済分析の方法』中央経済社，1989 年，浅田統一郎『成長と循環のマクロ動学』日本経済評論社，1997 年などを参照のこと．

この章のまとめ

　この章では経済活動水準がさまざまな形で変動していること，そしてその変動を生み出す中心的要因が投資行動にあることを学んだ．資本主義経済において，設備を正常に稼働して得られる生産物が常に売り切れる（生産物市場の需給一致）ことは難しい．同時に完全雇用を実現することはさらに困難である．順調に拡大する経路に沿って歩むことはなく，常に不均衡を生み出し，それを累積しつつ，運動しているのが資本主義経済である．

練習問題

1. 成長経路が不安定な性格をもつのはなぜであろうか．
2. 生産設備の正常稼働と生産物市場の需給一致が満たされ続けるためにはどのような条件が必要だろうか．
3. 加速度原理と比較しながらハロッド＝置塩型投資関数の特徴をまとめなさい．

Column　サブプライム危機と大恐慌

　2008年9月，投資銀行リーマン・ブラザースの破綻を契機に金融危機が発生した．低所得者向け住宅ローン（サブプライムローン）問題が原因とされる．2006年1月まで18年の長きにわたって米連邦準備理事会（FRB）議長を務め「マエストロ」とも呼ばれたグリーンスパンが下院の行政改革・監視委員会の公聴会で金融危機に対して発言した（2008年10月23日）──『私たちは百年に一度の金融危機の真っ直中にいる（"We are in the midst of a once-in-a century credit tsunami."）』．

　恐慌は資本主義の歴史とともにある．チューリップ恐慌（1637年），南海泡沫事件（1720年）のように挿話的に語られる現象を別にすれば，周期的繰り返される自律的循環運動の中での恐慌は1825年が最初とされる．競争的，独占的というような資本主義の変容とともに恐慌の現れ方も変わった．しかし，百年に一度という意味で，サブプライム危機に比べられるのは，いうまでもなく1929年世界恐慌である．いずれもアメリカ合衆国に端を発し，世界に波及していった．29年8月に始まるアメリカ合衆国の景気後退は33年3月に反転した．30年代の不況期に生産（所得），物価，雇用は大きく落ち込んだ．1929年価格の実質GDPの大きさは，1014億4400万ドル（1929年）から683億3700万ドル（1933年）へと33%低下した．3分の2の水準まで下がったことになる．生産が低下すれば，当然のこととして雇用も減少し，最悪時には4人に一人が職を失っていた．実質GDPが恐慌時の水準に回復したのは1937年であった．

　29年世界大不況の原因については諸説あるが，大不況の中からケインズ経済学

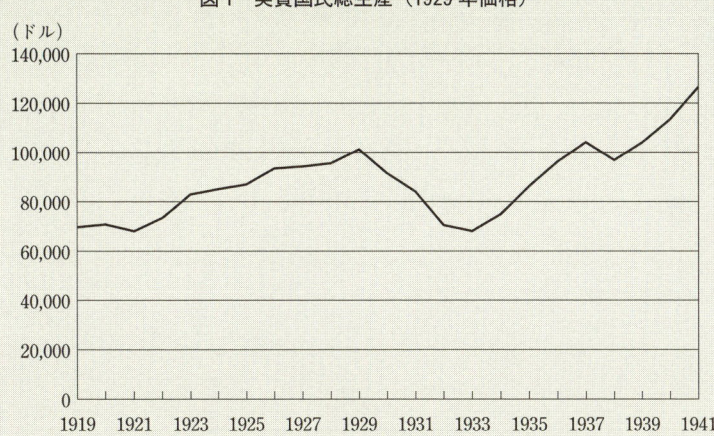

図1　実質国民総生産（1929年価格）

が生まれたのも確かである．国際通貨体制も金本位制から管理通貨体制に変わり，経済安定化のマクロ経済政策を手にした．黄金の 60 年といわれた高度成長を実現したという経験もあるが，グローバル化が進んだ 21 世紀に入り，再び世界同時不況が引き起こされた．時代背景は相異するとはいえ，資本主義経済は「大不況」を回避できないことがあらためて露わにされた．モノとカネ，人々の飽くなき欲望，不確実な将来へ向けての意志決定などの経済現象の基礎にある事柄の再考が求められている．

（データ出所）　NBER Macrohistory Database, http://www.nber.org/macrohistory/

第 16 章

経済成長

この章で学ぶこと

経済成長が安定的に推移しうることを主張する新古典派成長モデルの概要を前の章の不安定性分析と対比しながら理解する．経済成長をもたらす要因として技術変化が重要な役割を果たしていること，そしてその技術変化が経済システム内部から説明できると考えている新しい成長理論の基本的アイデアを理解する．物的資本に備わった技術だけでなく，人的資本の果たす意味，技術開発の意義も分析される．

キーワード

成長の源泉，新古典派成長経路，均衡成長の安定性，内生的成長，経験による学習，人的資本，技術開発

16.1
経済成長の実際

　日本経済は着実に経済規模を拡大し，今や実質国内総生産は約560兆円である（2007暦年）．1980年代以降のGDP成長率は図16-1のように推移しており，成長テンポは一様ではなく，高成長の時期があり，また低成長の時期もある．5年ごとの平均成長率は，10.3%（1960年代前半），10.8%（1960年代後半），5.4%（1970年代前半），4.6%（1970年代後半），3.1%（1980年代前半），4.5%（1980年代後半），2.0%（1990年代前半），0.48%（1990年代後半）というように趨勢的に低下してきている．10%を上回る高成長から中程度の成長，そして低成長へと成長テンポが減速してきた．成長率の動きを観察すれば，上下運動が繰り返されていることに気づく．経済活動水準は上下運動（循環）をともないつつ，趨勢的には拡大テンポを落としながら成長してきた．

　1970年代以降における世界のGDP成長率が表16-1に示されている．70年代から80年代前半にかけて成長テンポが低下し，80年代後半に回復し，90年代に再度低成長へ戻るという趨勢が読み取れる．

　1つの地域を構成する多くの国々がまったく同じ動きを示すわけではない．国民経済による経済成長率の相違は何によってもたらされるのか．この問いに答えるには成長の源泉を明らかにしなければならない．

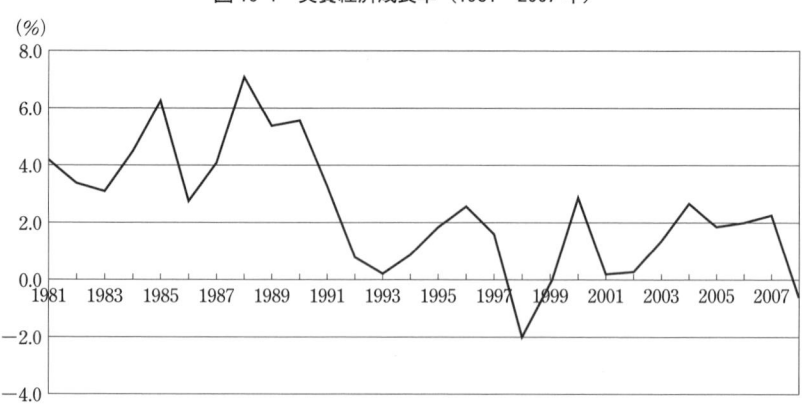

図16-1　実質経済成長率（1981〜2007年）

表 16-1 世界の実質 GDP 成長率の推移（1970 年代〜2000 年代）

	アフリカ	アメリカ大陸	アジア	ヨーロッパ	オセアニア	世界
1971-74	5.27	4.26	5.66	4.30	3.42	4.54
1975-79	3.77	3.94	4.94	2.93	2.37	3.67
1980-84	1.82	2.23	3.48	1.97	2.84	2.37
1985-89	2.55	3.51	5.24	3.16	3.55	3.72
1990-94	1.04	2.36	4.39	−0.75	2.39	1.61
1995-99	3.65	3.66	3.12	2.42	4.10	3.09
2000-04	4.71	2.50	4.11	2.32	3.17	2.92

（出所）以下のデータを用いて計算．
United Nations Statistic Division: *National Accounts Main Aggregates Database*. http://unstats.un.org/unsd/snaama/dnllist.asp

16.2
成長の源泉

供給サイド

長期の供給能力を定めるのは，資本，労働などの生産要素の存在量と生産技術の水準である．技術進歩を考慮した生産関数は

$$Y = AF(K, N) \qquad A：技術進歩 \tag{16.1}$$

である．成長率で表せば

$$\frac{\Delta Y}{Y} = \alpha \frac{\Delta K}{K} + (1-\alpha)\frac{\Delta N}{N} + \frac{\Delta A}{A} \qquad \alpha：資本分配率 \tag{16.2}$$

となる．成長率のうち資本と労働の増加によって説明しきれない部分を全要素生産性（ソロー残差）と呼ぶ．ちなみにジョーンズの推計によれば，アメリカ合衆国の平均成長率 3.1%（1960〜90 年）は，資本の寄与が 0.9%，労働の寄与が 1.2% であった．残りの 1.1% 分が技術進歩によりもたらされた[1]．

需要サイド

短期的には総需要の大きさが生産水準を決定する．消費（C），投資（I），政

---

[1] ジョーンズ『経済成長理論入門』表 2.1, p. 49 参照．

表 16-2 実質 GDP の寄与度分解（1981～2007 年）

	1981年	1985年	1990年	1995年	2000年	2005年	2006年	2007年
1. 国内需要	2.7	5.2	5.5	2.5	2.4	1.7	1.2	1.3
（1）民間需要	1.5	6.0	4.6	1.9	2.3	1.9	1.4	1.2
a. 民間最終消費支出	1.0	2.3	2.8	1.0	0.4	0.8	0.9	0.4
b. 民間住宅	−0.2	0.1	0.2	−0.2	0.0	−0.1	0.0	−0.3
c. 民間企業設備	0.7	2.7	1.8	0.5	1.0	1.3	0.3	0.9
d. 民間在庫品増加	−0.1	0.9	−0.2	0.6	0.9	−0.1	0.2	0.3
（2）公的需要	1.2	−0.8	0.9	0.6	0.0	−0.2	−0.2	0.1
2. 純輸出	1.5	1.1	0.0	−0.6	0.5	0.3	0.8	1.1
a. 輸出	1.8	0.8	0.7	0.4	1.3	0.9	1.4	1.4
b. 輸入（控除）	−0.3	0.3	−0.7	−1.0	−0.8	−0.7	−0.5	−0.2
国内総生産	4.2	6.3	5.6	1.9	2.9	1.9	2.0	2.4

（出所）『国民経済計算（2007年確報）』.

府支出（G），純輸出（NEX）の変化が所得の変化を生む．総需要構成項目の増減から景気の拡張・後退を引き起こす主要な要因が明らかにされる．

次のマクロ的基本関係が成立している．

$$Y = C+I+G+NEX \tag{16.3}$$
$$\Delta Y = \Delta C+\Delta I+\Delta G+\Delta NEX$$

これを成長率で表せば，

$$\frac{\Delta Y}{Y}=\frac{C}{Y}\frac{\Delta C}{C}+\frac{I}{Y}\frac{\Delta I}{I}+\frac{G}{Y}\frac{\Delta G}{G}+\frac{NEX}{Y}\frac{\Delta(NEX)}{NEX} \tag{16.4}$$

各需要項目の変化率に GDP に占める割合を乗じた値が寄与度である．たとえば消費需要の寄与度は $\frac{\Delta C}{Y}=\frac{C}{Y}\frac{\Delta C}{C}$ である．

最近の各需要項目の成長への寄与度を見ると表 16-2 のようになっている．

16.3
ソロー型の新古典派成長モデル

前の章において，現実の成長経路は極めて不安定な性格をもち，資本主義経済は景気循環を繰り返しながら運動せざるをえないことを示した．ひとたび発

生した不均衡は市場メカニズムによってスムーズに解消されるのではなく，逆に不均衡は累積していく．この不安定性を強調する考え方に対して，新古典派成長論は「生産物市場の需給一致，設備の正常稼働，労働の完全雇用の三条件を満たし続ける成長経路が安定である」と主張する[2]．この新古典派の主張を説明しよう．

均衡成長経路の安定性

労働 N と資本 K の投入量と生産量 Y の関係を示す生産関数が，次のようにコブ＝ダグラス型であるとしよう．

$$Y = AN^{\alpha}K^{1-\alpha} \qquad 0 < \alpha < 1, \quad A > 0 \qquad (16.5)$$

ここで A は技術水準を表すパラメータである．この生産関数は，規模に関する収穫一定の性質を持ち，資本，労働の限界生産性は正であり，またそれは逓減する[3]．所得から消費される割合（平均消費性向）を c と書くと，消費需要は cY となる．残余の $(1-c)Y$ が貯蓄であるが，生産物市場で毎期需給が均衡するためには，これに等しい投資需要が必要である．$1-c$ を貯蓄率 s と書くと，投資需要 I は

$$sY = I \qquad (16.6)$$

を満たさなければならない．次に，投資は生産物に対する需要であるだけでなく，資本設備を増加させて，将来の生産能力を高める（投資の二重性）．資本設備の減耗がないとすると資本設備の増加は次のように表される．

$$\dot{K} = I \qquad (16.7)$$

生産に投入される雇用量は労働供給量に等しく，労働供給量は一定率 n で増

---

[2] Solow, R. M., "A Contribution to the Theory of Economic Growth," *Quarterly Journal of Economics*, February 1956（福岡正夫・神谷傳造・川又邦雄訳『資本・成長・技術進歩』竹内書店，1970年，所収）．

[3] 規模に関して収穫一定というのは，資本と労働が一定倍されると生産量も同じ率で増減する生産関数の性質（一次同次性）のことである．労働と資本の限界生産性 $\Delta Y/\Delta N, \Delta Y/\Delta K$ が正で，それらが労働や資本の増大とともに低下していくという仮定も新古典派の生産関数ではよく採用される．

加するとしよう．

$$\frac{\dot{N}}{N}=n \quad (16.8)$$

一定率で増大する労働供給が常に雇用されているので，労働の完全雇用が毎期実現している．最も簡単なソロー型の均衡成長モデルは，以上の（16.5）式から（16.8）式の4つの式で構成される．このモデルでは毎期，生産物市場の需給一致が実現し，資本設備は正常に稼働し，労働は完全雇用されている．このような成長経路はどのような性質をもつのだろうか．

この問いに答えるために生産関数（16.5）を資本ストック K で割って資本あたりの生産量に書き直しておこう．

$$y=Az^\alpha \quad \text{ただし，} y=\frac{Y}{K}, z=\frac{N}{K} \quad (16.9)$$

ここで y は資本あたりの産出量（産出係数），z は資本あたりの雇用量（労働・資本比率）である．z は労働 N と資本 K の比率であるが，その変化率は労働の変化率から資本の変化率を引いたものに等しい．労働は（16.8）式から n の率で増加し，資本は（16.6），（16.7），（16.9）式を考慮すると

$$\frac{\dot{K}}{K}=sAz^\alpha \quad (16.10)$$

の率で増加するから，結局，労働資本比率 z の動きは次式で表現される．

$$\frac{\dot{z}}{z}=n-sAz^\alpha \quad (16.11)$$

これを図に表したのが図 16-2 である．

z の変化率（（16.11）式の左辺）は z の減少関数であり，図 16-2 のようにある値 z^* で横軸を交差する．そして，z が z^* より小さければ，z の変化率は正となるので，労働・資本比率は上昇していく．逆に z が z^* より大きければ，z の変化率は負となって，労働・資本比率は低下していく．こうして労働・資本比率は初期値がどのようなものであっても，やがて z^* に収束していくことがわかる．そこは労働・資本比率が一定になる恒常状態であり，資本設備の増加率 sAz^α は労働供給の増加率 n に等しくなっている．

$$N=sAz^\alpha \quad (16.12)$$

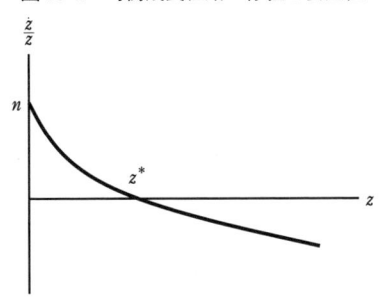

図 16-2 均衡成長経路の存在と安定性

またzが一定のときには（16.9）式から産出・資本比率yも一定になるから，生産量の成長率も労働供給の成長率nに等しい．

これが新古典派成長論の示した，均衡成長経路が定常成長経路に安定的に収束するという意味である．

「安定性」の意味

成長率には次の3つの異なった概念がある．第1は，保証成長率（warranted rate of growth）である．これは，生産物市場の需給が一致し，資本設備が正常稼動を続ける経路の成長率である．その率は，前の章で見たように，貯蓄率sと資本設備の正常産出係数σの積$s\sigma$であり，生産量も投資需要もこの率で増大しなければならない．第2は現実成長率（actual rate of growth）である．これは企業の投資行動を独立に考慮したときに実現する成長経路である．そして，この現実成長経路は保証成長経路に対して不安定な運動をする．現実成長経路が保証経路を上回るのが好況であり，稼働率は正常以上となり，労働需要も労働供給の率を上回って増大していく．逆に現実成長経路が保証経路を下回るのが不況である．その場合は失業が累積し，設備の稼動率も低下する．前の章で見たように，このことが資本主義経済で景気循環が生じる原因であった．第3の成長率概念が自然成長率（natural rate of growth）である．自然成長率は労働供給と労働需要が一致する成長率であるが，それは人口の伸び率nで決まる．もちろん保証成長率がこの自然成長率に等しいとは限らない．成長経路が長期的に持続するためには，保証成長経路が自然成長経路と矛盾しないことが必要である．

さて，前項の新古典派成長モデルが示したことは，この保証成長経路が自然

成長経路と矛盾しないという説明であった．労働・資本比率 z の運動を示す(16.11)式をもう一度見ると，右辺第1項は自然成長率を表し，第2項は保証成長率である．保証成長率は労働・資本比率 z に依存するが，この z が変化することによって，2つの成長率は等しくなる．労働と資本の技術的な代替関係によって，労働が過剰であれば労働をよりたくさん使用する技術が採用され，逆に労働が不足する経済では労働節約的な技術が採用されて，定常均衡に収束していく．このように長期的な市場メカニズムが有効に作用して，労働と資本を正常に活用するような新しい技術が開発・採用されて，結局は保証成長経路が自然成長経路に一致するということを示したのがソロー型の新古典派成長モデルである．

16.4
技術進歩の重要性

　技術進歩のない新古典派成長モデルでは経済成長率は長期的には労働供給の伸び率に制約される．定常均衡では生産量，資本ストック，労働が同じ率で増加していくものの，もし労働供給が一定であれば経済成長はない．また労働供給が増大しても，一人あたり所得の成長はない．ところで資本主義経済は長期的に一定の成長を持続してきた．また一人あたり所得もめざましく増大してきた．このギャップを埋める最大の要因が技術進歩である．

　技術進歩によって労働の生産性が高まっていくとしよう．その場合は，労働人口が増えない，あるいは例え減少することがあっても，労働生産性の上昇率によって経済成長は可能であり，一人あたりの所得も成長していく．これはソローの成長モデルを少し変更することで簡単に示すことができる．

　労働生産性が一定率 μ で増大するような生産関数を仮定しよう．前と同様にコブ＝ダグラス型の生産関数を考えると

$$Y = A(e^{\mu t}N)^\alpha K^{1-\alpha} \qquad \mu > 0 \qquad (16.13)$$

となる．労働 N の前 $e^{\mu t}$ にがかかっているが，e は自然対数の底，t は時間を表し，雇用量を毎期 μ（ミュー）の率で増大させるような技術進歩が生じることを表している．これを資本ストック K で割って，資本あたりの生産関数で

表示すると

$$y = A\tilde{z}^\alpha \qquad \tilde{z} = \frac{e^{\mu t} N}{K} \qquad (16.14)$$

となるが，前項とまったく同じように，資本の正常稼動，労働の完全雇用，生産物市場の需給均衡を仮定すると，経済はやがて効率労働（$e^{\mu t} N$）の対資本比率$\tilde{z}$が一定になる定常均衡に収束していく．定常均衡では，生産成長率と資本成長率は等しくなり，いずれもが労働の成長率nと生産性の伸び率μの合計に等しくなる．たとえば，人口伸び率が1％であっても，毎期3％で生産性が上昇すれば，経済は長期的に4％で成長し，一人あたり所得も3％で伸びていくのである．たとえ人口が減少しても，技術進歩によって労働生産性の増大によって，経済成長は可能であるし，一人あたり所得も生産性の上昇率で増大していく．

以上の議論は資本主義経済の長期的な成長に技術進歩が極めて重要な役割を果たすことを示しているが，いくつかの点で不十分である．

1) 外生的な技術進歩

技術進歩率は外生的に与えられている．しかし，技術進歩は意識的な研究，開発活動を通じて進展するのであり，研究開発を進めるためには一定の労働や資本の投入が必要になる．決して費用なしで天から降ってくるように技術進歩の恩恵を受けられるわけではない．

2) 成長率の格差

新古典派の成長理論では初期状態がどうであれ，結局は，人口の伸び率と生産性の上昇率の合計で決まる一定の成長率に収束する．しかし実際の世界では，高い率で成長を続ける国もあれば，およそ成長から取り残された国もある．このような格差はどう理解すればよいのか．

このような問題に答える1つの試みが新しい成長理論（new growth theory）である．

16.5
内生的成長

1980年代以降，技術変化を内生的に説明しようとする研究が盛んにおこな

われてきた．学習モデル，人的資本モデル，研究開発モデルなどである．

経験による学習効果（Learning by doing）

労働者の技能は実際の生産活動の経験から修得されることが多い．経験からの学習によって労働者の生産性が徐々に高まっていくことはよく知られた事実である．この考えを最初に成長理論に取り込んだアローの論文では，飛行機の機体生産において，1機あたりの生産に必要な労働時間は生産総数の減少関数であり，過去の累積生産量を N とすると 1 機あたりの生産に必要な労働時間は $N^{1/3}$ に反比例するという技術者の話を紹介している[4]．この学習効果を考慮した成長モデルを簡単な形で考えてみよう．コブ＝ダグラス型の生産関数

$$Y = K^\alpha (BN)^{1-\alpha} \tag{16.15}$$

において，労働の生産性を表すパラメータ B は過去の生産経験によって高まる．過去の生産経験を表現するいくつかの方法があるが，ここでは簡単に労働生産性がその時点の資本ストックの大きさに比例すると仮定しよう．

$$B = aK \quad a：一定 \tag{16.16}$$

a は経験から学習する効率を表す．これを生産関数に代入すると

$$Y = (aN)^{1-\alpha} K = AK \quad ただし A = (aN)^{1-\alpha} > 0 \tag{16.17}$$

を得る．仮に人口 N が一定で人口側面からの成長要因はないとしよう．A は一定になるので，生産量 Y は資本ストック K に比例する．

さて，生産物市場の需給均衡と資本の正常稼動を毎期満たし続ける成長経路はどのような特徴を持つだろうか．生産物市場の需給均衡は

$$sY = I \tag{16.18}$$

投資は資本ストックを増大させるので

$$I = \dot{K} \tag{16.19}$$

---

[4] K. J. Arrow, "The Economic Implications of Learning by Doing," *Review Economic Studies*, 1962.

以上から，資本の成長率は次のようになる．

$$\dot{K} = sAK \qquad (16.20)$$

資本の成長率 $\dot{K}/K$ は一定の大きさ sA となり，資本蓄積が進んでも減速することなく持続的に成長することがわかる．成長率は learning by doing の効率 a，貯蓄率 s や人口の大きさ N に依存して決まる．経験からの学習効率の高い国や人口が大きい国，あるいは貯蓄率の高い国は，より高い率で成長を続け，逓減することはない．時間が経つにつれて，各国の資本蓄積量や生産量の格差はますます拡大していくのである．

この成長理論では，資本蓄積の成長効果が逓減しないのが特徴である．生産に用いられる資本の生産効果は直接的には逓減していくが，学習効果によって労働生産性を高まるので，それも考慮すると生産効果の逓減はなくなる．このことは (16.17) 式のように生産 Y が資本 K に比例しているところに表現されている．この性質は，経験による学習モデル以外にも，資本蓄積が私的資本としてその企業の生産に貢献するだけでなく，社会全体の技術知識の向上という外部効果を通じて資本の限界効果の逓減を消滅させる場合にも見られる．この性質を持つ (16.17) 式のタイプの生産関数はその記号から AK モデルと呼ばれている．AK モデルは非常に簡単なモデルであるが，持続的成長を生み出す最も簡単な内生的成長モデルである．

人的資本[5]

人的資本 (Human capital) モデルは，設備投資によって物的な資本が増大するのと同じように，教育や訓練によって人的な資本の質を向上させることに着目した成長理論である．この理論の創始者の一人 W. ベッカーによると，人的投資の大きさはその限界収益と限界費用の将来予想の割引現在価値を考慮することによって決められる．これはすでに学んだケインズ的な投資決定理論が物的資本だけでなく，人的資本にも適用されることを意味している．

人的資本理論はさまざまな広がりを見せて研究されている．たとえば，訓練や教育投資が，その企業だけに役立つ特殊な生産性なのか，それとも他企業も

---

[5] ゲイリー・ベッカー『人的資本——教育を中心とした理論的・経験的分析』佐野陽子訳（東洋経済新報社，1976 年）．

含む社会全体の技術水準を高める一般的な性質を持つのかという問題，あるいは教育や訓練費用を私的に労働者家計が負担するのか，雇用した企業が負担するのか，それとも国が公的に税金などを通じて負担し，それを社会構成員全体が支えるのかという負担問題が重要な問題となる．

社会が利用できる労働や資本はある時点では限られている．それを物的な生産に向けるか，人的資本の向上に用いるのかという選択問題がこの理論の中心である．こうして，「天下り」的に外生的に与えられた生産性上昇率を，人的資本への投資行動の結果として説明して，生産性の上昇を「内生化」するところにこの仮説のポイントがある．

研究開発モデル[6]

労働者の能力を教育や訓練で高めるのが人的投資理論であるが，生産技術や新商品の開発等を，物的な生産活動と並んで利潤極大をめざす独立の産業部門と考えるのが研究開発モデルである．研究開発部門は既存の技術や資本と労働を投入して新しい技術を生み出す．通常の財サービスの生産部門は研究開発部門から技術的なノウハウを中間投入財として購入し，それを用いることで生産性を高める．このようなアイデアは，ソロー型の成長理論が外生的に与えていた技術進歩を内生的に説明する仮説の1つとして興味深い．

このようなアイデアを組み込んだ成長理論はローマーなど多くの人によって研究された．それらの共通の結論として，研究者の数や研究のための物的資源が増えれば増えるほど一人あたり生産量の上昇率も上昇するという効果（規模効果といわれる）が存在することである．しかし，ジョーンズによると，実際のデータからはそのような規模効果は観察されない．そして，実際の観察事実に適合的にするには，研究開発部門の生産関数がどのような特徴を持たなければならないのか，等の多くの研究が今も続けられている．

---

[6] P. M. Romer, "Endogenous Technological Change," *Journal of Political Economy*, 1990. P. M. Romer, "Increasing Returns and Long-Run Growth," *Journal of Political Economy*, 96 (June), 1986.

16.6
成長の限界と経済システム

　マクロ経済学で経済成長は GDP の拡大率で測られる．第2章で議論したように市場で評価されない人間の活動，自然資源などは GDP には算入されていない．生産活動の内容，その及ぼす影響の広さを生産関数だけではつかみきれない．生産関数を見る限りは，経済成長率は資本設備，労働，技術によって制約される．しかし成長の制約要因はこれらに限られるわけではない．高度成長期が終わりつつあった 1972 年にローマ・クラブが『成長の限界』という報告書を発表した[7]．「このままの勢いで経済が成長し，資源が浪費され，環境が汚染されていった場合に，はたして地球がいつまで人間の棲息を保証し得るだろうか」という問題意識が高まった時期であった．それからすでに四半世紀が経った．高度成長の時代が終わり，低成長に移行したとはいえ，環境をめぐる事態はますます憂慮すべきところまで来ている．

　資本制経済の存続条件から成長の意義を考えておこう．実現利潤率は資本蓄積率，財政赤字率，貿易黒字率の和に等しくなるという基本的関係がある．利潤率を高めようとすれば，資本蓄積率を高く保たねばならない．資本家がより高い利潤率を追求する存在である以上，資本制において「蓄積を．さらなる蓄積を．」が声高に叫ばれざるをえない．そして企業の費用計算に，自然資源の浪費，環境の悪化が含まれないならば，成長テンポが高まるとともに環境の悪化はいわば不可避なのである．資本制のもとでは，高度成長と自然・資源保護とは基本的に両立不可能なのである．日本の高度成長期での大気汚染をはじめとする環境の劣悪化を思い起こすことは容易であろう．

　戦後ほとんどの先進資本主義国がたどってきた「大量生産＝大量消費＝資源浪費」の道から，脱却し，環境との調和を考慮した循環型の経済社会システムを志向していかねばならない．そこでは，社会経済システムを《持続可能》の視点から再構築することが課題になってくる．

---

7) D. H. メドウズ他著『成長の限界』ダイヤモンド社，1972 年．同『成長の限界，人類の選択』ダイヤモンド社，2005 年．

この章のまとめ

　成長過程が安定的であると主張する新古典派成長モデルの特徴は，ハロッド的な成長モデルとは違い，現実に発生する不均衡の解消メカニズムを論証するのではなく，均衡が実現している状態を「前提」することにあった．技術が変化しなければ，成長率は労働供給増加率に制約されてしまう．この制約を克服するのが技術進歩である．これまでの成長モデルでは外生的に技術変化を与えていた．最近の成長理論で技術変化を内生化する試みがなされている．最も簡単な AK モデルを検討して，内生的成長モデルの論理を学んだ．最後に経済成長制約要因としての環境要因が今後ますます大きな関心事となっていかざるをえないことを指摘した．

練習問題

1. 国によって成長テンポが相異するのはなぜであろうか．
2. 経済成長にとって技術進歩がもっている意義は何であろうか．
3. 人的資本が生産能力を高めるメカニズムを物的資本と対比しながら説明しなさい．
4. 経済成長と技術変化の関係をどのように考えたらいいだろうか．
5. 内生変数と外生変数の違いはどこにあるのだろうか．

Column 南北格差

南の発展途上国と北の先進工業国との間にはあきらかに格差が存在する．東西問題（社会主義経済圏と資本主義経済圏との対立）に代わって南北問題が注目されるのは1960年代以降である．国連は60年代を「国連開発の10年」とする採択を行い（1961年），国連貿易開発会議（UNCTAD）などの機関を整備した．それからすでに約半世紀が経過した．格差是正は達成されただろうか．

新しい貧困基準［1日1.25USドル（2005年購買力平価）］にもとづいた貧困人口とその比率は次のようになっている．

	1981年		2005年		
	（百万人）	A（%）	（百万人）	B（%）	B−A（%）
東アジア・太平洋	1,071	77.7	316	16.8	△60.9
中国	835	84.0	208	15.9	△68.1
東欧・中央アジア	7	1.7	17	3.7	2.0
ラテンアメリカ・カリブ海	47	12.9	45	8.2	△4.7
中東・北アフリカ	14	7.9	11	3.6	△4.3
南アジア	548	59.4	596	40.3	△19.1
インド	420	59.8	456	41.6	△18.2
サハラ以南アフリカ	212	53.4	388	50.9	△2.5
合計	1,900	51.9	1,374	25.2	△26.7

（出所）World Bank, *World Development Indicators*, 2008.

	期待寿命（歳）	成人識字率（%）	就学率（初中高水準；%）	一人あたりGDP（PPPUS$）
発展途上国	66.1	76.7	64.1	5,282
最も開発の遅れた国	54.5	53.9	48.0	1,499
アラブ諸国	67.5	70.3	65.5	6,716
東アジア・太平洋	71.7	90.7	69.4	6,604
ラテンアメリカ・カリブ海	72.8	90.3	81.2	8,417
サハラ以南アフリカ	49.6	60.3	50.6	1,998
中東欧・CIS	68.6	99.0	83.5	9,527
OECD諸国	78.3	—	88.6	29,197

（出所）United Nation Development Program, *Human Development Report 2007/2008*, p. 232.

貧困人口は1981年以降約5億人減少し，その比率もほぼ半減した．しかし依然として「南」の約半数が絶対的貧困にあえいでいる．暮らしを支える基礎であるという意味で所得は格差の基本指標である．人間として生まれた以上，人並みの教育を受け，病に倒れたときには医療サービスを受け，できうる限り長く生きたいと願う．国連開発計画は上記のデータを基礎に「人間開発指数（HDI）」を発表している．サハラ以南アフリカのHDIはOECD諸国のほぼ半分の水準である．

第17章

マクロ経済学の課題

この章で学ぶこと

この章では,これまで学習してきたことをこれからどのような方向に発展させるかについて学ぶ.

第1に,現在,経済のグローバル化が進展している.すなわち世界経済の連関性が強くなっている.たとえば,アメリカ経済が悪化すると,日本の輸出が低下し,不況が生じる.このようなもとでマクロ経済学をどのように拡充すればよいだろうか.

第2に,現在,日本はいろいろな問題に直面している.長期不況,大量失業,非正規雇用の増加,賃金抑制,財政赤字,少子高齢化,環境破壊などである.経済学は現実の諸問題に答えなければならない.原因を究明し,その解決策を提示する必要がある.そのような問題に対する基本的な視点は本書においても述べられているが,現実課題を解決するにはまだ十分ではない.さらにいっそうの拡充が必要である.

キーワード

経済のグローバル化,企業の多国籍化,市場原理主義,アメリカン・グローバリズム,世界経済の同時性,格差拡大と貧困化,少子高齢化,環境破壊

17.1
マクロ経済学の展開

マクロ経済学の成立

マクロ経済学の創始者は J. M. ケインズである．彼は1929年大恐慌に端を発する1930年代の大不況に直面して，不況と失業をどのように克服するかを究明した．そのために生産と雇用の決定要因を明らかにし，不況と失業を克服する政策を提示したのである．

しかし，ケインズのマクロ経済学には限界があった．それは一国封鎖経済学であり，国民経済を基本的に対象としていることである．なぜか．当時，世界の覇権国はイギリスからアメリカに移っていた．イギリスの金保有量は激減し，金本位制度を持続できなくなっていた．そのような状況のもとで世界の覇権国アメリカから自立しつつ，イギリスの経済をどのように再建すべきか，これがケインズの課題であった．したがって，ケインズ経済学は一国封鎖経済にならざるをえなかったのである[1]．

国際マクロ経済学

ほとんどすべての国は世界から切り離されて存続することはできない．経済が発展すればするほど各国の経済連関性は強くなっていく．財・サービスや資本の国際取引が増えていく．そこから国際経済学をマクロ経済学の枠組みの中に入れる必要が生まれてきた．この課題を達成するために考案されたのがマンデル＝フレミングモデルであった．それは一国封鎖経済学であるヒックスの *IS・LM* 分析を発展させたものであるが，そのモデルは基本的に利子率裁定に依存する小国開放経済モデルであった．すなわち，世界の変化は自国に影響を及ぼすが，自国の経済活動は世界に影響を及ぼさない，というものであった．その意味では世界的要因は外的に与えられており，開放経済といっても，事実上は一国封鎖経済とほとんど変わらないのである．

世界各国の連関性を明確にするためには，小国開放経済モデルではなく大国

---

[1] 第二次世界大戦後，ケインズ有効需要政策が世界的に実施されるようになった．これはアメリカの総合収支赤字，特に資本収支赤字によってドルが世界に散布されたことによるのである．

開放経済モデルでなければならない．大国開放経済モデルにおいては，自国の経済活動は世界に影響を及ぼし，それが逆に自国に跳ね返ってくるのである．その相互関連性を分析するのが大国開放経済モデルの課題である．しかしながら，そのモデルは変数が多く極めて複雑であり分析が難しい．本書では利子率裁定が瞬時に生じる大国モデルしか扱っていない．

グローバル経済

経済が発展し各国の相互連関が強くなると，世界を視野に入れた分析が必要になる．また，企業や家計などの経済主体者の行動も世界的になる．地球・世界経済の一体化が進んだのである．すなわち，経済のグローバリゼーションである．

グローバル経済とは，文字どおりに解釈すれば地球経済であり，世界に統一された経済システムが成立することである．世界連邦政府と世界中央銀行が成立し，世界貨幣が供給され，財政システムが一本化され，世界的視点から経済政策が実行される．これがグローバル経済である．

現在の世界経済はまだ文字どおりのグローバル経済に達していない．グローバル経済への過度期，すなわち，経済のグローバル化である．現在のグローバル化は，①市場経済化，②企業の多国籍化，③金融システムの世界一体化，④アメリカ化に特徴がある．

17.2
経済のグローバル化

市場経済化

1989年，ソビエト連邦が崩壊した．また，1991年，鄧小平の「南巡講和」以降，中国経済の市場化が急速化した．このように，これまで社会主義を標榜してきた国ぐにを含めて経済の市場化が世界を支配しているのである．

資本主義経済においては，社会的分業のもとで多くの人々がお互いに独立して計画し行動している．無数に存在する意思決定者はそれぞれの経済計算に基づいて行動している．その行動が社会的にどうように評価されるかは，神様が決めるのでも独裁者が決めるのでもない．市場価格によって行うしかない．消

費者の意思は市場価格に反映される．経済主体の意思が反映される場が市場なのであり，市場を無視できないのである．

　社会主義経済においてはどうか．発展段階が低く国民・消費者の要求が単純で一様ならば中央集権的な計画経済も可能かもしれないが，経済が発展し国民の要求が多様になっている多元的な社会主義経済では，経済全体を画一的に計画できない．市場システムの活用が不可欠である．

　現在は市場経済が最も進んだ社会である．生活に必要な財やサービスはもちろんのこと，ありとあらゆるものが市場取引されている．たとえば，資金の貸借は金融市場によって行われている．銀行による貸出，株式市場，社債や国債などの債券市場，各国通貨の売買などである．また，土地や家屋が売買されている．骨董品や美術品，ローンや"愛"さえも売買の対象になっている．

　現在，売り手と買い手が直接に交渉する相対取引は主でない．無数の無記名の人々が市場を介して取引している．しかも，取引は国境を越えて行われている．それは貿易だけではない．資本は寸時を惜しんで，この世界のどこかで開かれている市場を駆けめぐっているのである．

　このように市場システムが一国のありとあらゆる部門にわたって，さらに全世界にわたって張りめぐらされているとき，市場を無視した経済活動は不可能なのである．

企業の多国籍化

　多国籍企業とは何か．たんに複数の国で企業活動しているものを多国籍企業というのではない．複数国で活動する企業ならば古くから存在していた．多国籍企業とは現代の巨大企業のことである．一般に，企業は資金調達→生産（労働，原料，技術，生産管理など）→販売→資金回収（配当，内部留保）・税支払という一連の工程を行っている．多国籍企業はこの一連の工程を全世界で展開しているのである．つまり，調達コストの安い所から資金を集め，低賃金労働を利用し，科学・技術の先進国に研究所を設置し，また研究成果を利用している．大きな市場を持つ国や地域で販売を行い，税率の安い所に本社を置いているのである．企業内分業を世界的に展開しているのが多国籍企業である．

　なぜ多国籍化するのか．企業活動が巨大化すれば活動の空間領域も拡大していく．特定地域や国を超えて世界で企業活動が展開されるようになる．これを

可能にしたのは交通・通信技術の発展であった．

　企業の多国籍化を日本を例に考えてみよう．日本企業は，まず資源や低賃金労働の確保を目的として多国籍展開を行った．これは，資源・原料→生産→販売という工程にもとづくものであり，垂直型多国籍化といえよう．

　さらに，販路の確保を目標にして多国籍化している．すなわち，大きな市場への進出である．たとえば，日本の自動車会社がアメリカに進出し，アメリカの自動車会社が日本に進出する場合である．これは水平型多国籍企業といえよう．

　日本の多国籍化は円高を契機に進展した．その第1の理由は，円高になると，輸出が困難になるので，外国生産・外国販売に切りかえるためである．第2に，円高になると，ドルを円に変えることは為替差損をもたらすので，ドルをドルとして使うことが有利になる．したがって，アメリカやアジアなどのドルの通用する国に企業を立地し企業活動を行うことになる．

金融システムの世界化

　金融とは，元来，実体経済において資金の余剰部門から不足部門に資金を融通することである．その点からすれば，産業取引のための資金融通が金融の基本であり，資金融通は金融資産の売買によって行われている．

　資金取引は産業取引のためだけに行われているのではない．資産の蓄積や利子・配当・売買益を目的とする取引もある．

　資金は財に比べて動きが速い．国境を超えやすい．世界を駆けめぐっている．『通商白書（2008年版）』によると，世界金融資産は2006年現在で167兆ドルであり，その対世界名目GDP比は3.5倍になっている．

　これほどまでの金融資産の増加は根本的には1971年の金とドルの交換停止に原因がある．それまでは国際通貨のドルは金と交換性を持っており，アメリカの総合収支（経常収支プラス資本収支）赤字はアメリカの金保有量に制約されていた．しかし，アメリカの対外債務が巨額化し，ドルを金と交換できなくなり，ドルと金との交換が否定された．それ以後，アメリカはかなりの自由度をもって赤字を続けることができるようになったのである．世界の金融資産はドル資産だけではないが，その多くはドル資産であり，各国の対米経常黒字にもとづくドル債権が基本なのである．

17.2 グローバル化経済

　アメリカの経常収支赤字を決済するためには，世界の資金がアメリカに還流するシステムが不可欠である．そのためには，世界の金融市場の中心であるアメリカにおいて魅力的な金融商品が供給され続けねばならない．金融ノウハウと金融工学がそれを実現した．債権などの金融資産を基にしていろいろな金融派生商品が生み出されてきた．先物取引，オプション，スワップなどである．これがアメリカだけではなく，世界各国に普及していったのである．

アメリカ化

　グローバル化にともない取引や交流は世界的になる．この取引や交流をスムーズに行うためには共通のルールが必要になる．世界にはそれぞれの歴史・文化・制度・慣習があり，それを一本化することはできないが，現在ではアメリカのやり方が主に用いられている．すなわち，アメリカン・スタンダードに基づいて取引や交流が行われているのである．その意味でアメリカン・グローバリズムである．

　ヒト，モノ，カネはアメリカに流れていく．各国の官僚や政・財・学界，そしてメディアのエリートたちはアメリカで学び，そこで徹底的にアメリカ流の思想・文化を教え込まれている．彼らは本国に帰り，アメリカ流の制度・政策を持ち込み実行しようとしているのである．

　モノはアメリカの貿易赤字という形でアメリカに吸い上げられている．2006年のアメリカの貿易収支赤字は7600億ドル，経常収支赤字は8100億ドルである．日本の貿易収支黒字は800億ドル，経常収支黒字1700億ドルである．中国の貿易収支黒字は1800億ドル，経常収支黒字1800億ドルである．

　貿易赤字に対しては支払いが必要である．ドルは国際通貨であるが，ドルで貿易赤字を決済し続けることはできない．ドルの対外流出によってドル価値は低下し，ドル不信が生じるからである．アメリカの貿易赤字のもとドル不信を生じさせないためには，世界の資金がアメリカに吸いあげられること，つまり各国がドル債権を保有することが必要である．すなわち，貿易赤字を資本収支黒字で決済しなければならないのである（図17-1）．

　中国からアメリカに1800億ドルが流れている．ユーロ圏とイギリスからは3600億ドルが流れている．産油国はユーロ圏やイギリスを介してアメリカに資本輸出している．日本は70億ドルと少ないように見えるが，2001年から05

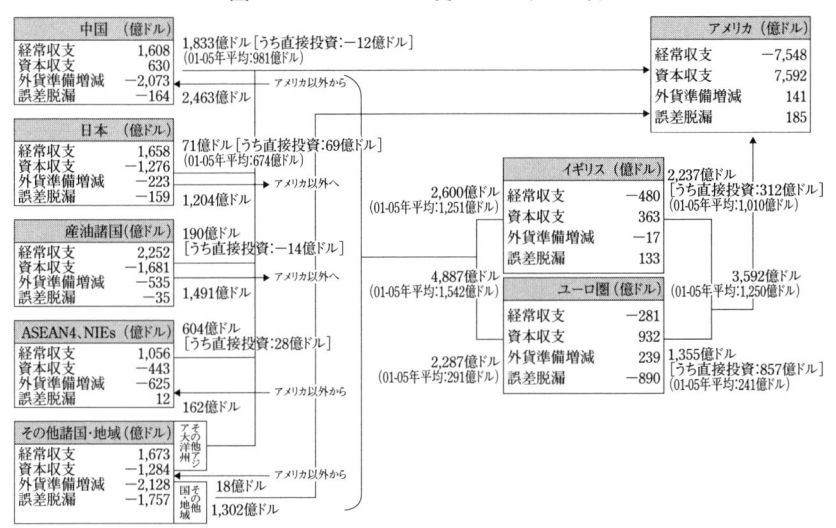

図 17-1 アメリカへの資金還流 (2005 年)

中国 (億ドル)	
経常収支	1,608
資本収支	630
外貨準備増減	−2,073
誤差脱漏	−164

1,833億ドル[うち直接投資:−12億ドル]
(01-05年平均:981億ドル)
2,463億ドル アメリカ以外から

アメリカ (億ドル)	
経常収支	−7,548
資本収支	7,592
外貨準備増減	141
誤差脱漏	185

日本 (億ドル)	
経常収支	1,658
資本収支	−1,276
外貨準備増減	−223
誤差脱漏	−159

71億ドル[うち直接投資:69億ドル]
(01-05年平均:674億ドル)
1,204億ドル アメリカ以外へ

産油諸国 (億ドル)	
経常収支	2,252
資本収支	−1,681
外貨準備増減	−535
誤差脱漏	−35

190億ドル[うち直接投資:−14億ドル]
1,491億ドル アメリカ以外へ

2,600億ドル
(01-05年平均:1,251億ドル)

イギリス (億ドル)	
経常収支	−480
資本収支	363
外貨準備増減	−17
誤差脱漏	133

2,237億ドル
[うち直接投資:312億ドル]
(01-05年平均:1,010億ドル)

4,887億ドル
(01-05年平均:1,542億ドル)

ユーロ圏 (億ドル)	
経常収支	−281
資本収支	932
外貨準備増減	239
誤差脱漏	−890

3,592億ドル
[うち直接投資:857億ドル]
(01-05年平均:1,250億ドル)

ASEAN4、NIEs (億ドル)	
経常収支	1,056
資本収支	−443
外貨準備増減	−625
誤差脱漏	12

604億ドル[うち直接投資:28億ドル]
162億ドル アメリカ以外から

2,287億ドル
(01-05年平均:291億ドル)

1,355億ドル
[うち直接投資:241億ドル]

その他諸国・地域 (億ドル)	
経常収支	1,673
資本収支	−1,284
外貨準備増減	−2,128
誤差脱漏	−1,757

18億ドル アメリカ以外から
1,302億ドル

(注) 1. 国・地域間の金額はすべてネットベース.
2. 国際収支上の「外貨準備増減」は,マイナス(プラス)が外貨準備の増加(減少)を意味する.
3. 二国間の資本収支は変動が大きいため,データが把握できる国・地域とアメリカとの間については,過去5年の平均を併記した.

(備考) 1.「産油諸国」の国際収支(ボックス内)は,インドネシアを除きイラクを含んだOPEC加盟国10カ国(2005年時点).「ユーロ圏」からアメリカへの資金フローの2001-05年平均は,「欧州地域」からアメリカへのそれを指す.
2. 産油諸国のうち,アラブ首長国連邦の資本収支の内訳は,主体別(民間企業・公的企業)であり,民間企業のうち,直接投資,証券投資および銀行部門証券投資,銀行部門その他投資を各々直接投資収支,証券投資収支,その他投資収支としたため,民間非銀行部門,公的企業部門は除外しており,カタールは,資本収支の内訳・外貨準備増減・誤差脱漏は欠落,イランは2004年のデータであり,かつ資本収支内訳は欠落,イラクは2004年のデータ.

(出所) 経済産業省『通商白書』2007年度版.

年の平均は670億ドルであった.また,日本は中国に資本輸出を行っており,その一部がアメリカに流れていると推測できる.

17.3
グローバル化経済に関する課題

市場をコントロールできるか

　市場は不可欠だが,市場に任せておけばうまくいくというわけではない.

17.3 グローバル化経済に関する課題

○市場に乗らないもの

　市場システムは，市場で取引されるものを評価するのであって，取引できないものは原則的には評価できない．たとえば，市場取引の対象になりにくい環境を評価できない．したがって，市場は環境問題を根本的に解決できない．環境問題は市場による事後調整ではなく事前規制によらざるをえないのである．

○市場の不安定性

　市場による調整は必ずしもスムーズで安定的なものではない．ここで安定的とは，ある方向への動き，たとえば超過需要が生じたとき，それに対して逆（負）のフィードバックが働き，超過需要を解消し超過供給をもたらすことである．すわわち，超過需要（供給）→価格上昇（下落）→需要低下と供給増（需要増と供給減）→超過需要（供給）の解消というメカニズムである．

　ところが，人間の将来に対する予想や期待がこのメカニズムを狂わせるのである．市場に任せておけばうまくいく，という市場原理主義者の期待は成り立たないのである．すなわち，超過需要は将来の好況を予想させ，将来観を好転させ，投資需要を増大させる．その結果，超過需要をいっそう大きくするのである．このとき，超過需要→超過需要という不安定性（これを正のフィードバックという）が生じるのである．

○市場操作と暴走

　市場のプレイヤーは対等平等ではない．力の強いもの（寡占や独占の大企業など）がいる．彼らは市場の信号を受動的に受け入れるだけではない．むしろ市場を操作し利益を得ようとしているのである．また，投資ファンドは少数の委託者から資金を預かり（私募という），それを運用して巨額の利益を得ようとしているのである．少数者相手の委託関係であるから，情報公開はわずかでよい．それどころか，情報を秘匿し操作する．市場に関する規制や規律に反する行為がとられることもある．

　資産市場は予想と読みの世界である．情報が操作され一般公衆は付和雷同する．資金が実体経済から遊離し金融世界内部を動きまわる．経済のギャンブル化が進んでいく．そうなると，資産市場を制御できなくなる．無秩序な行動がまかり通る．一獲千金に酔いしれる者もいるだろうが，大多数はマネーゲーム

の敗残者となる．そして，取引決済が不可能になる．資産の不良債権化は実体経済を混乱させ，経済は停滞し，不安定性を強める．モノの動きよりもカネの動きの方が速いだけに資産取引に関する規制がなければ，経済は極めて不安定にならざるをえないのである．

○債権（ローン）の証券化

債権の商品化が世界経済に大きな影響を及ぼしている．債権とは貸し手（資金供給者）が借り手（債務者）に対する請求権である．債権者は貸付を行うと，一定期間を経なければ元本を回収することができない．債権が返済されるかどうかが大事であり，そこにはリスクがともなうのである．貸し手の代表者としての銀行は借り手の経営や資産状態をよく調査し，貸付に対して慎重でなければならない．

ところが，貸付（ローン）を証券化することによって，債権を他者に譲渡することができる．その場合には貸付にともなうリスクを逃げることができる．このメリットがローンの証券化を大規模化させたのである．返済見込みのあるローンが証券化される場合には問題はないかもしれないが，返済見込みの困難なローンまでもが商品化され，金融市場が危機に陥る可能性が大きくなったのである．「サブプライム問題」はその典型である．

○世界同時性と不安定性

経済のグローバル化が進展するにともなって，各国経済間の相互連関性が強まっていく．第1に，世界の資産市場における動きは連関性を強め，同時性を強めていく．図17-2はアメリカの株式市場と日本の株式市場の連関性を示している．アメリカ市場での株相場の動向は直ちに日本に伝わり影響を及ぼす．日本の相場の動きもアメリカに影響を及ぼすのである．

このような資産市場における連関性の強化は世界経済の不安定性をもたらす．どこかで生じた資産価格の高騰は世界各国の資本を引き寄せ，資産価格をいっそう高騰させる．この動きは他国の市場にも波及していくのである．これを支えているのが世界的な金余り（カネ）を背景にした世界的な信用創造である．

しかし，いったん，どこかで資産価格が下落すると，それは世界資産市場に影響を及ぼし，資産価格は世界的に下落する．そして，資産価格の下落によっ

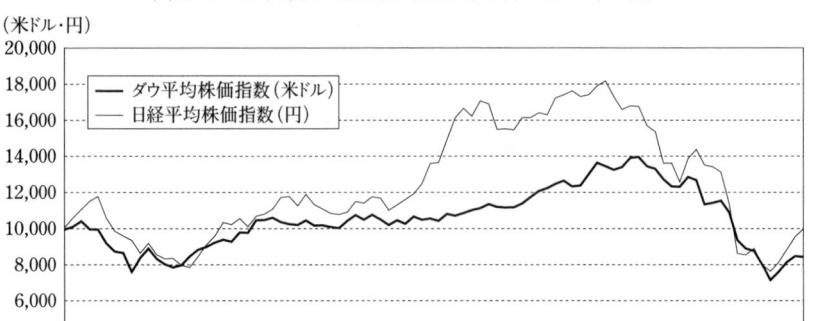

図17-2 日米株価の連動性（2002年1月～2009年6月）

（注）月初めの月次データ．
（出所）Yahoo finance のホームページのデータから，伊藤国彦氏（兵庫県立大学准教授）が作成．

て信用が崩壊し，資産価格のいっそうの下落・暴落をもたらすのである．

　第2に，グローバル化にともなって景気変動の世界的同時性が生じる可能性が強くなってきた．2007年のアメリカにおけるサブプライム問題を発端とした世界金融危機は世界同時不況をもたらした．これは金融危機によってアメリカ経済が不況に陥り，アメリカの対外からの輸入が減少したことによるものであるが，その底流には世界経済の連関性の強化が存在していると考えられる．

　世界経済の同時性が強まると，世界的な好況を加熱させるけれども，世界経済の不況を強める可能性をも高める．世界経済の同時性は世界経済の不安定性を強めるであろう．

多国籍企業をコントロールできるか

　多国籍企業は国境を越えて行動する．世界各国は多国籍企業を誘致しようとしている．この誘致競争は投資国と受け入れ国にどのような影響を与えるだろうか．

○投資国

　経済の空洞化が問題となる．企業の多国籍化とは生産の海外移転なので投資国の生産と雇用が減少する可能性が生じるのである．

「生産の海外移転が行われても，移転する産業は比較劣位の産業であり，比較優位産業は海外移転しないから心配する必要はない」という意見がある．しかし，海外移転する産業は，日本の場合，自動車や電機などの比較優位産業なのである．したがって，その影響を過小評価することはできない．

「生産の海外移転によって受け入れ国の経済発展を可能にし，その国への輸出が増えるから総需要の減少にならず，投資国の経済成長に有利になる」という意見もある．しかし，受け入れ国に輸出できるかどうかは国際競争力に依存している．生産移転しているのが比較優位産業であるから，国際競争力が低下し貿易収支が赤字になる危険性が大きいのである．

○投資受け入れ国

外国の優秀な技術が導入されるから，受け入れ国の経済成長を刺激する．外国企業の導入によって雇用の機会も増える．しかも，現地で獲得した利潤の多くは現地に再投資される．この点からすれば投資受け入れ国にとっては有利になる．

他方，外国企業の参入は受け入れ国の経済を不安定にさせる側面もある．直接投資は証券投資よりも安定しているとはいっても，資本の移動を止めることはできない．多国籍企業は世界的視点から利潤を獲得しようとしている．多国籍企業が受け入れ国に投資・利潤再投資を行うのは，それが利益に合致するからなのである．受け入れ国に投資をするよりも他の国に投資する方が有利となれば，利益を他の国に投資することになる．受け入れ国に設立した小会社を売却してしまうこともある．

多国籍企業が受け入れ国に投資し続けている場合にも問題がある．多国籍企業の力は強いので，受け入れ国政府の政策を受け入れないことがある．むしろ受け入れ国が巨大な多国籍企業に屈服・従属する可能性が強くなる．

世界の一元化・アメリカ化について

現在の国際金融システムと決済システムは，ドルを国際基軸通貨として認めることによって成立している．そして，アメリカが巨額の経常収支赤字を出すことによって他国は経常収支黒字を享受しているのである．アメリカの赤字決済はさしずめドル支払いで行われるとしても，それを放置すればドル不信が生

じるので,結局,アメリカの資本収支黒字・アメリカへの資金供与によって行われなければならない.

それでは,アメリカに資金が流れていくための条件は何か.それは,①アメリカの高金利,②ドル価値の高め維持,③マネーゲームに関するノウハウ,つまり国際資金の運用ノウハウである.アメリカに集められた国際資金は投資銀行などによって世界的に運用され,投資者に利益をもたらさなければならない.

しかし,このような決済システムはいつまでも続くだろうか.高金利は設備投資意欲を弱める.ドルを高めに維持すれば貿易赤字を拡大することになる.資金の世界運用やマネーゲームは,当初,うまくいくかもしれないが,その継続は,結局,リスクの大きな資産運用に帰着し,資産価格の大暴落が生じる危険性を強めるのである.

さらに,世界をアメリカ化することには大きな抵抗があり簡単ではない.ユーロ圏の成立はアメリカ化への抵抗である.アメリカ文化になじめない国々や地域がある.世界にはいろいろな文化や制度がある.市場といっても,それは一様ではない.歴史や慣習が異なるのである.そのような多元性は世界の紛争の原因になっているかもしれないが,同時に世界が一様ではなく不均質であることが安定をもたらしている面もある.不均等や不均質は拡散であり,行き過ぎのチェックでもあった.暴走する鼠が破滅に向かうように,一元化・一方向運動は危険なのである.

環境問題の深刻化

人間は自然を変革することなしに存続することはできないが,自然の摂理を無視して自然を変えていけば,自然からの逆襲が待っている.これが環境破壊である.

人間の生産と生活活動が小規模な場合は自然に及ぼす影響も小さく,仮に環境が破壊されても,それは部分的・一時的であり回復可能であった.しかし,人間の生産と生活活動が大規模になり,地球的規模になっていくにつれて,人類の自然への影響は計り知れないほど大きくなり,環境破壊は空間的にも時間的にも広がり,不可逆になっていくのである.

このように,環境破壊がグローバル化し長時間化していくと,いったん破壊された環境を再生させることは極めて難しくなる.したがって,環境問題を環

境税や汚染排出切符などの市場システムによって事後的に解決することは根本的にできない．事前的な規制が必要となる．

ところが，環境問題は各国間の利害が最も対立する問題である．環境問題が大事であり，汚染排出量を規制しなければならないという総論ならば，どの国も賛成するだろう．しかし，汚染排出量をどのように規制するか，どの国がどれだけ排出量を減らすかについての具体的な決定になると，世界各国はまとまらないのである．経済がグローバル化しながら，グローバル経済になっていないグローバル化経済の最大の問題点といえよう．

17.4
日本経済に関する課題

グローバル化と日本

第二次世界大戦後，日本はアメリカ依存の中で経済を復興・発展させ，世界の経済大国になったが，現在，日米関係は大きく変わった．これまでは，アメリカの要求をむげに断らないけれども，その要求をストレートに受け入れたのではなく，受け入れ期間を引き延ばし，その間に対応政策を考案・実行し，アメリカの要求の中に日本の伝統的なものをできる限り馴染ませようと努力してきたのである．

ところが，90年代末の小泉構造改革以降，日本はアメリカの要求をそのまま受け入れるようになったのである．日本は経済のグローバル化，すなわちアメリカン・グローバル化を最も推進している．市場原理主義が蔓延する中で競争と効率化を絶対化し，強いものが思う存分，政治経済を引っ張っていき，それに弱い者がついていけばよい，利益の一部は弱い者にも滴り落ちていくと主張されたのである．

そのようなアメリカン・グローバリズムの中で日本企業の利益を追求しようとした．その結果，賃金抑制，正規雇用の非正規雇用への代替，社会保障抑制，格差拡大などの国民生活の根底を揺るがすような現象が生じてきたのである．

少子高齢化

現在の日本の人口は約1億3000万人であるが，2050年には約9500万人に

減少すると予想されている．また，高齢化率（全人口に占める65歳以上人口の割合）は現在の20%から2050年に40%に倍増すると予想されている．日本の高齢化は猛スピードで進行しているのである．

そして，人口の減少によって日本のGDPが大幅に減少するのではないかと懸念されている．人口が減少しても，一人あたりGDPの上昇によって相殺されればよいが，高齢化によって経済の活力が弱くなるのではないかと懸念されているのである．

人口の少子化をどのように評価するのか．それにどのように対応するのかは重要な課題である．人口が減少するかどうかだけが問題ではない．人口減少と人口の高齢化が相まって，経済活力を損なうかどうかが問題である．それに対応するためには，人口の少子化を防ぐことが必要になる．女性が安心して子供を産み，子供を育てる環境が保障されなければならない．若者の年収が200万円程度の貧困状況では，また教育費の高い状況では，結婚し出産することは難しい．働く女性が出産しても，職場に戻り以前と同様な地位を維持することができなければ，出産の動機は弱くなるだろう．また，介護を必要とする人が増え，家庭で介護しなければならないのであれば，誰かが介護を含む家事労働をしなければならない．このような問題を個人や家族だけの力では解決できない．地域や社会の中で解決していく必要がある．育児などの家事労働を女性だけに押しつけることは問題を解決させない．

労働人口を増やすためには，定年の延長や再就職などによって高齢者が働ける社会的条件を作らなければならない．労働の意欲と能力のある人が長く働くことは年金問題解決の一助にもなるのである．労働年齢が長くなる場合，職場のマンネリ化・世代間対立を防ぐ方法を考えなければならない．

外国人労働者を増やすことが考えられる．経済のグローバル化にともなって，労働移動は活発になり外国人労働者が活躍する場が増えていくのは当然である．その際，言語や習慣などが異なる人々が協働するのであるから，異文化の人々が共生でき，ともになじみあえる社会環境が必要である．

格差と貧困化

現在，日本の経済格差は拡大している．格差拡大の根本的な原因は高齢化にあるという見解が主張されたこともあった．しかし，高齢者内の格差は近年縮

小しているのである．また，高齢化による格差拡大という側面を除いても，格差は拡大しているのである．

現在の経済格差の拡大は貧困化をともなうところに特徴がある．日本の高度経済成長の初期においても格差は拡大したが，それは低所得層も高所得層も所得が増える中での拡大であった．ところが現在では，給与所得者の年収 400 万円以下の層（男性）は 1997 年の 30.6% から 2005 年の 38.2% に増えている．年収 200 万円以下の層は 1997 年 6.8% から 2005 年 8.9% に増えている．そして，年収 400 万円から 800 万円の中間層は 51.8% から 47.0% に低下しているのである．微増しているのは 2500 万円以上の層である．貧困層が増え，中流層が減少していることは極めて不健全である．

それでは，格差拡大の根本的な原因は何であろうか．それは低成長のもとで市場原理主義が横行し，競争が激化し弱肉強食になったからである．すなわち，経済が成長している際には，強者が多くを取っても一部を弱者にまわすことができた．しかし，経済がほとんど成長しないもとでの強者の強欲は，弱者にまわす余裕をなくしたのである．

高利潤・貯蓄型経済から消費・生活重視型経済への転換

高度経済成長の時期においては，高貯蓄・高利潤型経済も合理的であったかもしれない．企業が高利潤を得ても，それは旺盛な設備投資の資金源泉になったのである．設備投資の増加は経済を成長させ，賃金などの国民所得を増やし，その限りで生活を向上させたのである．

しかし，1998 年頃を境にして大きな変化が起きた．企業の投資は企業貯蓄よりも少なくなった．企業は資金余剰部門になったのである．企業が高利潤を得ても，それに見合って設備投資を増やさない．余剰資金は実体経済にまわるだけではなく金融資産市場にまわされ，金融市場が自己運動していく．また，海外投資される．その結果，企業は儲けても国民生活を豊かにする保障はなくなったのである．むしろ，マネーゲームや企業の多国籍化によって国民生活は疲弊しているのである．

高度経済成長が実現しない段階においては，経済構造を消費重視に転換しなければならない．消費比率が低いもとで投資水準が落ち込むと，GDP は大幅に落ち込んでしまう．消費比率を引き上げることによって，潜在的な生産能力

を実現させなければならないのである．

　現在の潜在的生産能力で国民生活を豊かにすることができるかどうか．少子高齢化のもとで，国民生活を充実・安定させることができるかどうか．低利潤率のもとで，企業の生産活動を潜在能力まで高めることができるかどうか．これが課題である．

　さらに，経済のグローバル化にともなって，各国は自国だけで経済政策を実行しても効果を発揮しにくくなった．他国と協調しつつ，どのようにすれば自国ならびに世界の経済福祉を高めうるか，そのためのグローバルな経済政策はどのようなものであるか．今後の重要な課題となる．

この章のまとめ

　この章では次のようなことが述べられた．
1. 経済活動が大きくなると，経済主体者の行動は国境を越えて国際的・世界的になっていく．現在，経済のグローバル化が進んでいるが，それは，①市場化，②企業の多国籍化，③金融システムの世界一体化，④アメリカ化に特徴がある．
2. 市場調整は万全ではない．超過需要などの不均衡を必ずしもスムーズに調整できない．一方向への運動，つまり不安定性が生じる．また，市場は操作されているし，ギャンブルの対象になる．人間が作り出した市場という制度を制御できなくなる．市場が暴走しだす．国民生活に大混乱をもたらすのである．
3. 企業の利益と国民経済の利益が矛盾することがある．経済の空洞化，多国籍企業への政府の屈伏，世界を駆けめぐる企業行動による経済の不安定性などが生じうるのである．また，アメリカ化にともなう軋轢もある．
4. グローバル化にともなって環境破壊が人類の存続にとって重大事となる．
5. グローバル化にともなって日本経済が解決すべき諸問題が生じている．たとえば，大量失業，非正規雇用，賃金や社会保障の抑制，貧困化をともなう格差拡大などである．
6. 経済の成長率が低くなり，企業の投資意欲が低くなると，高貯蓄・高利潤型の経済構造を消費・生活重視の経済構造に転換することが合理的となる．

練習問題

1. 経済のグローバル化によって世界経済は相互連関を深め，同時性を強くしているであろうか．
2. グローバル化が進むと，各国の賃金は平準化していくだろうか．
3. 現在の日本経済において関心のあるテーマを見つけ，それを調べなさい．

文献解題

第 1 章
置塩信雄・鶴田満彦・米田康彦『経済学』大月書店，1988 年
　　資本主義経済の基礎構造を理解できる．
宮本憲一『環境経済学』(新版) 岩波書店，2007 年
　　環境問題を体系的にグローバルな視点から考察しており，環境政策に言及している．

第 2 章
OECD, *OECD Factbook : Economic, Environmental and Social Statistics*, OECD, 各年（経済協力開発機構編著『図表で見る世界の主要統計 OECD ファクトブック（各年版）』明石書店，各年）
　　OECD 各国のデータ集．Web 上の長期時系列へのリンクもあり，使いやすい．
鈴木正俊『経済データの読み方（新版）』岩波新書，2006 年
　　主要な経済指標に着目し，日本経済の動きを概観している．旧版と読み比べてみるのも一考である．
矢野恒太記念会『世界国勢図会』各年
　　多種多様なデータを挙げながら，世界の社会経済の現状を平易に解説している．

第 3 章
斉藤光雄『国民経済計算』創文社，1993 年
　　GDP 等の算出方法について，複式簿記を用いて明確に説明している．
浜田浩児『93SNA の基礎』東洋経済新報社，2001 年
　　現在の国民経済計算の会計原則である 93SNA の概説書．
谷沢弘毅『コア・テキスト経済統計』新世社，2006 年
　　各種の経済統計の見方について，ていねいな解説がなされている．

第 4 章
新野幸次郎・置塩信雄『ケインズ経済学』三一書房，1957 年
　　難解なケインズ『一般理論』を明解に説明し，かつ徹底的に批判．
吉川洋『マクロ経済学研究』東京大学出版会，1984 年
　　本書とは対照的な，ケインズと古典派の違いについての解説が収められている．

第 5 章

石川経夫『所得と富』岩波書店，1991 年
　　所得と富の形成を論じた第一級の研究書である．

J. B. Schor, *The Overspent American: Upscaling, Downshifting, and the New Consumer*, 1998（森岡孝二監訳『浪費するアメリカ人：なぜ要らないものまで欲しがるか』岩波書店，2000 年）
　　無駄なものまで買わざるをえなくなってしまう人々．必要以上に働いてしまう人々．現代社会の消費の意味を問い直す一冊．

橘木俊詔『家計からみる日本経済』岩波新書，2004 年
　　暮らしの基本単位である「家計」からみた日本経済分析．

第 6 章

H. P. Minsky, *Can 'It' Happen Again? —Essays on Instability and Finance*, 1982（岩佐代市訳『投資と金融：資本主義経済の不安定性』日本経済評論社，1988 年）
　　ケインズの投資理論の検討がなされ，金融不安定仮説が展開されている．資本主義の不安定性を知るうえの必読書．

第 7 章，第 8 章

青木雄二『ナニワ金融道』講談社，1991～97 年
　　大阪一の金融マンを目指す主人公の目を通して，庶民にとっての金融の便利さとその裏に潜む危険を生々しく描く．

日本銀行金融研究所『新しい日本銀行』有斐閣，2000 年
　　日本銀行の機能，業務を具体的に説明．

全国銀行協会金融調査部編『図説　わが国の銀行』財経詳報社，2000 年
　　銀行のいろいろな側面を具体的に描いている．

日本銀行調査統計局経済統計課『入門　資金循環』東洋経済新報社，2001 年
　　資金循環表の仕組を具体的に解説．

古川顕『現代の金融』第 2 版，東洋経済新報社，2002 年
　　よく書かれた金融の教科書．

第 9 章，第 10 章

J. M. ケインズ『雇用，利子及び貨幣の一般理論』上下，間宮陽介訳，岩波文庫，2008 年
　　ケインズの古典．難解だが，1 章，3 章，5 章，10-13 章，17，18 章を読めば今でも多くの洞察が新たに得られる．

J. R. ヒックス『貨幣理論』, 江沢・鬼木訳, 東洋経済新報社, 1972 年
　この中に収録されている "Mr. Keynes and the 'Classics': A Suggested Interpretation" に IS・LM 分析の考え方が示されている古典.

第 11 章

マンキュー『マクロ経済学 II　応用編』第 2 版, 東洋経済新報社, 2004 年
　マクロ経済学の教科書であるが, 第 4 章には政府負債と財政赤字問題が詳しく論じられている.

堀内昭義『日本経済と金融危機』岩波書店, 1999 年
　わが国の金融危機を構造的に分析して, 日本銀行の政策を批判的に検討している.

第 12 章

小野晃『労働経済学』東洋経済新報社, 第 2 版, 2001 年
　労働経済学の標準的なテキスト.

小池和男『仕事の経済学』
　日本の労働経済についての概説書である. 高い技能や長期の競争力という日本経済の特徴を明らかにしている.

第 13 章, 第 14 章

日本銀行国際収支統計研究会『入門　国際収支』東洋経済新報社, 2000 年
　国際収支統計を具体的に解説.

P. K. Krugman and M. Obstfeld, *International Economics: Theory and Policy*, 1994 (石井菜穂子・浦田秀次郎・竹中平蔵・千田亮吉・松井均訳『国際経済:理論と政策』新世社, 1996 年)
　国際経済学を幅広く解説している. 第 2 部で国際マクロ経済を説明している.

ジェフリー・サックス&フイリップ・ラレーン『マクロエコノミクス』(石井菜穂子・伊藤隆敏訳) 日本評論社, 1996 年
　グローバル経済におけるマクロ経済学を適切に幅広く述べている. 下巻が国際マクロ経済学である.

第 15 章

置塩信雄『景気循環:その理論と数値解析』青木書店, 1988 年
　数値計算の手法を用いた景気循環分析の先駆けといえる書. 代表的循環モデルの構造を理解できる.

横溝雅夫・日興リサーチセンター編『「景気循環」で読む日本経済』日本経済新聞社, 1991 年

吉川洋『現代マクロ経済学』創文社，2000年
　　経済成長と景気循環をケインジアンの立場から論じている研究書．
山家悠紀夫『景気とは何だろうか』岩波書店，2005年
　　暮らしの視点から景気を読み解く方法を平易に解説している．
篠原三代平『成長と循環で読み解く日本とアジア』日本経済新聞社，2006年
　　景気循環・成長論の第一人者の手による現状分析．

第16章

D. K. Foley and T. R. Michl, *Growth and Distribution*, 1999（佐藤良一・笠松学監訳『成長と分配』日本経済評論社，2002年）
　　古典派，マルクス派，新古典派などの多様な成長理論を丁寧に解説している．練習問題もあり，理解度を確かめながら読める．
C. I. Jones, *Introduction to Economics Growth*, 1998（香西泰監訳『経済成長理論入門：新古典派から内生的成長理論へ』日本経済新聞社，1999年）
　　1980年代以降の新しい成長理論をわかりやすく解説した一冊．
C. Hamilton, *Growth Fetish*, 2004（嶋田洋一訳『経済成長神話からの脱却』アスペクト，2004年）
　　経済は豊かになっているのに人々が暮らしの豊かさを実感できないのはなぜか．この問いに答えようとした意欲作．

第17章

鶴田満彦『グローバル資本主義と日本経済』桜井書店，2009年
　　2008年世界同時不況，グローバル資本主義の変容，日本経済の低迷を論じている．
山家悠紀夫『日本経済　気掛かりな未来』東洋経済新報社，1999年
　　1990年代の日本経済を振り返りながら，21世紀への展望をエッセイ風にわかりやすく描いている．

練習問題の解答・ヒント

第1章
1. 環境問題を解決しようとして，環境税や汚染切符（汚染物資を排出できる権利）が人為的に考案されている．しかし，どれだけの汚染物資が排出されたか，誰が排出したかを事後的に，つまり排出された後に知ることは難しい．環境問題は市場システムを採用するとしても，事前的な規制が不可欠である．
2. 生産力が高くなると，国民の要求を知り，それを満たすための生産を行うためには市場の価格システムが不可欠である．市場は国民・消費者のニーズを生産者に教える情報伝達手段である．この市場から送られる信号によって需要と供給は調整されるのである．
3. 生産力がある程度，発展すれば剰余は生まれる．資本主義だけに存在するものではない．

第2章
1. http://www.esri.cao.go.jp/jp/sna/menu.html/ にアクセスせよ．（2009年8月にアドレスを最終確認．）グラフ化すると，四半期GDPの系列が，各年の10～12月期に目立って大きくなるという4拍子のリズムを持つことを確認できる．この理由としては，ボーナス・クリスマス・年越しなどによる一時的支出増の影響などを想起せよ．
2. 仕事がないにもかかわらず仕事を探していない人は，仕事をする意志がないとみなされ，失業者には含められない．http://www.stat.go.jp/data/roudou/index.htm/ の労働力調査＞調査の結果＞用語の解説を参照せよ．（2009年8月にアドレスを最終確認．）
3. http://www.stat.go.jp/data/sekai/index.htm/ の総務省統計局『世界の統計』（2009年8月にアドレスを最終確認），および，矢野恒太記念会『世界国勢図会』などを参照せよ．

第3章
1. 現実の生産活動を大胆に簡略化して考えることが肝要である．たとえば自動車産業を取り扱う場合は，原材料・エネルギーとして鉄だけを考え，ガラス・タイヤ・電力その他は無視するとよい．
2. 意図している在庫増とは，各企業が生産計画を立てる段階で想定している在庫の増加分である．意図していない在庫増とは，取引後に実際に生じる在庫増加分と意図

している増加分との差である．統計上の GDP の値は，両者を無差別的に含んでいる．

3. (1) 2000 年は $120 \times 4 + 100 \times 5 = 980$ であり，2008 年は $90 \times 6 + 110 \times 4 = 980$ であるから，両者は等しい．

(2) 2000 年は $120 \times 4 + 100 \times 5 = 980$ であり，2008 年は $120 \times 6 + 100 \times 4 = 1120$ であるから，2008 年は 2000 年の約 1.14 倍となっている．

(3) デフレータの値は，$\dfrac{90 \times 6 + 110 \times 4}{120 \times 6 + 110 \times 4} \times 100 = 87.5$ である．2008 年を 2000 年と比べると，取引量は約 1.14 倍に増えているが物価が約 0.88 倍に下がっているため，名目値では等しくなる．

第 4 章

1. 1000（円/時間）÷800（円/杯）＝1.25（杯/時間）．1000（円/時間）÷1500（円/枚）＝0.67（枚/時間）

2. $Y = \sqrt{N}$ より，$\dfrac{dY}{dN} = \dfrac{1}{2\sqrt{N}} > 0$, $\dfrac{d^2 Y}{dN^2} = -\dfrac{1}{4\sqrt{N^3}} < 0$ を得る．また，労働分配率の定義に，$Y = \sqrt{N}$，および $W/P = \dfrac{dY}{dN} = -\dfrac{1}{2\sqrt{N}}$ を代入して $\dfrac{WN}{PY} = \dfrac{1}{2}$ を得る．

3. U, D はともに実質賃金率 W/P と労働供給 L^S の関数であると仮定されているから，$\dfrac{dU}{dL^S}$，および $\dfrac{dD}{dL^S}$ もそうである．したがって労働の純効用最大条件 $\dfrac{dU}{dL^S}\dfrac{W}{P} - \dfrac{dD}{dL^S} = 0$ は，W/P と L^S の関係を決める．

4. 貨幣賃金率 W が下落すると（$W_1 > W_2$），費用曲線（直線）WN の傾きは緩やかになる．したがって図のように最適雇用 N^* は増加する．

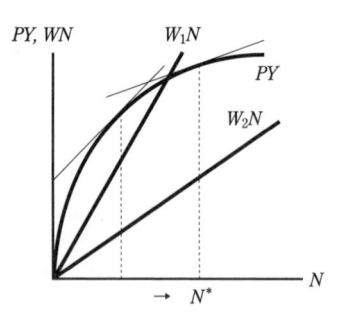

第 5 章

1. 与えられた数値で恒常所得，消費，消費性向を求める．

$$Y_p^3 = 0.5Y_3 + 0.3Y_2 + 0.2Y_1 = 0.5\times500 + 0.3\times500 + 0.2\times500 = 500$$
$$C_3 = 0.8Y_p = 0.8\times500 = 400 \quad C_3/Y_3 = 400/500 = 0.8$$
$$Y_p^4 = 0.5Y_4 + 0.3Y_3 + 0.2Y_2 = 0.5\times600 + 0.3\times500 + 0.2\times500 = 550$$
$$C_4 = 0.8Y_p = 0.8\times550 = 440 \quad C_4/Y_4 = 440/600 = 0.73$$
$$Y_p^5 = 0.5Y_5 + 0.3Y_4 + 0.2Y_3 = 0.5\times650 + 0.3\times600 + 0.2\times500 = 605$$
$$C_5 = 0.8Y_p = 0.8\times605 = 484 \quad C_5/Y_5 = 484/650 = 0.74$$
$$Y_p^6 = 0.5Y_6 + 0.3Y_5 + 0.2Y_4 = 0.5\times700 + 0.3\times650 + 0.2\times600 = 665$$
$$C_6 = 0.8Y_p = 0.8\times665 = 532 \quad C_6/Y_6 = 532/700 = 0.76$$

2.「国民経済年報」のデータを用いて貯蓄率を計算し，グラフ化してみよう．

第6章

1. 長期期待が好転するときに投資の限界効率表がどのようにシフトするかを考えてみよう．
2. 本文を再読してみよう．
3. 資本主義経済における投資家を念頭において，どれほど現実的な定式化がなされているかを検討してみよう．
4. 利潤所得からの貯蓄率，消費率を s_Π, c_Π とする（$s_\Pi + c_\Pi = 1$）．また賃金所得からの貯蓄率，消費率を s_W, c_W とする（$s_W + c_W = 1$）．

生産物市場の均衡 　$Y = C + I$
所得分配　　　　　$Y = W + \Pi$
消費需要　　　　　$C = c_\Pi \Pi + c_W W$

を生産物市場の均衡条件に代入すると

$$Y = c_\Pi \Pi + c_W W + I$$

を得る．両辺から賃金所得 W を差し引くと

$$Y - W = c_\Pi \Pi + (c_W - 1)W + I$$
$$(1 - c_\Pi)\Pi + (1 - c_W)W = I \quad \therefore \quad s_\Pi \Pi + s_W W = I$$

第7章

1. インフレーションでは，金を含み財・サービスの価格が持続的に上昇する．したがって金の市場価格が兌換券で表した金の価格を持続的に上回る．このとき兌換紙幣保有者は金を中央銀行から安く買って，市場で高く売ることができる．この状態は，中央銀行が兌換請求に応じきれなくなるから持続できない．

2. $i_L - i_D - \dfrac{dC}{dL} = 0$ より，i_L がより大なるとき（あるいは i_D がより小なるとき）$\dfrac{dC}{dL}$ はより大である．$\dfrac{dC}{dL}$ がより大なるとき，C および L は仮定より，より大である．

3. 貸出政策，公開市場操作，支払準備率操作．

第 8 章
1. 流動性選好．
2. 取引動機，予備的動機，投機的動機．
3. 利子率が低くなると，将来の利子率上昇が予想されると仮定すると，利子率の上昇は債券の現在価値を下落させるから，保有している債券を売る動機，すなわち貨幣保有の動機が強くなる．流動性の罠．

第 9 章
1. 財市場の均衡式 $Y = C + I$ に消費関数，投資関数を代入して，所得 Y と利子率 i の関係を導く．

2. 貨幣市場の均衡式 $\dfrac{M}{P} = L(Y, i)$ に貨幣需要関数を代入して，所得 Y と利子率 i の関係を導く．

3. IS 曲線と LM 曲線の交点を求める．

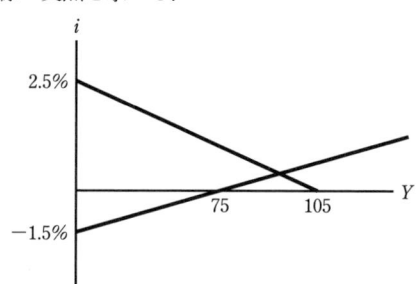

均衡は $Y = 100$, $i = 0.5\%$
4. ①は家計の基礎消費 C_0 の減少，②は企業の独立投資 I_0 の減少，③は支払い準備率 r の増大（法定準備を上回る自由準備），④はベースマネー B の増大である．

第 10 章
1. 消費関数と投資関数を $Y = C + I$ に代入し，貨幣需要関数を $3600/P$ に等しいとお

く．2つの式から利子率を消去すると，$\frac{3600}{P} = 0.4Y + 10$．

2. $P = (1 + 0.2)\frac{WN}{Y}$ に $W = 10$ と生産関数を代入すると，$P = 12Y$．

3. 均衡の生産量 $Y = 17.60$，物価 $P = 211.24$，利子率 $i = 1.15\%$

4. (1) 基礎消費が減少したと考えよ．
   (2) マークアップ率が下がり，名目賃金率が下がると，総供給関数が下方にシフトする．
   (3) 生産関数が $Y = N^{1/2}$ から，たとえば $Y = AN^{1/2}(A > 1)$ と変化したと考えよ．A は技術導入による労働生産性の上昇を表している．
   (4) 貨幣供給量 3600 が減少する．

第11章

1. 国債発行による場合，G の増大が総需要曲線を右にシフトさせる．貨幣発行による場合は，G の影響に加えて，貨幣残高 M の増大が総需要曲線の右シフトをより大きくする．その結果，生産量と物価の増大は，貨幣発行を財源とする方がより大きい．

2. 修正 $IS \cdot LM$ 図表の IS 曲線が右にシフトし，総需要・総供給図表の総需要曲線が右にシフトする．したがって，生産量，利子率，物価はいずれも上昇する．実質賃金率は低下するが，実質賃金総額は増大する．

3. 増税は第1問と逆の影響がある．金融緩和は修正 $IS \cdot LM$ 図表の LM 曲線を右にシフトさせ，総需要・総供給図表の総需要曲線を右にシフトさせる．両者を併せて考えよ．

4. 赤字財政による政府支出の将来世代に与える影響については，(1) 累積債務を償還するための租税負担問題と，(2) 政府支出が将来経済に与える影響，の両者を考えなければならない．(1) は，国債の保有者に対する租税負担者からの所得再分配であり，国民全員の所得が減少するわけではない．(2) の経済効果は政府支出の内容に依存する．経常支出や投資的経費でも将来の生産に役立たずに無駄におわる場合はほとんどの将来世代に負担のみとなるが，将来世代の生活に役立つ投資支出のための支出であれば，将来世代にも有意義である．

第12章

1. 労働市場の需給に反応して名目賃金率が変化しても，実質賃金率は物価の動きにも依存する．

2. 少子高齢化は出生率の低下，平均寿命の長期化から生じている．これらが労働力人口，労働時間，労働効率にどのように影響するかを考えよう．

3. 効率賃金仮説は実質賃金率の決定を企業家の利潤極大原理から説明する．失業が

あるときに賃金を下げることの利潤に及ぼすプラスの影響とマイナスの影響があることを考えよ.

4. 労働効率 e の実質賃金率 R に対する弾力性が 1 になるのが利潤を極大にする実質賃金率である. この場合, $R=2$.

5. 非正規雇用の労働供給側の理由として, 労働者が「柔軟な雇用形態」を望むことが指摘されるが,「柔軟な雇用形態」とは何か. 労働需要側では, 企業がなぜ正規雇用を非正規雇用に置き換えようとするかを考えよ.

第 13 章

1. $\Delta Y = \Delta C + \Delta I - \Delta IMA$ より,

$$\frac{\Delta Y}{\Delta I} = \frac{1}{1-C'+IM'} < \frac{1}{1-C'}$$

2. 貿易収支（輸出－輸入）を計算するためには, 輸出と輸入を同じ単位で表す必要がある. したがって名目為替レートで輸入品価格（ドル）を円に換算する（あるいは国内製品価格（円）をドルに換算する必要がある）. そのため円安で実質輸入は減少しても, 輸入額（円）は増加しえるから.

3. 説明を簡明にするため, 金輸送費, 手数料等は捨象する.

たとえば, 為替レートが 1 ポンド＝6 ドルとなり, 金平価で決まる 1 ポンド＝4.78 ドルから乖離したとする（ドル高, ポンド安）. このとき, アメリカでの金価格は, 金 1 オンス＝18.85 ドル＝3.14 ポンドであり, イギリスでの金価格は, 金 1 オンス＝3.87 ポンド＝23.22 ドルである. ドル高（ポンド安）なら, 金のドル表示価格が低く（ポンド表示価格が高く）なるのである.

したがってアメリカで金買い（ドル売り）, イギリスで金売り（ポンド買い）注文が殺到する. この過程は, 為替レートが元に戻るか, 金平価を変え為替レートに合わせるまで続く. アメリカが金流出に耐えられないと, 金兌換は停止される.

4. 金利裁定が成立しても, 内外の財・サービス生産の利潤率が均等でなければ資本移動が起こり, 金利裁定は破れる. 購買力平価説.

第 14 章

1. 自国の経済政策が外国に悪影響を与えることがある（金融政策の場合）. 同様に外国の政策が自国に悪影響を与えることがある. したがって, 世界全体としての利益を増やすためには国際協調が必要になる.

2. 国際収支均衡式に置き換えねばならない. それは, 外貨準備増減と誤差を無視すれば, 貿易収支と資本収支の合計であるから,

$$TB(Y, Y_W, e) + F(i-i_W) = 0$$

である．F は資本収支（資本流入）である．
3．ケインズはイギリスの不況と失業を克服するための政策を考案した．しかし，ある国で財政拡張政策を行った場合，需要増→輸入増・国際収支赤字→外貨保有（ドル）残高の減少→引き締め政策への転換となる．拡張政策を持続するためには，世界各国にドルを供給するシステムが必要なのである．

第 15 章
1．生産物市場の需給不一致が生ずるのはなぜなのか．その理由を考えてみよう．
2．順調な拡大再生産経路の意味を確認しておこう．
3．資本主義経済の特徴という観点から考えてみよう．

第 16 章
1．長期の成長率を規定する要因は何だろうか．成長の源泉をサプライサイドから考えてみよう．
2．技術進歩が存在しないならば，経済成長率は何に制約されるかを考えてみよう．枯渇資源があるときに成長を制約されるが，経済システムをこの制約から解き放つ要因は何だろうかという観点から考えてみよう．
3．労働をつうじた学習が生産能力を高めるが，この学習過程はどのようにモデル化されるかを考えてみよう．
4．モデル分析に限定せずに，古典派以降のさまざまな経済学が技術変化と経済発展の関係をどのようにとらえてきたかを整理してみよう．
5．経済変数の持つ内生性，外生性は不変のものではなく，分析の方法に依存することに注意しよう．

第 17 章
1．グローバル化が進むと各国経済の相互連関性が強まり，経済が同じ方向へ動く側面がある．たとえば，ある国の好況→輸入増→他国の好況などである．また，2007年の金融危機をきっかけに 08 年に世界で同時不況が生じた．しかし他方で，多国籍企業が特定国に投資を行い，他国の経済発展が停滞するという不均等性も否定できない．事実を調べてみる必要がある．
2．グローバル化によって各国の賃金格差は是正される．現在，先進国の賃金（上昇率）が低下し，発展途上国の賃金（上昇率）が上昇する傾向が見られるが，今後どうなるかは研究課題である．
3．略．

索　引

ア　行

IS 曲線　130
IMF 体制　213
赤字国債　23
アメリカ化　282
アメリカン・グローバリズム　276
アメリカン・スタンダード　276

位相図　141
一元的決定社会　5
一般均衡条件　122
一般政府　112
インフレーション　96
インフレ率　18

営業余剰　35
AK モデル　265
LM 曲線　131

OJT　187
汚染排出切符　282
オプション　276

カ　行

海外部門　112
外貨準備　114
開放経済　205
開放小国モデル　227
開放マクロ経済学　218
学習モデル　264
家計部門　112
貸付資金市場　141
貸出政策　104
家事労働　284
加速度係数　82

加速度原理　81, 249
　　──の非線形性　251
株式　119
株式会社　7, 119
株主　9
貨幣　6, 92
貨幣供給　121
貨幣経済化　110
貨幣残高（マネーストック）　92
貨幣需要　121
貨幣乗数　99
貨幣数量説　57, 174
貨幣創造　98
貨幣賃金率　10, 51, 150
為替変動　229
為替リスク　230
環境税　282
環境問題　2
間接交換　93
間接税　35
完全競争　49
完全雇用　51
完全雇用生産量　248
管理通貨制　96

企業設備投資　76
企業別組合　195
技術進歩　4, 262
技術選択　189
基礎消費　63
キチンの波　240
キャッシュレス経済　136
キャピタルゲイン　9
教育　187
供給ショック　153

索引

協調介入　215
協働　3, 5
均衡　133
　──の安定性　134, 139
均衡財政乗数　170
均衡成長経路　261
　──の安定性　259
銀行　100
金平価　212
金本位制　95, 212
金融資産・負債残高表　116
金融政策　124
　──の効果　163, 228, 229
金利裁定　216
金融派生商品　276

クズネッツ　64
クズネッツの波　240
クラウディング・アウト効果　169, 227
グローバル化　25
　経済の──　273
グローバル経済　273

景気基準日付　240
経験による学習効果　264
経済格差　284
経済成長率　16, 46
　──のゲタ　29
経済のギャンブル化　278
経済の空洞化　281
経常収支　210
経常補助金　35
ケインズ型消費関数　63
決済　96
決済システム　282
決定権　7, 9
限界原理　146
限界消費性向　63, 129
限界生産性逓減　48, 190
限界貯蓄性向　64, 130
限界利潤率　79
研究開発モデル　264, 266

現金・預金比率　99
原材料・エネルギー　33
現実生産（量）　243, 247
現実成長率　261
建設国債　23
建築循環　240

交易条件　206
公開市場操作　104
交換方程式　56
恒常所得　72
構造改革　174
高貯蓄・高利潤型経済　285
恒等式　57
高度成長期　17
購買力平価　217
効率賃金仮説　196
高齢化　20, 67
国債残高　114
国際為替制度　213
国際基軸通貨　281
国際収支　210
国際通貨制度　213
国内純生産（NDP）　38
国内生産額　35
国内総生産（GDP）　32
国民総所得（GNI）　39
国民総生産（GNP）　39
固定為替レート制（度）　213, 225
固定資本減耗　35
コブ＝ダグラス型の生産関数　262
雇用者所得　35
雇用量　48
コンソル債　121
コンドラチェフの波　240

サ　行

債券価格　120
債権供給　121
債権需要　121
債権（ローン）の証券化　279
在庫投資　76

索　引 —— 303

在庫投資循環　240
在庫品純増　35
財・サービス供給　121
財・サービス需要　121
最終需要　34, 35
財政赤字　23
財政乗数　170
財政政策
　——の限界　176
　——の効果　168, 227, 228
最適貸出額　103
最適生産　49
先物取引　276
サービス残業　186
サブプライムローン危機　17
サブプライム問題　271
産業連関表　34
産出係数　260
三面等価　38

GDP　16, 32, 58
　支出面から見た——　37
　実質——　40
　生産面から見た——　37
　分配面から見た——　37
　名目——　40
GDPデフレータ　41
Jカーブ効果　210
資金　120
資金過不足　112
資金循環表　116
資金不足　112
資金余剰　112
資産価格　280
資産選択　229
支出面からのアプローチ　34
市場　5, 274
市場経済　4, 7
市場原理主義（者）　278, 283
市場メカニズム　53, 58
自然失業率　176
自然成長率　261

失業　46
　適量の——　47
失業率　21, 46
実現利潤率　87, 206
実質貨幣残高　132
実質為替レート　207
実質賃金率　11, 50, 51
支払準備率　99
支払準備率操作　105
資本移動の完全性　224
資本家　8, 9
資本減耗引当　35
資本収支　211
資本主義　46, 47
資本ストック調整原理　83
資本蓄積率　86, 206, 244
社会主義経済　8
社会的分業　4
住宅投資　76
ジュグラーの波　240
需要ショック　153
順調な拡大再生産経路　246
純輸出　208
生涯所得　67
証券投資　211
小国モデル　224
少子高齢化　283
乗数・加速度モデル　249
乗数理論　249
消費　35
消費関数論争　65
消費者主権　7
消費者物価指数（CPI）　18, 42
消費重視　285
商品　5
情報公開　278
情報処理能力　8
剰余生産物　10
剰余労働　10
所得　33
所得収支　25
所得-消費ラグ　250

所有　9
新古典派　51
新古典派成長経路　258
新自由主義　158
人的資本　265
人的資本モデル　264
信用乗数　99
信用創造　98

スタグフレーション　175
スワップ　276

政策協調　215
政策金利　142
生産　3
生産手段　5
生産の海外移転　281
生産面からのアプローチ　34
生産力　3
正社員　202
正常産出資本比率　242
正常生産（量）　242, 247
成長経路
　　順調な――　242
　　――の不安定性　245, 246
成長の源泉　256
制度部門　116
政府債務　24
政府債務対GDP比率　24
政府支出　35
世界金融危機　280
世界金融資産　275
世界通貨　213
世界同時性　279
世界同時不況　280
絶対消費仮説　63
設備稼働率　244
設備投資循環　240
セー法則　55
全銀システム　97
全要素生産性　257

総供給曲線　146, 172
総人口　184
総資産利益率　101
総需要曲線　145, 172
相対価格　207
相対所得仮説　65
粗付加価値　36
ソロー残差　257

タ　行
第1次石油危機　17, 19
対外直接投資　25
対外直接投資流出率　25
大国　232
貸借対照表　100
対前年増加率　27
兌換　95
多元的決定社会　5
多国籍企業　274

長期期待　78
長期波動　240
調整費用　85
直接家計　94
直接投資　211
貯蓄　64, 72, 205
貯蓄関数　64
貯蓄・投資　205
賃金　8, 33, 35
　　――の硬直性　192
賃金労働者　93

定常成長経路　261
手形交換制度　97
電子マネー　107

同一労働同一賃金　199
投機的動機　123, 132
投資（民間）　35
　　――の限界効率　79
　　――の限界効率表　80
　　――の二重性　76

──の不安定性　251
　　──の利子弾力性　81, 167
投資銀行　282
投資収支　211
投資乗数　129
投資ファンド　278
独占資本主義　119
独占段階　120
取引動機　123, 132
ドル為替本位制　213
ドル危機　214

ナ　行
内生的成長　263
内生部門　35
内部留保　35

日本銀行券　107
人間と自然の共生　2

ハ　行
パーシェ価格指数　42
歯止め効果　66
バブル景気　17
ハロッド＝置塩型投資関数　244

比較優位産業　281
非正規雇用　22, 197
非正規労働　201
一人あたり現実消費　74
貧困化　285

不安定性　278
フィッシャー, I.　56
フィリップス曲線　175
付加価値　9, 33, 35
不換紙幣　96
不完全競争市場　147
不均衡の累積性　247
不均衡累積過程
　下方への──　247
　上方への──　247

物価変動　232
物々交換　6
ブレトン・ウッズ体制　213
分配面からのアプローチ　34
分配率　50

平均消費性向　63
平均貯蓄性向　64
閉鎖経済　205
ベースマネー　98, 137, 165, 166
変動為替レート制（度）　212, 215, 226

貿易依存度　204
貿易収支　205
貿易収支率　206
保証成長経路　246
保証成長率　243, 261
ポストケインズ派　85

マ　行
マークアップ原理　147
マークアップ率　147, 152
マーシャル　110
マーシャル＝ラーナーの条件　210
マネーストック　→　貨幣残高
マンデル＝フレミングモデル　224

民間非金融法人企業　112

無限責任　7
無差別曲線　70

名目為替レート　207, 212

ヤ　行
有限責任　7
有効需要（論）　81, 128, 249
輸出　208
輸出依存度　204
豊かさの指標　44
輸入　208
輸入依存度　204

預金通貨　92
予測　3
予備的動機　123, 132

ラ 行

ラスパイレス価格指数　42
ラディカル派　85

利潤　10, 33, 35, 48, 95
利潤原理　85
利潤最大化　103, 190
利潤再投資　281
利潤シェア　87
利潤率　178
利子率　120
利子率裁定　224
流動性　123
　　——の罠　124, 165
流動性選好　123, 131

労働　3
　　——の価格　48

労働インセンティブ　187
労働供給　50
労働組合　194
　　——の組織率　195
労働効率　187
労働時間　185
労働市場参加率　184
労働・資本比率　260
労働者　8
労働者家計　93
労働手段　4
労働需要　49, 189
労働生産性　5, 11, 247
労働調整　193
労働分配率　50, 71
労働力　8, 33, 35
労働力人口　184
労働力率　185
老年人口　20

ワ 行

ワルラス法則　121, 134, 140

執筆者紹介

中谷　武（なかたに　たけし）
1948 年兵庫県生まれ
現在　神戸大学名誉教授，尾道市立大学名誉教授
主著　『価値，価格と利潤の経済学』（勁草書房，1994 年）
　　　『日本経済の構造改革』（共著，桜井書店，2002 年）ほか

菊本　義治（きくもと　よしはる）
1941 年兵庫県生まれ
現在　兵庫県立大学名誉教授
主著　『現代資本主義の矛盾』（岩波書店，1981 年）
　　　『日本経済がわかる　経済学』（共著，桜井書店，2007 年）ほか

佐藤　真人（さとう　まさと）
1947 年兵庫県生まれ
現在　関西大学経済学部教授
主著　『構造変化と利潤率』（関西大学出版部，1998 年）
　　　『日本経済の構造改革』（共著，桜井書店，2002 年）ほか

佐藤　良一（さとう　よしかず）
1950 年東京都生まれ
現在　法政大学経済学部教授
主著　『市場経済の神話とその変革：〈社会的なこと〉の復権』（編著，法政大学出版局，2003 年）
　　　ロバート・ポーリン『失墜するアメリカ経済』（共訳，日本経済評論社，2008 年）ほか

塩田　尚樹（しおた　なおき）
1968 年徳島県生まれ．
現在　獨協大学経済学部教授
主著　『環境汚染の最適制御』（勁草書房，2001 年）
　　　「Heyes 型 IS-LM-EE モデルの合意と問題点」（『獨協経済』106 号，2020 年）ほか

勁草テキスト・セレクション
新版　マクロ経済学

2009 年 10 月 30 日　新　版第 1 刷発行
2021 年 3 月 20 日　新　版第 3 刷発行

著者	中谷　武 (なかたに たけし)
	菊本　義治 (きくもと よしはる)
	佐藤　真良 (さとう まさよし)
	佐藤　良一 (さとう よしかず)
	塩田　尚樹 (しおた なおき)

発行者　井村　寿人

発行所　株式会社　勁草書房 (けいそう)

112-0005　東京都文京区水道 2-1-1　振替 00150-2-175253
（編集）電話　03-3815-5277／FAX 03-3814-6968
（営業）電話　03-3814-6861／FAX 03-3814-6854
理想社・中永製本

©NAKATANI Takeshi, KIKUMOTO Yoshiharu,
　SATO Masato, SATO Yoshikazu,
　SHIOTA Naoki　2009

ISBN978-4-326-50324-7　Printed in Japan

JCOPY 〈(社)出版者著作権管理機構　委託出版物〉
本書の無断複製は著作権法上での例外を除き禁じられています。
複製される場合は、そのつど事前に、出版者著作権管理機構
（電話 03-5244-5088, FAX 03-5244-5089, e-mail: info@jcopy.or.jp)
の許諾を得てください。

＊落丁本・乱丁本はお取替いたします。
　　　　http://www.keisoshobo.co.jp

林　文夫　編集

経済制度の実証分析と設計（全3巻）

「失われた10年」と呼ばれる日本経済の1990年代の長期停滞はなぜ起こったか．その原因を究明し，日本経済を復活させる処方箋を探る．

第1巻　経済停滞の原因と制度　　A5判　4,500円　54851-4
長期にわたる日本経済の経済停滞（いわゆる「失われた10年」）を需要側の要因，供給側の要因から実証分析し，その実態，原因および結果について分析する．

第2巻　金融の機能不全　　A5判　3,400円　54852-1
中小企業，非製造企業，家計への銀行信用の収縮は企業の設備投資，家計の消費支出などのような支出行動を停滞させた．金融機能不全の実態を分析する．

第3巻　経済制度設計　　A5判　3,800円　54853-8
公共投資をはじめとする財政政策の評価を行うとともに，日本経済復活のための財政・金融・社会保障・倒産法制・政治制度についての改革提言を行う．

齊藤　誠

成長信仰の桎梏　消費重視のマクロ経済学
　　　　　　　　　　　　　46判　2,200円　55054-8

「高水準で安定した消費を享受できる」ためのマクロ経済環境を築いていくには，どのような経済システムが必要か．

――――――――――――――――――― 勁草書房刊

＊表示価格は2021年3月現在．消費税は含まれていません．